本书承蒙浙江大学董氏文史哲研究奖励基金资助出版

浙江省普通高校新形态教材项目

考古发现与中华文化

Chinese Archaeology and Chinese Culture

郭 怡 编著

ZHEJIANG UNIVERSITY PRESS
浙江大学出版社

图书在版编目（CIP）数据

考古发现与中华文化 / 郭怡编著. —杭州：浙江
大学出版社，2021.9
ISBN 978-7-308-21718-7

Ⅰ.①考… Ⅱ.①郭… Ⅲ.①考古发现—中国 ②中华
文化—研究 Ⅳ.①K87 ②K203

中国版本图书馆 CIP 数据核字（2021）第 181289 号

考古发现与中华文化

郭　怡　编著

责任编辑	陈佩钰（yukin_chen@zju.edu.cn）
文字编辑	周　靓
责任校对	许艺涛
封面设计	周　灵
出版发行	浙江大学出版社
	（杭州市天目山路 148 号　邮政编码 310007）
	（网址：http://www.zjupress.com）
排　　版	杭州青翊图文设计有限公司
印　　刷	杭州高腾印务有限公司
开　　本	787mm×1092mm　1/16
印　　张	17.25
字　　数	378 千
版 印 次	2021 年 9 月第 1 版　2021 年 9 月第 1 次印刷
书　　号	ISBN 978-7-308-21718-7
定　　价	68.00 元

序

人类已在地球上生活了 700 多万年。

距今 1 万年左右,人类进入新石器时代,在世界各地定居下来,从而结束了上百万年的穴居、采集与狩猎的生活。建造房屋、种植谷物、畜养动物以及发明陶器等活动,开始彻底改变着人类的思维和行为方式。1 万年以来,在适应环境与社会的过程中,世界各地形成了丰富多彩的文化面貌。

但是在宇宙生生不息的变幻中,人类几百万年来仅仅生活在各自的历史时空之中,如盲人摸象,而不知事物之全貌。自从人类脱离了动物的蒙昧有了觉知以后,就从未停止过对过去和未来的求索与追问。

科学与考古学的发展逐渐打开了认识地球与人类历史的窗口,让我们不断回到过去。于是,我们有了全知的眼,我们看到了几千年、几万年甚至上百万年的地球景象。考古学家们穿越时光的邃道,告诉我们那些曾经发生过的故事,将古人创造的文化搬运回当今,重新呈现在世人的面前。当我们在博物馆看到每一件古代的文物时,实际上那也是一段凝固了的远古时光。我们可以从中获得前人未有过的见识,感受前人未有过的幸福。

考古学是一门以物质遗存研究古代社会和历史的学科。现代考古学自 1921 年传入中国,至今已经有 100 年的历史。100 年来几代考古人,筚路蓝缕,艰苦奋斗,建立了各个区域近万年的文化发展与传承的历史。同时,对于许多门类的物质文化的演变发展,以及科学技术的发明与来龙去脉,也都有了清晰的认识。因此,生活在今天的我们理应明白所处的时代坐标与文化定位。在继承吸收的基础上,不负时代所赋予的责任,服务当今,创造未来。

　　郭怡教授等编著的《考古发现与中华文化》以专题的形式,深入浅出地介绍了考古学的理论与方法,以考古发现为切入点,对玉器、陶瓷、服饰等在中国古代和当今与人们生活密切相关的物质文化的发展脉络,进行了详细梳理,寓史于物,知古而明今。相信本书对于了解、研究和继承发扬中华文化,必有启迪与入门之意义。

刘　斌

2021 年 8 月 28 日于良渚遗址考古与保护中心

目　录

第一章

绪 论

本书从考古与科技两个方面，以经典和最新的考古发现为依托，介绍中国从古至今璀璨的文化结晶，分别对环境、农业、音乐、冶金等 11 个方面的考古发现进行介绍和意义阐释，揭示中国祖辈先民在面对不同的环境、文化条件下筚路蓝缕、不断进取、开拓创新的艰辛过程。

第一节　考古学是什么

考古学是什么呢？我们知道，考古学因其实物性和确定性，已逐渐成为重新认识和建构中国传统文化，尤其是上古文化的重要支撑学科之一。近百年来，尤其是新中国成立以来，中国考古学取得了突飞猛进的发展，诸多出土文物填补了历史的空白，纠正了某些不是十分准确的文献记载，弄清了许多以前难以理解的问题；随着越来越多的学科的介入，尤其是大量现代科技手段、研究方法在文物考古中的运用，使得远古中华古文明的面貌愈益清晰，可以说今人对古代中国的认识比以往任何时候都要深刻与准确。这一切都得益于考古学的发展。

在近 100 年前，考古学已经在欧洲广受关注。1924 年《泰晤士报》上即盛赞"很少有什么嗜好会像考古学那样使人变得如此健康而富有哲理",可以看出当时人们对考古学已经是非常推崇了。是什么样的学问,居然可以如此"健康而富有哲理"呢?世界著名考古学家科林·伦福儒和保罗·巴恩在经典教材《考古学:理论、方法与实践》中讲道:"考古学部分是搜寻过去的珍宝,部分是科学工作者缜密的探究,部分是从事创造性的想象。"从全球范围来看,它既包括"在中亚沙漠烈日下的辛苦发掘",也包括"对佛罗里达海滨西班牙沉船的水下考察",甚至包括"在阿拉斯加冰天雪地与当今因纽特人共事"等等多种内容。

可以看出,考古学研究是一项体力劳动与脑力劳动相结合的工作;它既有野外的田野发掘,也有书斋和实验室里的学术钻研。不管是发掘,还是学术研究,都要遵循一定的主客观规律,对获得的线索进行分析与推理,从而得到更接近历史真相的结果。从这个意义上讲,它就像是侦探在破案,破除重重迷雾窥得真相;而发掘工作中的危险与不确定性,又为考古披上了"神秘"的外衣,引人遐想。如此一门危险与侦探工作充分结合的学科,使得考古常常成为小说家和影视制片商青睐的题材。

例如著名的小说家阿加莎·克里斯蒂,《东方快车谋杀案》《尼罗河上的惨案》等小说的作者,不仅她的小说深谙考古学真谛,即考古学是一种令人神往的探索——探寻人类自己与人类过去的知识,而且她本人也对考古学家情有独钟。一次,阿加莎·克里斯蒂同丈夫(马克斯·马洛温,一位著名的考古学家,因在美索不达米亚发掘古物出名)从中东返回英国时,有人问她,和一位对古董有浓厚兴趣的男人结婚,感受如何。她回答说:"一位考古学家是任何一个女人所能拥有的最好的丈夫。因为她的年纪越大,他对她的兴趣也越浓厚,绝不会喜新厌旧。"从她的回答中,我们可以看出考古学以及从事考古学工作的人的巨大吸引力。近年来,一些影视作品也在不断深挖考古学的社会经济效益,例如《夺宝奇兵》等等,这些"爆款"的出现,在一定程度上为考古学的推广起到了积极的推动作用。

事实上,考古学是什么、能干什么,又与一般影视作品中所理解的不完全相同。从考古学的定义来看,不同的人对考古学的认识也是不完全相同的,这里面涉及研究的目标、学科的定位等等问题。例如张光直认为考古学是通过古代遗存来研究古代文化及其文化史的学科。而在我国,主要采用的是夏鼐先生所提出的考古学定义,即:"考古学是根据古代人类通过各种活动遗留下来的实物以研究人类古代社会历史的一门学科。"它包含三种含义:一是考古研究所获得的历史知识;二是借以获得这种知识的方法和技术;三是理论性的研究和阐释,用以论证古代社会历史发展过程规律。

仔细考察这些定义,我们可以发现,考古学其实存在着三种不同的定位。第一种是作为历史学的考古学。考古学当然是历史科学的重要组成部分,尤其是对于没有文字记载的史前史而言,考古学是最重要的建构历史的研究方法;而对有文字记载的历史时期而言,一些重要的文字证据,也是考古学家从原地发掘出来的。第二种是作为人类学的考古学。20 世纪中叶,美国兴起"新考古学"运动,强调考古学是一门研究人的学问,因此,它又属于人类学范畴,是"文化人类学的过去时态",即研究过去的人类与社会。第三种是作为独立科学的考古学。随着考古学的发展,仅仅使用人文类的研究方法,已经不能满足研究的需要,而多种科学研究方法的介入,又使得考古学实践越来越像是科学家所为,考古学逐渐成为人文学科与自然学科的交叉学科,兼有当代历史学家和当代科学家的独创性。

不管如何,考古学研究的总是地上地下发掘出土的"物",考古学的终极目的是"透物见人"。它的研究对象可以总称为"遗存",包括"遗迹"与"遗物"。其中的"遗物"指的是古代人们通过各种活动所遗留下来的可移动的实物资料,包括人类有意制造或改造的工具,或与人类生产生活等活动相关的自然产物(农作物、家畜等)以及人类自身遗骸等等。"遗迹"指的是不可移动的人工制品,包括柱洞、居住面、灶坑、墓穴、房屋、水井、城址、运河、陶窑等。例如墓葬就是遗迹,墓葬中的人(动物)遗骸以及随葬品等就是遗物了。

考古学研究的时间跨度很长,根据有无文字的出现,一般可以分为两个大的时间段——"史前考古学"与"历史考古学"。"史前考古学"是研究人类文字出现之前的历史。如果以人类直立行走为起点,约有百万年,占据了人类整个历史 99% 以上的时间。在中国大致涵盖了旧石器时代、新石器时代和部分青铜时代。由于没有文字资料供参考,史前考古学家需独立发明各种理论方法,从古代人类遗留的物质遗存中提炼和解读文化行为与社会信息。"历史考古学"指有文献记载的历史阶段的考古研究,特点是依靠文献线索来研究考古发现。中国历史考古学始于战国秦汉,下限是 1644 年,即明朝结束为止。当然,随着学科的发展,历史考古学的研究深度和广度都在不断延伸,所以研究的时间范围也不断拓展。

从研究目标来看,考古学可以归纳为"研究人类文化与历史""重建人类生活方式""阐明社会的演变规律"这三个一般性的大目标。

第二节　考古学研究方法

考古学是如何产生的呢? 它又有哪些研究的基本理论与基本方法呢? 下面就从"中国考古学简史"和"考古学基本理论与方法"两个方面进行介绍。

中国考古学的产生,有两个学术源头,一个是中国传统的金石学,另一个是西方传入的近代考古学。首先介绍我国的金石学。金石学是以古代青铜器和石刻碑碣为主要研究对象的一门学科,偏重著录和考证文字资料,以达到证经补史的目的。金石学形成于北宋,兴盛于清代。尽管金石学在研究的过程中出现了一些类型学和时代分期的朦胧思想,但是没有地层学的野外工作基础,也没有发展出一套完整的科学发掘和研究方法。因此,金石学只是为我国考古学的出现奠定了一定的基础,但是金石学无法发展出现代科学的考古学。

金石学在我国有很长的学术源头,其萌芽早在东周时期。这里面主要体现出了两点特点:一是重视对实物资料的研究;二是重视实地考察。在春秋战国时期,一些著名学者往往为了宣扬自己的政治主张、学术理念而重视研究实物资料,其实是借"器"喻"道"。比如说《荀子》中记载的孔子研究欹器的例子,孔子指出"吾闻宥坐之器者,虚则欹,中则正,满则覆"。这其实是孔子在借欹器这件实物资料,阐释他自己的中正理念。

金石学家重视实地考察,这也是我国学者所推崇的治学方法,也就是"行万里路"。例如史家司马迁,他在《史记·自序》中就记述了他的游历经历。当然,他在旅途中也注意采访文物古迹,比如说北登长城、南探禹穴等。

金石学的传统也体现在对"金""石"器物以及器物上文字的释读与研究上,就像许慎的《说文解字》对前朝青铜器铭文的收录、郦道元的《水经注》记载古代遗迹等等。

北宋是金石学正式形成的时期。其开创者为宋仁宗时的刘敞,他不仅喜欢收藏古物,而且提出了研究古器的方法,即"礼家明其制度,小学正其文字,谱牒次其世谥",他所著的《先秦古器图碑》也是我国最早的金石学专著。这本书现在已经看不到了,能看到的最早的古器图录是《考古图》,是北宋吕大临撰写的;这本《考古图》与其后的《宣和博古图》,水平很高,不仅对收录的古器物,详细记载其图像、大小、款识、比例等,还附有考释,注明器物的出土地点和收藏地点,内容非常详尽。而在有宋一代,此类金石学著作还有不少,例如《历代钟鼎彝器款识法帖》《钟鼎款识》《啸堂集古录》《集古录》《金石录》《舆地碑记目》《宝刻丛编》《宝刻类编》《隶释》《隶续》《泉志》等。

金石学发展至清朝,尤其是乾隆朝时期,达到高峰。乾隆朝就曾御纂"西清四鉴"(《西清古鉴》《宁寿鉴古》《西清续鉴甲编》《乙编》四本),收录清宫所藏青铜器总计达4000余件。在乾隆之后金石学著作也大量涌现,无论是数量还是质量都远超前朝,其特点是精于鉴别,详于考订,研究范围较广,并有一些集成性和综合性的著述。很多金石学家也是闻名于世的学问大家,例如罗振玉和王国维等。

我国考古学发展的另一个源头是近代考古学。19世纪末,发源于欧洲的近代考古学开始传入中国。一方面,一些中国学者开始注意国际上的考古的重要成果,并在著作中进行了运用和介绍;另一方面,当时文物大量外流的情况,也激起了中国学者对文物的保护意识和对古物进行研究和发掘的兴趣。

正是在这样的背景下,考古学开始了中国化的过程:最早在1922年,北京大学研究所国学门成立考古教研室,马衡为研究所主任;1924年,北京大学研究室设立考古学会。1926年,李济主持发掘山西夏县西阴村遗址,这是首次由中国学者主持的田野发掘工作;1928年,中央研究院历史语言研究所成立后,派董作宾发掘河南安阳小屯遗址,这是我国学术机关独立进行科学发掘的开端,从这个意义上来讲,这一时期,中国的考古学就算是诞生,并走上独立发展的道路了。新中国成立之后,党和国家对考古工作都非常重视,在马克思主义的指导下,运用历史唯物主义的观点和方法,中国考古学的发展可谓突飞猛进,尤其是改革开放之后,研究机构、从业人员迅猛增长,考古队伍迅速壮大,调查发掘遍及全国,技术水平显著提高,建立起完整的研究体系,出版大批发掘报告和研究论著。现在研究中国乃至世界的古代历史与文化,已经完全离不开中国考古学的研究成果了。从这个意义上讲,中国考古学的发展已经取得了巨大的成就。

但是,这绝不意味着考古学的发展就到头了,恰恰相反,可以说,中国考古学的未来仍然是任重而道远,起码有两个趋势是值得注意的:一个是精细化的趋势,研究内容越来越微观、研究尺度越来越小,对细节的研究深入程度越来越深;另一个趋势是多学科的综合研究,动物考古、植物考古、体质人类学、环境考古、古DNA、碳氮稳定同位素等多学科研究手段与方法,已经应用于考古学研究,这就使得考古学可以把一个问题研究得更透彻、更全面了。

2011年,国务院学位委员会将"考古学"提升成为一级学科,这是对考古学学科体系的认可,也是考古学自身理论与方法发展成熟的标志。那么,考古学家具体都会哪些"看家本领"呢?下面简单介绍一下考古学的基本理论与方法。

考古学的第一个绝招是"地层学"。考古地层学是从地质学引入的概念和原理,经过不断的改造和完善成为考古学的基本方法之一。它是通过判定遗址中诸堆积形成的先后过程或次序,来研究遗存之间相对年代早晚关系的方法。判断先后次序的方法,是根据土质、土色、包含物区分不同堆积,根据叠压、打破及平行关系确定不同堆积形成的顺序。地层学的根本问题是划分层次,确定层位关系、判断早晚。

如图1-1所示,在这一个地层图中,就有叠压、打破、平行三种关系,例如,地层②叠压地层③,H1打破M1,H1也打破H2,M1和H2就是平行的共时关系。当然,这个图中还有其他的一些叠压、打破、平行关系,而考古学家就是在发掘过程中,需要不断地去判断地层与地层之间的关系,从而为判断地层、遗物、遗迹之间的相对年代早晚关系提供证据。

考古学的第二个绝招是"类型学"。考古类型学,也称器物形态学、标型学、型式学。是借用生物进化论和生物分类的原理,通过分类来研究遗迹和遗物的形态变化过程,找出其先后演变规律,从而结合地层学判断年代,确定遗存的文化性质,分析生产和生

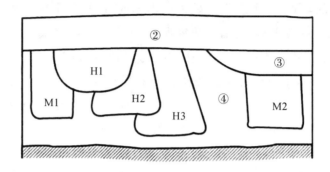

图 1-1　地层

活状况以及社会关系、精神活动等。陶器、瓷器等使用周期短、变化较明显的器物是进行类型学分析时的首选器物类型。

中国类型学分析有其发展过程,不同的学者也提出了不同的分析方法。目前最为普遍采用的是苏秉琦先生等提出的分型定式的研究方法,苏秉琦先生提出的"区系类型"理论也是就类型学分析方法的进一步发展所提出的,具有中国特色的考古学理论。

考古学的第三个绝招是"年代学"。在考古年代学中,有两个概念:一个是相对年代;另一个是绝对年代。相对年代是指文化遗存时间上的先后关系;绝对年代是指文化遗存形成时的具体年代。对相对年代的判定,可以通过地层学和类型学的方法,而绝对年代的判定,则需要特定的考古遗存,例如有纪年的铭文或纪年砖等等,如果这些都没有,就需要运用到自然科学手段如热释光、碳 14 等方法了。

考古学的第四个绝招是"考古学文化"。这里的"文化",与一般意义上的"文化"概念很不相同,它特指同一时代、分布于一定地区,具有一群相似特征性的文化遗物和遗迹的文化遗存。它具有鲜明的"物质性",是一群"物"的集合。作为一种考古学文化,必须具有一群特征性的文化遗存,单一的文化因素是不能成为一种考古学文化的。当然,同一考古学文化,因分布地域不同,又可以分为不同的文化类型。

考古学文化的命名方式多种多样,有以首次发现的典型遗址的所在地来命名的,这是最常见的做法。此外,还有以遗址名称来命名、以某一遗址的某一典型文化遗存来命名、以具有特征性的遗物来命名、以族名来命名等。不同的命名方法,适用于不同的情况。

第三节　从考古看中国文化

　　本节内容分为两个部分,首先介绍考古发掘、研究的基本步骤,然后介绍考古所见之中国文化。

　　从绝对意义上来讲,考古发掘是一项不可逆的完全破坏过程,所以考古发掘和研究工作,必须慎之又慎,提前需要有严密的规划。因此,整个考古发掘,需要先进行调查,确定目标后再进行发掘,在发掘以及发掘之后,展开研究。

　　考古调查,又称田野调查,目的是寻找和发现遗址、判断遗址的分布状况。而考古遗址的发现,既有偶然发现,也有经科学的考古工作之后发现的。偶然发现占比较少,有人估算,大约有四分之一的考古发现为偶然所得,主要由自然动力和人为活动所引起。图1-2、图1-3显示的是20世纪90年代发现的奥兹冰人,它就是由于来自撒哈拉的风暴带来的尘土落在冰层上,吸收了太阳热量,从而使得坚冰融化,冰人才显露出来,被人所发现。图1-4是大家耳熟能详的秦始皇兵马俑,它就是当地村民通过打井这一人为活动所发现的。

图 1-2 奥兹冰人的发现

　　图片来源:科林·伦福儒,保罗·巴恩.考古学:理论、方法与实践(第六版)[M].陈淳,译.
上海:上海古籍出版社,2015:50.

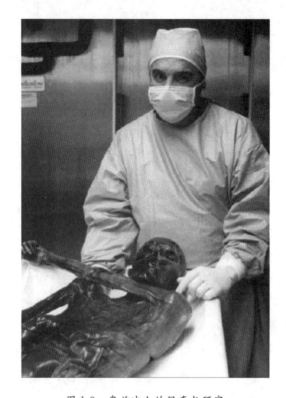

图 1-3　奥兹冰人的保存与研究

图片来源：Quirin S and Katrin S. Frozen body offers chance to travel back in time[J]. Nature，2000(407)：550.

图 1-4　秦始皇帝陵兵马俑

图片来源：秦始皇帝陵兵马俑博物院张尚欣提供。

　　当然,绝大多数的考古发现,都是经过科学的考古调查之后才得见天日的。考古调查的第一步是进行文献调查,文献材料多种多样,包括历史文献、宗教书籍、早期地图和地名记录等,往往能够为我们提供过去文化的一些线索和轮廓。较为著名的例子就是谢里曼寻找特洛伊的故事。尽管荷马在《伊利亚特》中记述了特洛伊之战,但是到了19世纪,人们已经不相信特洛伊的存在了,而德国考古学家亨利·谢里曼却用实际行动,揭开了这一层历史的迷雾。在他寻找遗址点的过程中,他的唯一"向导"就是荷马史诗,正是对文献的熟悉,使得他最终确定了正确的地点。

　　考古调查的第二步是进行踏查和地面调查,通过对地表和地层路头的观察来发现遗址或遗迹。图1-5就是考古学家在观察地层。在踏查的时候,需要工作者沿途仔细观察地表情况,采集和观察人工制品,记录其位置和相关遗迹。这种方法所反映的信息可能受道路和主观因素的限制,往往倾向于遗迹看似丰富的地点,不能完全反映遗址的真实分布状态,因此可能存在一定的偏向和误导。

图1-5　浙江大学考古与文博系教授、考古学家刘斌在田野调查中观察地层情况

　　为了弥补踏查的缺憾,现在又开发出了一种系统性调查的方法,又称概率性调查。这种方法的优点是不仅能够了解一个调查区域内的遗址数量,而且能够计算出大遗址与小遗址的比例,对于聚落考古尤为重要。例如在米洛斯岛上进行的系统调查,首先采用系统随机抽样的方式,形成众多的区块,然后在红色覆盖的区块内开展调查,将调查结果所得的遗址分布概率,等同于整个区域的遗址分布概率,从而推算新的遗址点。结果是非常明显的,原来认为米洛斯岛的遗址数量为47处,经过系统调查后增加至130余处。

　　遗址位置确定了之后,就需要对地下分布情况进行了解,为后续制定发掘和研究计划做准备。一般最常用也是最准确的方法是钻探法,主要工具是洛阳铲。洛阳铲是上部为T形把手、下部为半圆形铁管的铲子,将探铲垂直地用力插入地下,提取出土样后,从侧面观察土质、土色、包含物,初步了解遗址堆积厚度和范围。通过多个钻孔,可以了解遗址的分布状况,为选择发掘地点提供依据。一般来说,不同遗迹内土壤差别较大,比如说墓葬内的土为五花土,未经人类扰动的土就是纯净的天然土,所以钻探对地下情况的了解会比较准确。在国外,考古学家则使用探针或螺丝钻,深入地下来探测遗址内部的情况。

随着科学技术的发展,很多先进的探测技术,也被运用于考古勘探。例如地球物理探测法,包括地震与声学探测、电阻探测、电磁探测等等。

此外采用"上帝视角"的空中勘探方法,例如:航空摄影,如对新疆吉尔赞喀勒遗址和陕西石峁遗址的航拍图;高空遥感,如对北京故宫的高空遥感;激光扫描;等等。多种方法也被运用于考古勘探中,为寻找遗址、了解遗址的全貌提供了重要信息。在高空中看到的景象,有时是在地面上看不太出来的,例如作物标记——作物在壕沟等遗迹上面往往生长得很茂盛,而在石墙等遗迹上面长势较差,这种差别在空中俯瞰,就能产生明显的颜色带的不同,比在地面上看,要更容易看出来。

通过多种调查确定了遗址位置,接下来的一步就是考古发掘了。我们一般采用探方法和探沟法进行发掘,例如采用探沟法发掘的济南总督衙门遗址和采用探方法发掘的江西荞麦岭遗址。

一般而言,探方法是最常用的方法,从新石器时代往后,常常是边长五米乘五米的正方形大小,从上往下,按照考古地层学的要求,逐层清理;时代呢,也就是从晚期地层开始慢慢往早期地层发掘。

发掘常用的工具有手铲、刷子等等,清土的工具,往往也是农具。现在一些考古队也开始定制一些更适合铲探方壁的特殊工具,发掘起来会更得心应手。

在发掘的过程中,需要及时地进行记录,不管是遗迹还是遗物,都需要详细记录出土情况,记录的方式有文字、照相、画图等。在考古绘图时,也不是眼睛看看随便画画,必须要在精确测量的基础上,按照比例尺进行正投影式的绘图,确保绘图的真实性、可复原性。

在发掘的过程中,以及发掘之后,都需要对考古所得的资料进行研究。在发掘的过程中,对地层和遗迹现象之间的叠压、打破等关系的判断和研究,是发掘能顺利、准确进行的保障;而发掘结束之后,对考古所得资料的室内整理与研究,又是考古发掘报告编写和出版的前提与基础;一个考古遗址的发现与发掘,又能为我们了解历史、了解过去的社会、文化发展情况提供丰富的信息。可以说,考古材料和信息的多样性,决定了考古学是一门综合性的学科;而考古学的科学性和创造性,为我们理解过去架起了一座坚实的桥梁。

正因如此,在马克思主义指导下蓬勃发展的中国考古学,为我们更深入地了解中国传统文化,提供了不竭的物质"源泉",今天的我们,对古代中国、对古人的生活状态、对中国文化文明的发展过程,了解得比以往任何一个时候都要更全面、更准确、更深刻。我们通过对考古遗址中出土的动植物遗存等进行研究,基本能够勾勒出我国的立国之本——农业的发展历程,逐渐明晰了"五谷丰登、六畜兴旺"的形成过程以及对史前文化发展、中华文明形成所起的重要作用。

瓷器是中国文化的典型代表之一,尽管我国有很多传世的瓷器,也有汗牛充栋的文献,但是考古发掘出的众多窑址和瓷器,不仅新发现了很多以前不知道的新窑址,而且借助科技手段的大量运用,我们对不同窑系、不同窑口的瓷器的制作技术、传播与交流、用途与用法等等问题都有了更新的、更有体系的认识。对这些窑址的发掘研究,都在某种程度上改写了原有的认识。

玉自古至今都深受国人喜爱,玉文化也是中国文化中的重要组成部分。考古发现的兴隆洼文化的玉玦,就将我国玉器的制作与使用历史往前大大推进了好几千年;而且现有的研究也告诉我们,玉器的类型、工艺和纹饰等,从新石器时代就已经开始有了地区间的可比性,这是自新石器时代早期以来各地区持续不断交流互动的结果,也是中国文化多元一体、多元统一的文化显著特点的一个体现;不同时期的玉,具有不同的时代特点,例如在新石器时代,玉是沟通天地的使者,夏、商、周三代,玉融入了国家礼乐体系,秦汉以后,玉更成为修身喻德的象征。在各个历史时期,玉器虽然呈现出不同的时代特征和含义,却与中华文化、中华文明的发展主线是紧密相扣的,玉器以及玉文化是研究中国古代文明发展演进历程的重要载体和途径。

不同地域发现的不同文化、不同时代的形式多样、种类丰富的玉文物,为我们一窥古人风采、展示中国文化风貌提供了极有价值的宝贵的物质资料。

正是因为考古学对我国精神文明和物质文明建设具有极其重要的意义,考古学在中国正逐步走上发展的快车道。然而,在某些时刻,考古学家似乎"跑"不过盗墓贼,一些重要的发现,往往都是因为盗掘而引起的,这是为什么呢? 我想,这不外乎两个原因:一是中国的盗墓传统由来已久;二是我国的考古发展得还不够好,人手紧、任务重、压力大。相信这种情况,会随着我国对文化遗产事业的越发重视而得到根本性的解决。

思考题:

1.考古学有哪些基本理论与方法?
2.考古发掘与研究,都有哪些基本步骤?
3.你认为考古学应当如何服务当下社会?

参考文献：

[1] 宿白.中华人民共和国重大考古发现[M].北京:文物出版社,1999.

[2] 王昌燧.科技考古进展[M].北京:科学出版社,2013.

[3] 张之恒.中国考古通论[M].南京:南京大学出版社,2012.

[4] 赵洪恩.中国传统文化通论[M].北京:人民出版社,2016.

第二章
考古发现与环境重建

　　自然环境是人类赖以生存发展的物质基础,人类始终生活在一定的自然环境中。面对多种多样的自然环境,人类开始创造不同的文化去主动适应环境。在长久的实践当中,人类自身及其文化不断演进,对自然环境施加影响的加深和扩大也不断加强。寻找古代人类在自然界中活动所留下的"痕迹",研究古代人类与环境之间的互动关系(人地关系),就是环境考古学的重要内容。环境考古学是一门20世纪中期才诞生的新兴考古学分支学科,并随着考古学理论的变革、科学技术的应用日渐发展成熟,为进一步重建过去的"人地关系",理解探讨"人地关系"相互作用的机制,认识协调当今"人地关系",预测和维护未来社会的可持续发展,提供了更加全面的参考和借鉴。

　　本章分为环境考古学的诞生与发展、中国环境考古学发展史、多学科结合下的环境考古、全新世气候事件与考古发现四个小节。先介绍环境考古的前世今生,了解环境考古理论的发展和变迁;再通过具体案例分析了解环境考古学的研究方法和手段;最后结合全新世几次重要气候事件,从考古发现中一窥环境变化对人类文化发展的影响,以及人类展现出来的强大适应性和对环境的改造能力。

第一节　环境考古的诞生与发展

　　人类自诞生起特别是进入新石器时代后渐趋复杂的"人地关系",以及全新世以来持续多变的全球气候环境,使环境考古研究近年来成为考古学、地球科学特别是地貌与第四纪环境学和全球变化研究的主要方向,并获得了丰硕的成果。

　　环境考古(Environmental Archaeology)是以人类生态学(Human Ecology)为理论基础,采用文、理相结合的方式,探讨古代人类与环境之间的相互关系,阐述古人类及其文化形成、发展和演变的环境背景和动因的一门学科。其研究内容主要包括四个部分:古代人类的生存环境、自然环境对人的影响、古代人类对环境的适应和古代人类对环境的影响。环境考古学的最终目的是通过对古代人与环境间互动关系(简称"人地关系")的研究,重建人地关系历史,探讨人地相互作用的机制,为进一步揭示今天的人地关系,提供更加全面的参考与借鉴。

　　地理环境的特征在于区域性和变化性,因此对环境的研究尺度可以分为空间尺度和时间尺度,即研究对象的时空框架。不同的地理单元之间存在生存环境上的明显差异,同一地理单元内部则存在明显的一致性。由于自然环境对古代环境形成和发展的影响,单元内部的一致性和不同单元间的差异性将导致不同地区在文化特征和演进模式上出现一定的差别。严文明先生将环境考古研究划分为区域研究、小区研究和大区研究。杨晓燕等则将其划分为小尺度、中尺度、大尺度和超大尺度四个层次。不同层次的环境考古研究涉及的空间范围不同,研究的内容上也存在差异。小尺度环境考古研究的是单个遗址,旨在揭示遗址的文化内涵与周边环境的关系;中尺度环境考古研究对象是特定地理单元内的若干遗址,探讨特定的文化类型与其分布区域自然环境间的关系;大尺度环境考古研究对象是大自然区(如中国东部季风区、西北干旱区和青藏高原区)内的若干种不同文化类型,研究不同文化类型组成的文化区与环境间的关系;超大尺度环境考古研究的是大自然区的若干个文化区,探讨古文化与大自然地理带环境的关系。地理环境一直处在不断地变化中,变化的时间尺度有长短。不同时间尺度的环境变化对人类有不同的影响,人类也会相应做出不同的响应,形成文化演替的时间序列。时间尺度有长至十万年乃至百万年尺度的长时间尺度,也有万年的中时间尺度和短至千年或百年的短时间尺度。

　　环境考古学是一门新兴的交叉学科,其概念于20世纪30年代在英国提出,并于60年代后作为学科逐渐发展成长。追溯环境考古学的发展历史,主要可以分为三个阶段。

一、线性模式阶段（20 世纪初期至中期）

早在 20 世纪初期，就已经有学者开始关注环境的重要性。例如庞佩利（Pumpelly）在土库曼地区的考古发掘中曾尝试重建史前遗址古环境；地理学家亨廷顿（Huntington）对美洲地区的研究利用地形和考古遗存发现环境和气候的变化；1941 年呼扎因（Huzayyin）为解释古埃及农业的起源开展了对尼罗河流域地貌和水文状况的调查；1942 年汉克（Hack）就美国西南地区气候变化对印第安人史前农业活动的影响进行了探讨等等。这些早期的研究开始尝试恢复古代环境，并试图从古环境上寻找古代文化发展变化的合理解释。

但此时的研究处于一种简单的线性模式阶段，即简单地将环境和文化的关系归结为作用和反作用两个方面：环境作用于文化，文化发生变化；文化影响了环境，环境发生变化。

二、系统模式前阶段（20 世纪中期至晚期）

在 20 世纪 60 年代，著名考古学家宾福德（Binford）发表论文《作为人类学的考古学》，引发了考古理论的重大革命，标志着新考古学（也称过程考古学）的发端。新考古学的基础理论之一就包括要将环境看成影响文化最重要的因素，于是环境考古学应运而生，并逐渐成为考古学研究的重要组成部分。《作为人类生态学的考古学：语境研究的方法与理论》（*Archaeology as Human Ecology: Method and Theory for a contextual Approach*）作为这一阶段的代表作，比较全面地阐述了古代人类与环境的关系，为环境考古学的发展奠定了重要的理论基础。

在新考古学阶段，讨论环境与文化的关系由线形模式发展到系统模式，即把文化看作生态系统的一部分。宾福德将文化视为由技术经济、社会结构和意识形态所组成，并与生态环境互动的生态系统。技术系统是理解文化与生态，即人如何适应环境的关键。科伊（Coe）和弗兰纳里（Flannery）对墨西哥高地生态系统与聚落系统之间的关系研究，标志着文化生态系统研究模式的形成。

但由于新考古学派认为文化是人类对自然环境的一种适应手段，所以在系统模式中，人总是被动的，文化的发展总是受环境的制约。因为文化的许多变化虽然首先发生在技术系统中，并且可以引起整个文化生态系统及任何一部分文化发生变化，但是技术发展并不是文化变化的唯一原因。

三、系统模式后阶段(20 世纪 90 年代至今)

新考古学由于过分强调自然环境对人类的作用而受到人们的质疑,而后出现的一些新的学派,形成所谓的"后过程考古学"。这一阶段的重要特点就是关注社会和个人的意识形态对社会演变过程所发挥的作用,认为人类的思想和他们生存的环境对于造就人类文化具有同等的重要地位。

这一时期环境考古也有了新的发展,就是更加强调环境和人的互动。费代莱建立了一般人类生态系统模型(见图 2-1),反映了文化与自然环境、社会环境之间的动态关系。瑞斯(Reitz)将环境考古定义为研究人类与其生活的生态系统之间的动态关系。这种观点的出现标志着环境考古学开始进入"系统动态模式"阶段。环境考古学不应该仅仅被认为是对古代人类的自然环境的研究,更重要的是要把环境作为古代人类社会中的动态因素,研究古代人类社会和其所处的自然环境的相互关系,进而探讨由这种交互作用决定的人类生态系统。丁卡泽(Dincauze)将其称为以人类为中心的古生态学(Anthropocentric Paleoecology)。

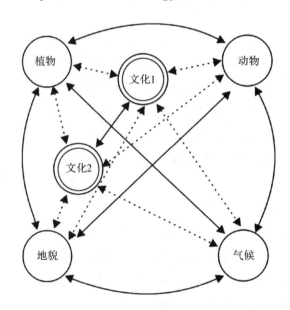

图 2-1 一般人类生态系统模型

图片来源:Fedele F G,Sediments as Paleo-Lland Segments:The Excavation Side of Study,June 01,1976 [C]//Geoarchaeology:Earth Science and the Past. London:Duckworth,1976.

第二节　中国的环境考古学发展史

中国的环境考古学萌芽于 20 世纪 20 年代,经过长时间的摸索和实践,并借鉴国外环境考古学的理论和方法,从 80 年代开始,环境考古研究在中国进入一个迅速发展的阶段,成为考古学研究中一个必不可少的重要领域。中国环境考古发展史同样可以分为三个阶段。

一、萌芽阶段(20 世纪 20 年代至 60 年代)

我国老一辈学者历来十分重视关注考古文化和环境之间的关系。顾颉刚先生曾提倡在历史学研究中要关注环境对古文化的影响,认为环境是人类活动的舞台。地质学家李四光先生在 1923 年《风水之另一种解释》的演讲中,深入分析了人与环境的关系,他所构建的人、自然、社会三者之间的关系示意图,对于今天的环境考古工作仍具有重要的指导意义。考古学家裴文中先生反复强调重建古环境在古生物和古文化研究中的重要性,他利用中国出土的哺乳动物化石,进行了深入的生态型分析,探讨了各个时期不同地区的古代人类生存环境。著名的考古学家夏鼐先生也提倡重视考古发掘中古动物和古植被研究,并鼓励采用新技术新方法。古地理学家周延儒先生发现人类遗址分布与地貌格局有密切关系,并且在他的《古地理学》一书中,详细阐述了古代人类文化的发展及其对自然界的影响。

在这一阶段,竺可桢院士的《中国近 5000 年来的气候变化的初步研究》,可以称得上是地球古气候史研究领域的一座承前启后的里程碑。在这篇论文中,竺可桢院士利用考古、历史文献和其他资料初步建立了我国近 5000 年来的温度变化序列,成功描绘了我国历史时期气候变化的轮廓,其结果可以与格陵兰冰芯 O 稳定同位素推算的温度变迁相印证,为研究有史以来全球气候的变迁问题提供证据。此后的研究表明,其勾画的中国历史时期温度变化基本框架,总体上是基本准确的,特别是对主要冷期的识别。

这一阶段也出现了诸多采用自然科学方法重建考古遗址古环境的实践。其中安特生 1921 年在仰韶村的发掘实属首例。安特生通过对遗址东西两条冲沟中所见地层及沉积物的分析,推断仰韶居民生活在平原上浅缓的河流周围。20 世纪 50 年代的半坡遗址发掘、60 年代蓝田人的综合研究以及 80 年代北京周口店人遗址综合研究中,也采用了地貌分析、沉积物分析、哺乳动物化石和孢子花粉分析等手段,力图重建古代人类遗址的地貌条件、气候环境、动植物面貌和水文状况等。这些工作虽然关注到了生存环境,但没有更进一步探讨生态环境对古代人类活动的影响。

二、发展阶段(20 世纪 70 年代至 21 世纪初)

进入到 20 世纪 70 年代,受到国际上考古学理论发展的影响,我国的环境考古也进入了新的发展阶段。随着国内田野考古工作的深入和考古学文化序列的建立,考古学家开始考虑影响史前文化演进的因素,并将气候环境变化作为重要的外在影响因素进行考虑。

1987 年,周昆叔先生在北京上宅遗址开展古环境研究,并首次引入了"环境考古"的概念。在探讨"过去全球气候变化"的研究背景下,一大群地理地质学家开始进入环境考古的领域,并探究古人类与自然环境的关系,比如著名第四纪学者刘东生院士提出了"黄土地质考古带"和"黄土石器工业"的概念。许多学者采用地理学、地质学、地球化学和地球物理学等多学科的研究方法和工作手段,致力于建立遗址所在区域不同时间尺度的古气候变化曲线,试图通过考古文化序列和气候变化序列的对比,寻找气候变化与文化更替之间的对应关系。

在考古学家和地质地理学家的共同努力下,这一时期中国的环境考古工作得到了蓬勃的发展。不仅工作区域几乎覆盖了内蒙古西辽河流域、黄河流域和长江中下游地区等中国史前文化遗址的主要分布区,研究的时间段也从旧石器时期、新旧石器过渡时期和新石器时期延伸到了夏商周三代。许多最新的测试手段如粒度分析、磁化率、孢粉分析、植硅体分析、稳定同位素分析等在环境考古实践中得到了广泛的运用。但这一时期出现的普遍问题是,研究者往往容易陷入"气候好,文化就发展;气候不好,文化就衰退"的单一模式,把气候视为导致文化演变的主要原因。而实际上人类文化的形成、发展和更替是一个复杂的过程,不仅与气候相关,更与人类社会自身发展有关。由于测年技术精度的问题,文化序列和气候序列在时间分辨率上也存在一定的差别。因此虽然这一时期做了大量的工作,但与考古学研究的结合程度较为薄弱,你讲你的,我讲我的,环境考古和考古学研究存在"两张皮"的严重脱节现象。

三、新的发展阶段(21 世纪初以来)

21 世纪初,中国环境考古研究进入了新的发展阶段。一方面,人类生态系统理论的提出为环境考古学的发展提供了坚实的理论基础。另一方面,随着考古学的发展,中国的考古学家在继续研究古文化的同时,开始全面地思考古代文化形成、发展和更替的驱动机制，这就与环境考古的中心任务不谋而合了。

这一时期，中国考古学的重大进步是引进了"聚落考古"的概念。聚落是人类聚居的地方，聚落形态包括聚落的文化系统、社会系统和生态系统三方面的内容。史前聚落形成、发展和衰落的过程，是人类和自然和谐统一的产物。张光直、张忠培、严文明等学者均认为聚落考古不仅要研究社会关系，更要强调与生态环境的关系。自此中国环境考古学进入一个以人类生态系统理论为指导，以聚落环境考古为基础，以解决考古学关键问题为目标的新时期。

短短十几年来，中国环境考古学取得了丰硕的成果，为考古学的蓬勃发展做出了巨大的贡献。但与此同时，中国环境考古学在未来仍有非常大的发展空间。例如，时空上存在不平衡性：在时间上更多集中在旧石器时代晚期以来，对旧石器时代早、中期关注比较少；在空间上考古工作主要集中在北方地区、胶东半岛、环太湖和珠江三角洲等地区，大部分地区工作仍刚刚起步甚至几乎是空白。考古工作者与其他学科研究者之间的合作还不够紧密，环境研究在大部分情况下只是作为背景数据描述，环境和考古"两张皮"的现象仍然存在。还需要加强环境考古的理论建设，强调人的能动性。特别是在新石器及铜石并用时代，人类适应自然、改造自然的能力逐步提高，在讨论文化和环境的相互关系时，还要考虑宗教、政治、技术等因素的影响。

第三节　多学科结合下的环境考古

环境考古学是一门考古学与自然科学交叉而产生的新兴学科，与很多自然类学科具有极为密切的关系。这些自然科学的研究方法和手段可以用来研究考古出土物，解决考古学问题，回答环境考古关心的"人地关系"问题。因此，这些方法与手段就构成了环境考古学的研究方法与手段。根据研究对象的不同，Reits 将环境考古划分为四个研究领域，即地学考古学（Geoarchaeology）、植物考古学（Archaeobotany）、动物考古学（Zooarchaeolgoy）和分子生物考古学（Bioarchaeology）。

一、地学考古

巴特泽（Butzer）将地学考古定义为利用地球科学的方法和理论进行的考古研究，认为地学考古主要研究以下五方面的主要内容：重建遗址的地貌景观背景、建立遗址的地层关系、了解遗址的形成过程、了解遗址的后期改造过程、了解人类活动对遗址地貌景观的改造。沃特（Waters）指出地学在考古学的各种应用应属于考古地质学

(Archaeological Geology),考古地质学又包含了地质考古学(Geoarchaeology)和科技考古学(Archacometry)两个研究领域。地质考古学(Geoarchaeology)主要包括地貌学、沉积学、土壤学、地层学和地质年代学等技术和方法在考古遗址中的沉积、土壤、地貌演化等方面的调查和解释,科技考古学(Archaeometry)则主要指地球物理、地球化学方法在考古学的应用。

根据以上学者的定义,地学考古研究内容和方法主要可以分为地貌学、沉积学、古土壤学和地质年代学(见表 2-1)。

表 2-1　地学考古研究内容与方法

分支学科	研究侨务	研究内容	研究目的
地貌学	研究遗址区域地形演变及特征	区域地质构造、地貌演化、地形特征,水文条件等	遗址调查;文化生存自然环境背景研究;遗址废弃;等等
沉积学	研究遗址区域内沉积特征	粒度分析、沉积相、地层	遗址调查;文化生存自然环境
古土壤学	研究遗址内古土壤化学、物理特征并与没有受到人类活动影响的自然沉积进行对比	磷酸盐、碳酸盐、磁化率、微量矿物等	遗址功能区分析;人口密度分析;等等

资料来源:杨晓燕.环境考古学发展回顾与展望[J],北京大学学报(自然科学版),2005(2):329-334.

在同一个大的气候带中出现的遗址和遗址间以及遗址内部的气候差异,实质上是由海拔、坡向、母质、距河远近等地形地貌条件导致的。地貌的差异对气候带内的水热条件起到了再分配的作用,地貌本身也处在不断的变化之中,地貌在不同时期的相对稳定状态及变化构成了地貌的演化历史,从而直接影响到了遗址不同时期的景观和人类活动。在聚落考古的视角下,对遗址的地貌学观察主要包括两方面内容:一是地貌演化所导致的遗址本身变化过程;二是聚落兴起和发展的环境条件。以后李文化遗址地貌学观察为例,后李文化遗址基本处于山前地带的河漫滩或低阶台地上,与其他时期遗址位于深切沟谷具有较大区别。这种地貌条件下水环境条件较好,用水方便;景观及资源具有显著多样性,为广谱型的资源利用方式提供了基础。

沉积学是研究沉积物、沉积过程、沉积岩和沉积环境的科学。在沉积学的研究中,粒度是衡量沉积物和沉积岩颗粒大小的一个重要指标,粒度分析是沉积学发展的基础。沉积物的粒度反映的是介质能量和沉积能量的尺度。一般而言,粗粒沉积物出现在高能量沉积动力环境下,细粒沉积物多出现在低能量沉积动力环境下。简单来说,以水力沉积为例,水的流速越快,所夹带沉积的沙粒越粗。以五渡河西岸的研究为例,根据地层反映的文化时期和沉积物性质可以将剖面粒度变化曲线分为 4层。每层的粒径含量和百分比反映了不同层位不同的沉积情况(见图 2-2)。A 层(0-60cm,对应阶段Ⅳ)主要是人类耕作扰动层,从图 2-2 中可以看出,A 层中 6 个样品的平均粒径随着深度的增加逐渐减小,并且在 40cm 处出现了一个低值,平均粒度在峰值之后急剧增加。在 B 层(对应阶段Ⅲ)中约 90cm 处平均粒径达到高峰值,这反映了一种高能的沉积环境。在 C(对应阶段Ⅱ)、D(对应阶段Ⅰ)层中平均粒度总体上变化较平稳,反映了一种低能的沉积环境。这种差异性,表示在 B 层高峰值处,可能出现过一次洪水事件。

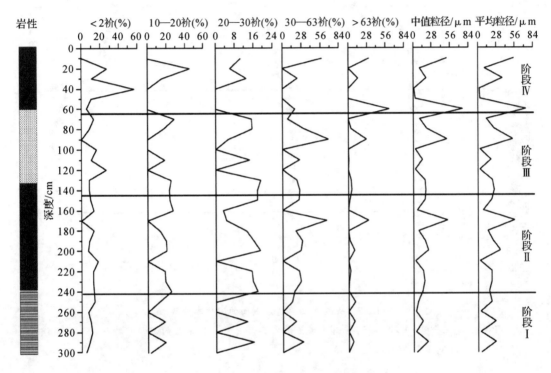

图 2-2 五渡河西岸遗址地层剖面分级粒径

图片来源:王会豪,王超,李黎.登封告成五渡河西岸史前遗址地层的沉积学特征及其环境演化[J].云南地理环境研究,2015(3):47-53.

古土壤蕴含着其形成时期的表生环境特征,是研究过去环境变化的重要地质记录。受长期埋藏与成岩作用影响,古土壤形态特征与现代土壤存在差别但仍保留明显区别于相邻岩层的土壤发生学特征。土壤发生层、根系痕迹、新生体、微形态等特征有助于辨识古土壤,而古土壤中的磷酸盐、碳酸盐、磁化率、微量矿物等是判断古土壤发育强度和重建古环境与古气候的重要方法。磁化率是物质被磁化难易程度的一种度量,大致反映了样品中亚铁磁性矿物的富集程度。现在普遍认为黄土磁化率的增强与气候的相对暖湿-冷干变化有关:气候暖湿,成壤作用增强,磁化率增强,反之,磁化率降低,故其可以作为成壤强度和夏季风强度的指标。五渡河西岸遗址中(见图 2-3),B、D 层磁化率较高,说明气候相对温暖湿润,而 C 层磁化率较低,说明气候寒冷干燥。

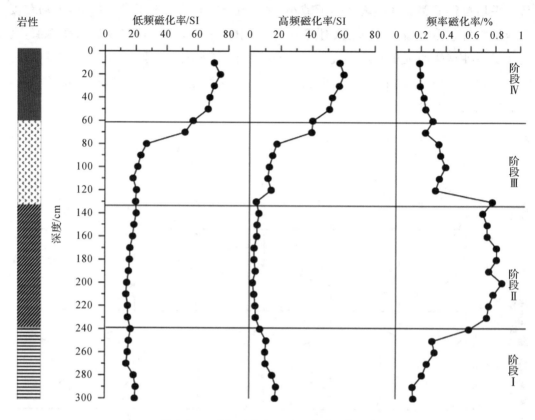

图 2-3　五渡河西岸遗址剖面的磁化率曲线

图片来源:王会豪,王超,李黎.登封告成五渡河西岸史前遗址地层的沉积学特征及其环境演化
[J],云南地理环境研究,2015(3):47-53.

　　地质年代学旨在利用先进技术手段确定遗址堆积的绝对年代。目前常用的几千年直到上万年古测年方法主要有 AMS[14]C 测年、热释光(TL)测年及光释光(OSL)测年等等。AMS[14]C 测年是目前最为成熟的测年方法,其最大的优点在于样品用量小,即使是考古地层中筛选出的少量生物化石、骨片也可以进行测年,且结果可靠,精确性高。但测年上限低,一般可应用范围为 40000—45000 年以内。热释光测年是利用热释光效应,通过测量含有结晶体的矿物所释放光子的能量判断出样本自从上一次被加热后至今所接受的环境背景辐射能量之和,因而估算自加热时间点至今经过的时间。光释光测年同样是对沉积物最后一次曝光(或热)事件年代的测定,与热释光测那年的不同之处在于其采用的是光激发。

二、植物考古

　　植物考古是指通过对考古遗址里植物遗存的研究,了解人类生存的气候背景、遗址区的植被特征、人类的食物特征，并进一步了解人类获取和利用自然资源的行为。这些保存在遗址里的植物遗迹，还可以用来进行测年。其中，植物遗存又可以分为大化石和微体化石。大化石指的是植物的根、茎、叶和果实；微体化石包括孢子植物的孢子和种子植物的花粉，以及植硅体、硅藻、淀粉粒等。

植物大遗存中最重要的是炭化植物遗存。人的生活离不开火，炭化作用使得有机质的植物转变为能够长期保存的无机质炭化物质。针对炭化物质的特性，考古工作常使用浮选法获取炭化植物遗存。除此之外，在水浸泡的隔氧环境或极度干燥的特殊保存情况下，植物遗骸也能长期保存下来。浙江余姚田螺山遗址是一处距今六七千年的河姆渡文化聚落遗址，在田螺山遗址中出土了大量植物大化石遗存，根据出土的大化石遗存种类可以看出田螺山遗址周边兼有陆生和水生植物。

植硅体是填充于高等植物细胞组织中的非晶质含水二氧化硅颗粒。植硅体不仅记录了它所起源的植物细胞的特征，而且质地坚硬，可以在土层或沉积物中很好地保存下来。通过植硅体的形态鉴定和确定组合带，可以重建古植被环境，讨论植物群落演替，推断气候环境及其变迁过程。考察田螺山遗址植硅体、硅藻等指标组合的变化特征（见图 2-4），发现距今 7000—6600 年间，P1 淤泥层硅藻含量丰富，种类包括淡水和海水，说明该时期田螺山地区可能为淡水或潟湖相沉积环境。该层只有上部发现典型水稻植硅体，但含量仅为 3%，说明这一时期栽培稻开始有所发展。在 P2 层硅藻含量

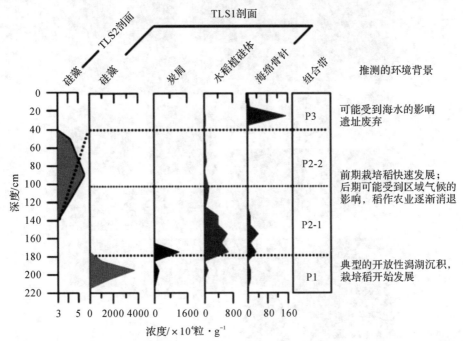

图 2-4　田螺山遗址剖面不同指标浓度变化及其可能的环境背景

图片来源：王淑云等.浙江余姚田螺山遗址古人类活动的环境背景分析——植硅体、硅藻等化石证据[J],第四纪研究,2010(2):326-334.

急剧减少,直至晚期完全消失。在 P2-1 层水稻植硅体有了明显的增长,出现了最高值,说明这一时期田螺山地区已不再受海水影响而成为适合人类生存的地域,开始稻作农业的发展。而 P2-2 层水稻植硅体含量骤降,可能是受到区域气候的影响,稻作农业逐渐消退。在 P3 层,水稻植硅体仍持续降低,但海绵骨针达到了最大值,硅藻含量十分丰富,说明在这一时期可能受到了海水的影响,遗址被废弃。

孢粉是植物孢子和花粉的总称,是植物繁衍的生殖细胞。孢粉虽小,但在几百万年的沉积中仍能保存完整的外壁结构。不同植物的孢粉具有不同形态(见图 2-5),根据孢粉的几何形状、萌发器官及表面纹饰特征就可判定植物种属,从而重建古植被面貌,推测古环境变迁。对田螺山遗址的孢粉分析则显示距今约 8460—7700 年前,植被类型以落叶阔叶林为主,含有常绿成分和针叶成分,揭示了气候温凉偏干的特点。距今 7700—6300 年前,乔灌木整体有所下降,波动显著,植被类型为亚热带常绿落叶阔叶混交林,气候暖湿。距今 6300 年前至今,木本花粉含量总体大幅度下降,草本花粉含量升高,气候上稍温凉偏干,植被类型仍以亚热带常绿落叶阔叶林混交林为主,但植被变化可能受人类干扰。

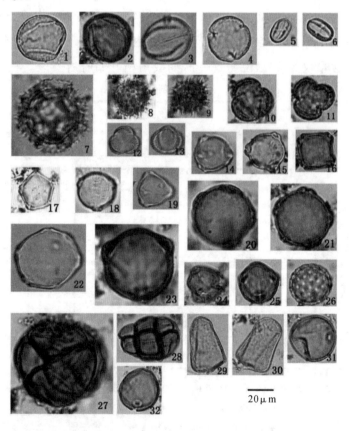

图 2-5　不同种属被子植物孢粉

图片来源:尹斌,滇西北地区表层沉积物孢粉分析[D].云南:云南师范大学,2017.

植物在进行光合作用的过程中,会产生次生代谢产物淀粉,并以淀粉粒的形式储藏在植物薄壁细胞细胞质中。在人类采集和加工淀粉类食物的过程中,淀粉粒得以在各种工具表面沉积并保存下来。不同种属的植物淀粉粒具有不同的形态特征,为研究判定植物性食物残留物来源,提供了很好的理论基础。杨晓燕等利用淀粉粒分析方法,对浙江萧山跨湖桥遗址出土陶釜内底残片上的残留物进行了研究。结果发现,陶片内壁附着的炭化"锅巴"内包含了种类丰富的植物淀粉粒。根据淀粉粒形态大小和表面特征,可划分为七类八种,表明了陶釜所加工食物的多样性以及当时人类饮食结构的多样性。

三、动物考古

动物考古是通过对遗址里动物的化石遗存进行研究,寻找人类与动物之间的关系。研究内容包括动物的种类,养殖和捕捞,动物的栖息、生活习性、季节特征、年龄、性别和动物资源的规模,屠宰、运输和重新分配等等。这些数据还可以提供捕捞、屠宰等技术信息,用于探讨人口数量、气候信息、贸易等相关问题。

动物地理学和动物生态学是动物考古研究获得有关古代生态环境信息的基础。以吉林双塔遗址为例,研究者对双塔遗址中一期地层出土的3万多枚动物遗存进行了分析,鉴别出来2门6纲至少14目30属种。从动物群的构成情况和适应的生态环境看,野生动物按照栖息环境可以分为生活在林地或林缘环境、生活在低丘陵及平原环境、广适性的和生活在河湖等水域环境等多种。以此可以推断,遗址周围呈现出以草原及草甸为主,兼有林缘灌丛、河流的生态景观,生态多样性比较明显。

同一地区在不同时期可能处于不同的气候带,相应地也会导致动物地理和动物生态区划的变化。因此,在外来物种的辨识上就要充分考虑动物群组合特征的地方性和时间性,只有那些明显有别于当时当地动物群组合特征的物种才有可能被推断为外来物种(如海生软体动物的贝壳在内陆地区的遗址中出现)。

四、分子生物考古

分子生物考古在环境考古中的研究目的同植物考古、动物考古一样,只是从更微观的分子角度上研究人类与环境的互动关系。也就是从分子的尺度了解人类化石的古DNA、古蛋白质、类脂化合物等,研究人类的起源和迁移,动植物的家养和驯化过程即农业的发展过程,对动植物残骸的精确鉴定,新的定年技术以及古气候的变化等与考古学相关的许多重要问题。通过稳定同位素分析和微量元素分析,了解人类健康、体质与环境之间的关系,提供关于人类营养、饮食、体质、病理等信息。

由于氧(O)稳定同位素分析在重建古环境、研究迁徙情况上的重要意义,目前逐渐成为国际国内生物考古的热门领域。研究发现,一个地区降水中 O 稳定同位素的组成,与当地的温度、湿度呈正相关,与当地的纬度和海拔呈负相关。因此,各地区环境的不同,会导致降水中的 O 同位素比值不同。生物在饮水和食物摄取过程中,会将地表水、植物水和食物链中其他动物体内的水分一并摄入,并在呼出二氧化碳、汗液、尿液等排出体外过程中,保持体内 O 同位素的动态平衡。利用这一原理可以探讨个体的迁徙与来源情况,哺乳动物身体组织内的水分均直接或间接来自降水,骨骼 $\delta^{18}O$ 数据也一直显示与局部降水 $\delta^{18}O$ 相关,通过分析生物骨骼中 O 稳定同位素的情况,可以复原个体生前所处环境的 $\delta^{18}O$ 值,并结合不同地区 $\delta^{18}O$ 值的分布情况,研究个体的迁徙情况和来源。

以江苏省顺山集遗址出土的古代水牛和现代水牛前臼齿牙釉质 O 稳定同位素为例,对比显示古代水牛 $\delta^{18}O$ 均值比现代的要低(见图 2-6),这意味着这两种水牛的栖息

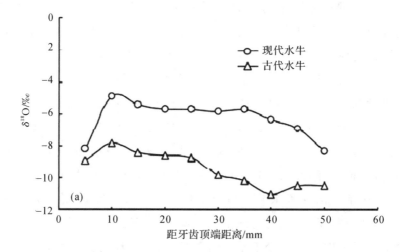

图 2-6　顺山集遗址古代水牛和现代水牛前臼齿牙釉质 $\delta^{18}O$ 值分布

图片来源:田晓四,朱诚,水涛,等. 江苏省泗洪县顺山集遗址哺乳动物牙釉质 C,O 稳定同位素记录的食性特征、生态环境和季节变化[J]. 科学通顺,2013(30):3062-3069.

环境存在差别。这种差别可能是由于研究区内古今的生态环境不同引起的,该遗址所处年代环境可能要比现代更加温暖湿润。

第四节　全新世气候事件与考古发现

全新世以来,全球气候和环境经历了多次变化幅度大、持续时间长、影响范围广的气候事件;同时,人类社会也经历了农业的起源与发展、古代文明社会的兴起与衰落等

一系列对人类发展进程产生重大影响的演化阶段。越来越多的证据表明,人类社会的发展固然有其内在演化规律,但也不可忽视地理和环境因素的影响。本节将结合考古发现,针对全新世的三起重要气候事件一窥环境突变对人类文化发展的影响,以及人类展现出来的强大适应性和对环境的改造能力。

全新世是最年轻的地质年代,我们现在所处的就是全新世。距今 11—10ka BP(^{14}C 年龄)期间发生了一次全球性气温骤降事件——"新仙女木事件"。其命名源自 19 世纪晚期 20 世纪初期瑞典和丹麦的孢粉记录中发现的北极苔原植物仙女木,这是当地气候变冷的指示物。新仙女木事件结束后,地球快速地过渡到温暖的早全新世,新仙女木事件结束气候迅速变暖的年龄也被作为全新世(也叫冰后期)的开始,其具体年代为 11650a BP。

以往研究认为全新世气候异常稳定,基本没有大的变化,但近年来较高精确度测年的古气候记录表明,全新世的气候并不稳定,存在百年-千年尺度的变化,共经历了四次寒冷期。今天我们重点介绍与我国史前文化发展密切相关的距今 8200 年、5500 年和 4000 年左右的降温事件。

一、8200 BP 降温事件

距今 8200 年左右的降温事件在格陵兰 GISP2 冰芯记录中开始于距今 8400 年,结束于距今 8000 年,持续 400 年左右,最冷时降温(6±2)℃,强度相当于新仙女木事件的一半,也被称为"全球寒冷事件"(global chill)。这次冰期在中东地区表现为 200 年左右的干旱,直接导致了黎凡特和美索不达米亚北部地区的居民放弃了农业定居生活。距今 8000—7500 年之间,在我国黄河流域出现了三四百年的文化断层,这与稍后全新世最适宜期(7200—6000 BP)仰韶文化在北方地区雨后春笋般地涌现形成鲜明的对比,这种现象可能与该降温事件有关。但气候变迁和人类活动间存在着辩证互动的关系。学者注意到美索不达米亚地区灌溉农业的产生可能是人对 8200 BP 降温事件的能动性适应。他们认为在美索不达米亚内陆地区的雨量减少,不足以维持该地区的农业活动。人们被迫迁徙出这个地区,来到底格里斯河、幼发拉底河附近,并开始利用一些开凿或天然的小沟渠进行灌溉农业,结果是促进了这个地区灌溉农业的产生。

二、5500 BP 降温事件

距今 8200 年的降温事件结束标志着全新世最适宜期的开始。直到距今 5500 年再次发生了多次降温和季风减弱事件,这标志着全新世大暖期的结束。该降温事件在我国也有较明显的反映,在考古上被称为仰韶中期寒冷期。在这一时期,我国黄河中游和长江中下游流域均出现了遗址数量的减少。因为当时人们所选择的居住位置总是以人类的能力与自然界的威力之间的平衡为界限的，人们既要选择用水较为方便的位置，又要保证住地不至于被洪水所淹。所以这居住位置线反映了气候的湿润程度和水位的高低。而这一时期黄河流域遗址的海拔明显下降，人从高地向低地迁徙，说明这时期气候变冷变干。黄河流域和长江流域的农业也出现了衰退，这一时期北方出土的粟黍和南方出土的稻谷均出现了低值。在以往水网密布的江南水乡，这一时期的遗址中普遍出现了水井，同样暗示着气候的骤然变干。

大量考古证据表明，在距今5500年前后，中国多个地区几乎同时出现了明显的社会复杂化现象。主要表现为：一是在区域聚落遗址面积和空间分布上，出现了明显的分级分层现象；二是聚落内部也发生了分化，出现了大型房址、贵族墓葬，以及贵重的奢侈品，表明了社会的分层；三是墓葬等级差别明显。

这一时期还出现了明显频繁的部落冲突和战争现象。距今6000—5000年间，随葬的武器开始普遍流行。高级墓葬中出土有象征军权和王权的武器，如随葬的石钺和玉钺，表明军事领导者的存在，间接证明了冲突和战争发生的普遍性；设防性设施，如城墙和壕沟，是一种利用自然或人为障碍物阻碍他人进入的聚落的建筑，被认为是能够证明人群之间冲突最直接的具体物证。距今6000—5000年的湖南城头山遗址被认为是中国最早的城址，城址周围还出现了护城河，这属于中国历史时期常见的典型双重防御性设施，可能体现了部落间冲突的激烈程度。在不同文化区还发现了非正常死亡现象，如部分遗址中发现的人骨乱葬等。

吴文祥先生认为5500 BP的降温事件、人口增长、条件限制共同作用，导致人口—资源失衡，并进而触发人群间的冲突和战争，推动了社会的复杂化。

降温事件导致气候变干变冷，极端气候频发，降低区域资源承载力水平，对人类生产生活环境以及作物产量产生了极为不利的影响。人口增长在人群间冲突产生过程中起到两种重要作用：一是为气候变化影响人口—资源失衡提供必要条件；二是形成社会限制条件。已有研究显示在8000—6000 BP全新世大暖期，尤其是7000—6000 BP全新世气候最适宜期，随着定居农耕社会的建立和农业的强化，中国各个地区都出现了人口的快速增长。人口数量的激增进一步激化了降温事件中人口—资源的失衡。在面临人口-资源失衡情况时，弱势群体最佳应对策略是迁徙至其他有资源可被开发利用的地区，从而避免被其他群体控制而降低自己的社会地位的环境。但是这样做是有条件限制的，限制条件具体可以分为地理限制和社会限制：地理限制是指阻碍人群规模性迁徙的地理环境，如茂密的森林、山脉、湖泊等。社会限制是指某一人群被周围人口密集的部落所包围。在中国主要新石器文化区，除北部、西北部等生态环境脆弱带外，基本不存在明显的地理限制。但由于此时人口增长接近土地承载力上限，人类已经定居，迁徙代价增大，增强了社会限制的难度。这就使得在气候恶化时,弱势群体很难通过选择规模性迁徙至其他地区来应对资源压力,从而导致人口-资源失衡。

在这种情况下,就不可避免地出现了各部落为争夺资源导致的冲突和战争。而在危机时期,集体或临时性决策往往是群体生存面临的重大选择,领导集权和集中决策对于集体行动的成败至关重要,这就导致了社会分化,权力开始集中,催生出制度化的不平等社会。

三、4000 BP 降温事件

距今 4000 年左右的降温事件被认为是新仙女木事件以来最为寒冷的一次降温过程,或是历史时期以来最具影响力的一次小冰期,标志着后全新世的开始。这次降温事件的特点是:降温幅度大、持续时间长、影响范围广。对该时期甘青地区遗址分布情况的研究显示,甘青地区齐家文化较前期的马家窑文化分布范围缩小,北界开始南缩,遗址点整体海拔变低,这是对距今 4000 年前气候变干、气温变低的响应。齐家遗址较马家窑分布更为稀疏,遗址最短距离变大,齐家时期降水减少,气温降低,植被生产力下降,先民通过扩大生存空间弥补因气候变化带来的农业减产。同时,先民对河流的依赖性降低,这一变化可以从齐家文化时期畜牧业比重增加得到体现。种植业的水资源要求较高,所以对河流的依赖性较大。而畜牧业需要更大的牧草地,对河流依赖性有所降低。

史前文化的经济形态与自然环境密切相关,不同地区史前经济形态的差异反映了人类对环境的不同响应方式。通过对黄河流域 4000 BP 前后不同文化中农作物、动物以及人骨稳定同位素等有关资料的综合分析,可以看出黄河上游、中游和下游地区史前经济形态对 4000 年前气候变化的响应存在三种不同的模式:甘青地区从农业为主向农牧并重、畜牧成分显著增加的混合经济形式转变;山东地区从稻粟混作向以粟为主的农业经济转变;而中原地区则是以粟为主的农业持续稳定发展。究其原因,除了史前人类的文化传统和适应能力等因素之外,主要与气候变化的区域差异以及人类对气候变化的不同响应有关。

研究显示,这一降温事件对古文化的影响十分巨大。持续若干世纪的干旱不仅导致了美索不达米亚阿卡德文明的衰落,同时也导致了尼罗河流域埃及文明以及印度河流域古印度文明的衰落。除了与世界三大文明的衰落有直接的联系,这次气候事件被认为与欧亚大陆上印欧人的一次民族大迁徙有关。在中国,这次气候事件导致了南涝北旱的环境格局,直接导致了众多新石器文化的衰落。

但值得注意的是以夏朝建立为标志的中国古代文明也在大致同一时期形成。不断增加的人口压力与紧张的资源之间的矛盾,促进了龙山时代晚期社会团体之间的冲突和战争的盛行。这种为资源、人口和土地所发生的冲突和战争,是我国原始国家起源和发展的一种强大动力和刺激因素,也是文明形成的主要驱动力之一。因此,这次气候事件反而为中国古代文明的最终形成创造了条件。

思考题:

1. 环境考古学的发展经历了哪些阶段?
2. 环境考古学的研究方法有哪些?试举一个详细介绍。
3. 气候事件对人类文化发展的影响体现在哪些方面?

参考文献:

[1] Andersson J G. Children of the Yellow Earth:Studies in Prehistoric China[M]. Cambridge:MIT Press,1934.

[2] Binford L R. Archaeology as anthropology[J]. American Antiquity,1962,28(2): 217-225.

[3] Butzer K W. Archaeology as Human Ecology:Method and Theory for a Contextual Approach[M]. Cambridge:Cambridge University Press,1982:363.

[4] Butzer K W. Archaeology as Human Ecology[M]. Cambndge:Cambrige University Press,1982.

[5] Coe M D,Flannery K V. Early Cultures and Human Ecology in South Coastal Gu a temala [M]. Washington:Smithsoninan Press,1967:136.

[6] Dincauze D F. Environmental Archaeology:Principles and Pmctice[M]. Cambridge: Cambridge University Press,1982:363.

[7] Hack J T. The changing physical environment of the Hop:Indian of Arizona[J]. Museum Paper,1942(1):1-86.

[8] Huntington E. Civilization and climate[M]. New Haven:Yale University Press, 1915.

[9] Huzayy in S A. The place of Egypt in Prehistory[M]. Kairo:Mémoiresde l' Institut d' Egypte,1941.

[10] Pumpelly R. Explorations in Turkestan[M]. Washington D. C. :Carnegie Institute of Washington Publishing House,1905.

[11] Reitz E J,Newsom L A,Scudder S J. Issues in Environmental Archaeology. In: Reitz E J,Newsom L A,Scudder S J. ,eds. Case Studes in Environmental Archaeology

[M].New York and London：Plennum Press，1996：1-16.

[12] Waters M R.Principles of Geoarchaeology：North American Perspective[M]. Tucson：University of Arizona Press，1992.

[13] 顾颉刚.古史辨[M].上海：上海古籍出版社，1982.

[14] 侯光良，许长军，肖景义.基于 GIS 的 4 ka B.P.气候事件前后甘青史前遗址分布分析[J].地理科学，2012(1)：116-120.

[15] 黄宪荣，郑洪波，胡竹君，等.浙江田螺山遗址剖面记录的水文环境变化[J].科学通报，2019(9)：963-976.

[16] 李四光.风水之另一种解释[J].太平洋，1923，4(1)：1-15.

[17] 刘东生.黄土旧石器工业[C]//徐钦琦，谢飞，王建.史前考古学新进展：庆祝贾兰坡院士九十华诞国际学术讨论全文集.北京：科学出版社，1991：52-62.

[18] 刘浴辉，孙霞，郭彩青.中国全新世 4.2 ka BP 气候事件及其对古文明的影响[J].地质科技情报，2013，32(1)：99-106.

[19] 马春梅，王冰翎，刘泽雨，等.浙江田螺山遗址区孢粉学记录的中全新世植被、环境和人类活动初步研究[C]// 第十五届全国古地理学及沉积学学术会议摘要集，2018.

[20] 裴文中.中国原始人类的生活环境[J].古脊椎动物学报，1960，2(1)：11-23.

[21] 施少华.中国全新世高温期中的气候突变事件及其对人类的影响[J].海洋地质与第四纪地质，1993(4)：65-73.

[22] 石兴邦.论古文化与古环境研究[M]//周家叔，巩启明.环境考古研究(第一辑)，北京：科学出版社，1991：46.

[23] 孙国平，黄渭金，郑云飞，等.浙江余姚田螺山新石器时代遗址 2004 年发掘简报[J].文物，2007(11)：4-24.

[24] 汤卓炜，王立新，段天璟，等.吉林白城双塔新石器时代遗址的动物遗存及其环境[J].人类学学报，2017(4)：537-552.

[25] 汤卓炜，张萌.动物考古研究范式的思考[J].吉林大学社会科学报，2018(6)：171-183.

[26] 田晓四，朱诚，水涛，等.江苏省泗洪县顺山集遗址哺乳动物牙釉质 C，O 稳定同位素记录的食性特征、生态环境和季节变化[J].科学通报，2013(30)：3062-3069.

[27] 王会豪，汪超，李黎.登封告成五渡河西岸史前遗址地层的沉积学特征及其环境演化[J].云南地理环境研究，2015(3)：47-53.

[28] 吴文祥，葛全胜.全新世气候事件及其对古文化发展的影响[J].华夏考古，2005(3)：60-67.

[29] 吴文祥，刘东生.4000aB.P.前后降温事件与中华文明的诞生[J].第四纪研究，

2001.21(5):443-451.

[30] 吴文祥,刘东生.5500 a B,P 气候事件在三大文明古国古文明和古文化演化中的作用[J].地学前缘,2002(1):155-162.

[31] 吴文祥,郑洪波,侯梅,等.5.5cal ka BP 气候事件、人口增长、条件限制与中国史前复杂社会产生[J].中国科学:地球科学,2018(2):138-151.

[32] 吴文祥,郑洪波,侯梅.S.Scal Ka BP 气候事件、人口增长、条件限制与中国史前复杂社会产生[J].中国科学:地球科学,2018(2):138-151.

[33] 夏正楷,张俊娜.中国环境考古学的兴起、发展和展望[J].古地理学报,2019,21(1):175-188.

[34] 严文明.环境考古研究展望[M]//走向 21 世纪的考古学.西安:三秦出版社,1997:123-128.

[35] 严文明.聚落考古与史前社会研究[J].文物,1997(6):27-35.

[36] 杨晓燕,蒋乐平.淀粉粒分析揭示浙江跨湖桥遗址人类的食物构成[J].科学通报,2010(7):596-602.

[37] 杨晓燕,吕厚远,夏正楷.植物淀粉粒分析在考古学中的应用[J].文物与考古,2006(3):87-91.

[38] 杨晓燕,夏正楷,崔之久.环境考古学发展回顾与展望[J].北京大学学报(自然科学版),2005(2):329-334.

[39] 杨晓燕.环境考古学发展回顾与展望[J].北京大学学报(自然科学版),2005(2):32-334.

[40] 张光直,胡鸿保,周燕,考古学中的聚落形态[J].华夏考古,2002(1):61-84.

[41] 张小虎,夏正楷,杨晓燕,等.黄河流域史前经济形态对 4kaB.P. 气候事件的响应[J].第四纪研究,2008(6):1061-1069.

[42] 张忠培.聚落考古初论[J].中原文物,1999(1):29-31.

[43] 赵志军.植物考古概述[J].南方文物,2019(4):13-22.

[44] 周昆叔.上宅新石器文化遗址环境考古[J].中原文物,2007(2):19-24.

[45] 周延儒.古地理学[M].北京:北京师范大学出版社,1982.

[46] 朱诚,李兰,刘万青,等.环境考古概论[M].北京:科学出版社,2013.

[47] 竺可桢.中国近 5000 年来气候变迁的初步研究[J].考古学报,1972(1):15-38.

第三章
考古发现
与中国古代农业

　　农业,被视为人类由旧石器时代进入新石器时代的标志之一。农业的起源与发展不仅仅是人类生计方式的改变,其本质在于人类社会生产力发展和生产组织形式的重大变革。它或直接或间接地导致了社会结构与组织方式的更新迭代,文化、艺术和思想领域成果的绚烂迸发,更为新石器时代末期区域文明的高度发展和早期国家的出现提供了前提条件。从这一意义上讲,农业起源被柴尔德冠以"革命"二字可谓名副其实。

　　"有形之类,大必起于小;行久之物,族必起于少。"细细察之,改变了人类文明面貌的农业革命也存在一个缓慢的起源和发展的过程,本章将在介绍基础概念和理论的基础上,以农业的两大主要组成部分——作物驯化和种植、动物驯化和畜养为主线,以历年来重要的考古发现为例,介绍中国农业的起源和发展过程。

第一节　农业起源的基本概念和常见理论

一、农业起源的基本概念

(一)农业起源概念的内涵

农业起源,也被称为农业革命、新石器革命(neolithic revolution),指人类生活方式从狩猎采集向农业定居的大规模转变。考古证据表明,多种动植物的驯化于距今10000年前后在世界上数个区域分别进行,其带来的变化对此后人类历史的进程产生了深远的影响。

(二)概念辨析

讨论农业起源,首先需要明晰"农业"这一概念。"农业"(agriculture)指的是人类利用植物和动物的生长发育过程获取生活资源的生产行为,其本质是人类对生存环境的改造,人类的食物资源从最初的多种选择逐步发展到依赖农产品为生、从采集狩猎经济发展到以农业经济为主,这是一个十分漫长的渐变过程,这一过程被称为农业的形成过程。

要准确地认识这一概念,还需要借助对相关概念的辨析。首先是"耕作"(cultivation),指的是人类为了有利于植物生长而采取的各种行为,如烧荒、平整土地、播种、除草、灌溉等。但古代人类最初进行的某些耕作行为仅仅是为了提高收获量,而非有意识地去改变其生物特性和形态特征,因此被耕种的有可能是栽培作物,也有可能是野生植物,后者亦被称为"野生植物的管理"(the management of wild plants)。其次是"驯化"(domestication),是动植物在人类行为影响下的一种特殊进化过程。不同于耕作,驯化行为是人类有意识做出的,但又不同于现代科学家那样有目的、有意识地改造动植物,古代人类更多的是下意识地影响这一进化过程,是对动植物自身遗传和变异现象的客观选择。从这一意义上讲,驯化动植物的出现与农业起源之间存在必然的联系,但并非因果关系。可见,农业与"耕作"和"驯化"这两个概念既有区别,又有联系,在使用相关概念时需要注意其准确性。

（三）农业起源中心和食物全球化

农业起源始终是考古学关注的一项重要课题。根据现有资料,世界上有四个农业起源中心,分别是西亚、中国、中南美洲和北部非洲,目前世界上的重要农作物和家养动物大多是在这四个起源中心区被驯化的,例如小麦、绵羊和山羊等动植物被驯化于西亚,水稻、粟黍和猪被驯化于中国,玉米和马铃薯等作物被驯化于中南美洲,高粱和驴等动植物被驯化于北部非洲(见表3-1)。

表 3-1　四大农业起源中心区概况

四大中心区	地理分布	被栽培的作物	被驯化的家养动物
西亚	以色列、巴勒斯坦、约旦、黎巴嫩和叙利亚,以及伊拉克、土耳其和伊朗的部分地区	①谷物:小麦、大麦、黑麦、燕麦等; ②豆类:蚕豆、豌豆、鹰嘴豆等; ③经济作物:亚麻、油菜、橄榄等; ④菜蔬:卷心菜、胡萝卜、葱头、茴香、香菜等	绵羊、山羊、黄牛等
中国	中国境内	①谷物:水稻、粟、黍、荞麦等; ②豆类:大豆、红小豆等; ③块根茎类:山药、莲藕、茨菇等 ④经济作物:大麻、苎麻、油菜、茶叶等; ⑤菜蔬:白菜、萝卜等	猪、鸡等
中南美洲	中美洲和南美洲安第斯山区	①谷物:玉米、藜麦等; ②豆类:菜豆、刀豆、利马豆等; ③块根茎类:马铃薯、红薯、竹芋等; ④经济作物:棉花、剑麻、花生、烟草等; ⑤菜蔬:辣椒、西红柿、南瓜、西葫芦等	羊驼、豚鼠等
北部非洲	主要分布在撒哈拉大沙漠南缘沿线	①谷物:高粱、非洲水稻、龙爪稷、珍珠粟等; ②豆类:豇豆、扁豆等; ③经济作物:咖啡等; ④菜蔬:秋葵等	驴

资料来源:赵志军.中国农业起源概述[J].遗产与保护研究,2019(1):1-7.

很多动植物在被人类驯化后随着人类的迁徙和文化间的交流传播到了其他地区,开启了"食物全球化"(food globalization)的进程,这一过程是漫长的、反复的、多向的,对食物全球化进程的认识是考古学研究地区间文化交流与文明互动的重要切入点。

二、农业起源的有关理论与假说

(一)农业起源理论(假说)的发展史

对农业起源理论(假说)的研究可追溯至 19 世纪,并在 20 世纪成为考古学研究最重要的课题之一,在不同时期的社会思潮和考古学研究范式的影响下,农业起源的理论研究可大致分为三个阶段。

1.19 世纪中叶到 20 世纪初

这一时期进化论十分盛行,人们已经普遍认为人类历史上最早的人是狩猎者,因此学者们更关注动植物驯化何者最早出现,它们在进行的文化阶段上所处的位置及其各自的影响。

相比之下,农业如何起源这一具体问题则较少被关注,但一些学者已经对农业生产的前提条件进行了总结,如合适的气候、土壤与植物物种、合适的居住模式、经济上的需求等,这为此后的农业起源研究提供了基本的方向。但可惜的是他们没有得到考古材料的帮助,也仅关注了人类对食物的需求而忽略了文化层面的研究。

2.20 世纪初到 20 世纪 60 年代

在这一阶段,学术界更加关注环境与气候对人类活动的影响,关注人地关系的研究。相应地,这一时期的农业起源研究也更多地归因于环境的变化,著名的绿洲理论就是这一时期的产物。考古学家也开始着力于寻找最早的驯化植物,但对农业开始的进程研究不足。

3.20 世纪 60 年代以后

20 世纪 60 年代兴起于美国的新考古学导致了考古学研究范式的重大转变,自此考古学开始了对文化进程研究的关注。

在此之前,农业起源研究建立在两个假设之上,一是农业经济先进于狩猎采集经济,二是狩猎采集者不能成为农民的最主要原因在于知识的缺乏。

20 世纪 60 年代开始农业起源研究者开始探讨农业起源的机制。但是大量民族学资料表明,采集狩猎人群比农耕人群有着更丰富的食物资源和更多的闲暇时间,且许多采集狩猎群体实际上已经掌握了大量知识。因此,食物生产可能并不是一种最佳的生存方式,而是一种劳动的强化。就这样,农业起源研究从发明发现模式下的过程描述进入了因果模式下的起源动力机制研究。

(二)农业起源常见理论与假说

1.绿洲理论

一般认为戈登·柴尔德(Vere Gordon Childe)是绿洲理论的提出者,但首次提出这一理论的可能是拉斐尔·庞佩利(Raphael Pumpelly)。这一理论认为,近东曾经历过一次干旱时期,人和动物被迫聚集到少数绿洲地区,人类得以在这一过程中观察和了解动植物,最终实现了动植物的驯化,导致了农业的产生。但是这一理论未能得到考古证据的支持。

2.文化累进说

考古学家罗伯特·布雷德伍德(Robert Braidwood)曾带领一支由植物学家、动物学家、地质学家和考古学家组成的考察队在新月沃地进行深入调查,试图印证绿洲理论。但他发现这一地区在距今1万多年以来并无较大的气候波动,并且,地球历史上曾多次发生过较大的气候变化,而它们并未导致食物生产的出现,这就是绿洲理论的薄弱之处。因此他提出了文化累进说,他认为食物生产的出现是人类社会不断增强的文化多样化和专门化累积的结果,约在公元前8000年前,新月沃地的山地居民对其环境的认识达到了一定高度,使得其实现了动植物的驯化,进而认为,这种新的生活方式从这些核心地区扩散到了其他地区,故而文化累进说也被称为核心区域理论。

3.共同进化说

一度统治农业起源研究的进化论在20世纪中叶前后逐渐被学界所扬弃,直到80年代,进化论重新被一些学者重视起来,但不同于传统的达尔文主义,这一时期的进化论倾向于否认进化过程中人类的主观意向,认为农业起源是人与动植物间无意识的共同进化的结果。

4.人口压力说

人口压力说最早由埃斯特·博赛洛普(Ester Boserup)提出,认为农业起源是在人口压力下强化劳力投入的结果,这一理论提出后得到了许多学者的响应,分别进行了进一步的细化和阐释。如马克·科恩(Mark Cohen)认为,人口的持续增长导致人口难以向其他地区迁移,人们在食物资源压力下不得不开始利用更多样的资源,并发明新的技术来开发和储藏资源,进而导致了农业的产生。理查德·麦克尼什(Richard MacNeish)则以"正反馈过程"来解释农业起源,认为丰富的自然资源的存在导致了人口增长,进而导致了地区人口承载力的降低,由此人们采用"园艺"来应对人口压力,这又导致了进一步的人口增长,如此循环,最终导致了农耕和农业的产生。

但是人口压力说与民族学资料相矛盾,因为许多采集狩猎人群都会把人口稳定在其土地载能以内,因此人口压力说无法解释为什么人们要把人口繁殖到过剩状态。

5.边缘理论

这一理论由美国考古学家路易斯·宾福德(Lewis Binford)提出,以其为代表的一批过程考古学家以系统论的观点研究农业起源,认为社会处于一种变化的状态之下,转变是因为系统外部的压力,他们所假设的压力来源正是上文所提到的人口压力。宾福德将农业起源的过程推论为:人们在最佳栖息地生活,此地有丰富的资源,人口增长带来的环境压力迫使人们开始向边缘地带移动,而在这些资源不甚丰富的地区的人们,在人口压力下倾向于选择更有效的生产方式以提高土地载能,从而导致了驯化和农业的发生。这一理论强调人口结构、局部生存系统的平衡和当地环境因素的变化,基本框定了后来农业起源研究的框架:其一,人类的一切活动都是为了适应环境;其二,受人口爆炸的影响,以定居为突破口,逐步走向农业起源。

6.季节性理论

这一理论的提出者是乔伊·麦克克瑞斯顿(Joy Mccorriston)和弗兰克·豪尔(Frank Hole),他们认为由于近东地区夏季的气候干旱和湖水的消退导致人们面临关键资源的季节性短缺,人们通过储存和定居应对资源短缺,进而导致了动植物的驯化。

7.竞争宴飨说

不同于上述大多数理论,布莱恩·海登(Brian Hayden)反对将外部和环境压力作为农业起源的诱发因素,而以社会经济竞争为重点来解释农业起源。他认为只有当狩猎采集者间典型的强制分配不再作为生存的必备条件,财产的所有权不再是一种忌讳时,食物性生产才会发生。这些变化只会发生于食物丰富且供应稳定的环境中,一些首领人物为了控制劳力、忠诚和资源而组织竞争性盛宴,因此获得权力和威望。由于初始驯化物种需要通过密集劳动获取,它们成了首领人物用来表示其比对手强的威望替代物,由此引发了动植物的驯化,但同样的问题是这一理论缺乏考古证据的支持。

8.象征主义理论

雅克·考文(Jacques Cauvin)提出新石器革命主要是在思维和象征性上的改革,农业起源应该仅从认知力上寻找线索。这一理论完全集中于象征性和认知上,不考虑其他因素的作用,但这一理论是对环境决定论的一次纠正,首次关注到了象征主义的作用。

农业起源是考古学研究的主要课题之一,在几个世纪的发展中,已经有大量研究成果的积累,但截至目前仍然没有一种理论或假说能够完全解释农业起源的机制和过程,尽管如此,还是可以看到考古学研究者已经从不同角度和层次对这一问题做出了有效的探索,如何站在巨人的肩膀上离历史的真相更进一步,则是摆在我们面前永恒的课题。

第二节　中国两大农业系统的起源和发展

一、中国农业起源概述

中国是世界上重要的农业起源中心区之一,谷物如水稻、粟黍、荞麦等,豆类如大豆、红小豆等,块根茎类如山药、莲藕等,经济作物如大麻、油菜、茶叶等,蔬菜如白菜、萝卜等多种作物均起源于中国。总体而言,中国的农业起源分为两条独立的源流:一是以黄河中游地区为核心的、以种植粟(setaria italica)和黍(panicum miliaceum)为代表的北方旱作农业系统;二是以长江中下游地区为核心的、以种植水稻(oryza sativa)为代表的稻作农业系统。有学者提出,中国可能还存在第三条农业起源的源流,即分布在珠江流域地区的、以种植芋头(colocasia esculenta)等块茎类作物为特点的华南热带地区原始农业系统。本节主要对前两大农业系统作介绍。

现有考古证据表明,距今1万年前后,在中国南方和北方同时出现了植物耕作行为,经过数千年的发展,在距今8000年前后,在中国南方和北方都发现了早期农业生产的考古证据,当时的生业形态表现为以采集渔猎为主、以农耕生产和家畜饲养为辅的特点,在距今6000年前后,北方旱作农业和长江中下游的稻作农业先后完成了由采集狩猎经济为主向农业经济为主的转变过程,至距今4000年左右,北方旱作农业开始发生重大转变,即外来的小麦逐步取代本土的小米成为旱作农业的主体农作物,从此奠定了"南稻北麦"的中国农业生产格局。

二、常用研究方法

驯化动物和栽培植物的起源,无疑是农业起源问题中极为重要的内容。虽然它们的出现并不直接、迅速地引发农业成为生业经济的主要方式,但它们的确是农业起源必要的基础条件。此外还有许多研究通过研究食谱、环境、日常用具(如生产工具、食用器具)等方面的证据来获得对农业起源更为全面的认识。无论植物还是动物,寻找其驯化证据的过程遵循大致类似的思路:遗存保留于遗址中→考古调查与发掘发现遗存→鉴别出遗存的种属(动物还包括年龄、性别等)→与现代样本对比揭示其驯野状态。

(一)保存与发现

农作物的起源和研究是植物考古的传统研究领域,因此大多数研究方法是植物考古的研究方法。一般而言,考古发掘中出土的植物遗存可分为植物大遗存(macro-remains)和植物微体遗存(micro-remains)。植物大遗存指的是肉眼可见的植物炭化遗存,如植物的根、茎、叶果实等,植物微体遗存包括孢子、花粉、植硅体、淀粉粒等等。

由于植物多为有机质,需要在一定的环境条件下才能保存下来,尤其是植物大遗存,其保存环境一般为碳化(carbonization)、干燥(dessication)、饱水(waterlogging environment)和冰冻(freezing environment),有时也能保存在粪化石中(corprolites)。由于碳化物的化学性质非常稳定,因此能够长久地保存在遗址的文化堆积中,考古学家利用炭化物质密度小于水的特性设计了浮选法,专门用于提取考古遗址中的炭化植物遗存。

近年来,微体植物化石的提取和鉴定都有了长足的发展,对微体遗存的研究不仅增加了种属鉴定和驯化程度判断的可靠性,还大大拓宽了种属识别的范围,为认识遗址内植物遗存、重建当时人类生活方式和环境提供了有力的帮助。此外,许多遗址中的植物大遗存因保存状况的限制而无法被保存下来,通过微体遗存的研究我们同样可以获得重要信息。

(二)栽培植物的鉴别

植物遗存的鉴定除了要区分不同种属间植物外,另一个重要目标就是区分驯化农作物及其野生祖本。对植物遗存鉴别主要靠形态特征、数量统计、考古现象等方法。以水稻为例,对于水稻大遗存的形态特征包括稻米形态、水稻小穗轴形态等;微体遗存,常用的为植硅体,其特征包括形态系数(长宽比)、驯化型植硅体所占比例等。研究表明,各个形态特征趋于稳定的时间是不同的,如长江下游地区水稻驯化过程可以分为三个阶段:上山文化早期至河姆渡文化早期前段(10000—6500 BP),水稻的驯化进程波动而缓慢;河姆渡文化早期后段至马家浜文化晚期至崧泽文化早期(6500—5600 BP),水稻的驯化加快;良渚文化早期至广富林文化(5300—3900 BP),水稻被完全驯化,整个过程历时约5000年。在这个过程中,各指标的演变并不同步。水稻扇形植硅体的长和宽、驯化型小穗轴的比例趋于稳定的时间为马家浜文化晚期,水稻扇形植硅体的形态系数趋于稳定的时间为崧泽文化早期,驯化型水稻扇形植硅体的比例趋于稳定的时间为良渚早期。因此,驯化型水稻扇形植硅体的比例是反映水稻驯化最敏感的指标。但要判别某一群体是否为驯化水稻,则需要综合多个指标。

(三)定量分析法

定量分析法主要包括对出土数量、出土概率、相对百分比、标准密度等指标的定量分析。

植物遗存的出土概率是指在遗址中发现某种植物种类的可能性，是根据出土有该植物种类的样品在采集到的样品总数中所占的比例计算得出的，这种统计方法的特点是不考虑每份样品所含的各种植物遗存的绝对数量，仅以"有"和"无"二分法作为计量标准，统计结果反映的是植物遗存在遗址内的分布范围和密度。

计算某类植物出土的标准密度，是把这类植物的实际出土数量转换为一个可供不同样品、不同分析单位，甚至不同遗址之间进行比较其出土丰富程度的手段。炭化植物标准密度的计算方法，通常表示为炭化植物种子的数量（重量）/浮选土样量，即每升土样量包含的炭化植物种子数量或重量。

相对百分比可以观察植物种类间的相互取代情况。其分析的目的是将出土植物的绝对数量换算成相对百分比的形式，检验不同时期或不同区域、不同遗迹类型出土不同植物种类的消长情况，这是非常有效的研究古代人类生计方式变化的方法。

（四）古 DNA 分析

除植物考古的传统研究方法外，还有许多其他手段或直接或间接地为我们探究农业起源和发展提供了宝贵的资料。如近年来蓬勃发展的古 DNA 分析方法为研究农作物的起源、演化提供了遗传学角度的新证据，如 DNA 分析发现青狗尾草是粟的野生祖本，并提供了粟的野生祖本不同类群的分布地区和起源演化信息。此外，有研究表明中国是黍子遗传多样性最高的地区，且黄土高原地区生态型黍子的遗传相似系数显著低于其他地区生态型的黍子，表明黄土高原很可能是黍子的起源中心。

（五）食谱重建

除上述诸方法之外，稳定同位素分析也可以为农业的起源和发展提供间接的证据。例如，人骨胶原蛋白的碳（C）、氮（N）稳定同位素分析提供了人类饮食及人类对农产品依赖程度的直接证据。简单来说，N 稳定同位素可用于确定生物体所处的营养级，一般条件下，N 稳定同位素比值越高，证明生物体摄入的肉类资源或水生资源越多；C 稳定同位素也可用于反映生物体摄入的食物类型，如水稻、小麦等大多数食物属于 C_3 类食物，拥有较低的 C 稳定同位素比值；反之，粟黍均为 C_4 类食物，拥有较高的 C 稳定同位素比值，因此以水稻或小麦为主食的先民骨骼和牙齿中的 C 稳定同位素比值会显著低于以粟黍为主食者。近年来，C、N 等稳定同位素分析方法在国内蓬勃发展，大量的研究通过复原古人食谱，推断中国农业发展的轨迹，参与探讨农业起源、生业模式及农业发展水平、家畜驯化等一系列重要问题。

三、稻作农业的起源与发展

(一)形成过程的孕育阶段(距今 1 万年前后)

目前已发现的有早期稻遗存的考古遗址有湖南道县玉蟾岩遗址、江西万年仙人洞和吊桶环遗址以及浙江浦江上山遗址,这三处遗址出土的稻遗存的年代都在距今 1 万年前后。其中,上山遗址浮选法发现的属于上山文化时期的两粒炭化稻米遗存应该是目前为止通过浮选法在层位清晰的考古遗址中所发现的最早的稻谷大化石遗存。

上山遗址位于浙江省浦江县。遗址的上层文化堆积基本等同于河姆渡文化,年代在距今 6500 年前后,中层文化属于跨湖桥文化,年代在距今 8000—7000 年间,其下层文化被命名为"上山文化",年代在距今 10000—8500 年间。上山遗址浮选出土的可鉴定植物遗存包括炭化植物种子和稻谷基盘两类,在炭化植物种子中以稻为最多。通过数据测量和对比发现,属于上山文化和跨湖桥文化时期的炭化稻米尺寸偏小,形态略显细长,而属于晚期的则尺寸增大,形态趋于丰满。上山遗址出土的稻谷基盘的数量很少。栽培稻与野生稻的重要区别是栽培稻丧失了成熟后自然脱粒的功能。所谓脱粒就是指稻谷籽粒与小穗之间的分离,二者的连接部位在小穗上称作小穗轴,在稻谷籽粒上称作稻谷基盘,二者的形态是区分野生稻与栽培稻的重要证据。上山遗址出土的部分稻谷基盘从形态上判断,可能属于栽培稻。

此外,在上山遗址出土陶片上可以观察到稻壳,一些红烧土残块内也掺杂了大量的炭化稻壳。可以推测,上山文化先民不仅食用稻米,对稻的整体需求也较高。因此,上山文化先民有可能在采集自然生长的野生稻的同时开始耕种稻,即实施了某些耕作行为,这些早期被耕种的稻在形态特征上和基因特性上究竟属于野生稻还是已经进化成栽培稻,还有待进一步的研究,但不论如何,耕作行为是稻谷驯化的前提,也是稻作农业形成的先决条件。

(二)形成过程的早期阶段(距今 8000 年前后)

目前在中国发现的明显带有稻作农业生产特点的早期考古遗址有:湖南澧县彭头山遗址和八十垱遗址、浙江萧山跨湖桥遗址、嵊州小黄山遗址和河南舞阳的贾湖遗址等。

贾湖遗址通过浮选出土了丰富的炭化植物遗存,其中包括数百粒炭化稻米或稻谷,以及菱角、莲藕、栎果和野大豆等。通过对贾湖遗址浮选所得的炭化稻进行分析后发现,贾湖遗址的稻主要为栽培稻。但是由于人工选择还不够强,贾湖遗址的稻米是一种籼粳分化尚不明显并且含有一些野生稻特征的原始栽培稻。此外,贾湖遗址还出土有包括石铲、石镰、石磨盘、石磨棒等在内的从耕作、收割到加工的整套稻作农业工具,这也是贾湖遗址存在栽培稻的佐证。值得注意的是,在贾湖遗址浮选出土的杂草类植物种子数量较多,包括马唐属、狗尾草属等常见的田间杂草种子。杂草是伴随着人类的出现而形成的、依附于人类的生产和生活而存在的一类特殊植物,杂草通过长期的进化,成为以人工生境为主要生存环境的植物群体,其中田间杂草与人类耕种的农作物相伴而生。因此,考古遗址出土的田间杂草可以间接地反映农耕生产活动状况。

(三)形成过程的后期阶段(距今 6000 年前后)

20 世纪 70 年代,在浙江余姚发现的河姆渡遗址由于地势低洼,文化堆积长期被水浸泡,为各种有机质遗物提供了良好的保存条件,因而出土了大量植物遗存,尤其是发现了大量稻谷遗存。当时就有学者推断,河姆渡文化已经处在了发达的稻作农业阶段。但限于研究方法的落后,稻谷是否确实为河姆渡人的主要食物,稻作农业是否确实为河姆渡文化的经济主体,仍不得而知。直到 2004 年,同在余姚发现的田螺山遗址为回答这些问题提供了机会。田螺山遗址与河姆渡遗址仅相距 7000 千米,二者的微环境、文化内涵等基本一致,遗址中浮选出土了大量植物遗存见图 3-1,经研究可知,稻谷应为田螺山人的重要食物资源之一,但稻作农业生产并没有取代采集狩猎活动成为田螺山人乃至河姆渡文化的经济主体,通过采集获得的野生植物如芡实、橡子等仍然是当时重要的食物资源,这也说明农业起源是一个漫长的过程。

图 3-1 田螺山遗址出土炭化稻

资料来源:孙国平,黄渭金,郑云飞,等.浙江余姚田螺山新石器时代遗址 2004 年发掘简报[J].文物,2007(11):5-24.

(四)形成过程的完成阶段(距今 5000 年前后)

至少在距今 5000 年前后,稻作农业生产已经取代采集狩猎活动成为长江下游地区的经济主体。考古发现显示,在良渚文化时期,环太湖区域特别是杭州湾地区的良渚文化遗址分布异常密集,这说明当时存在人口的大规模增长,相对发达的稻作生产正是在相对狭小区域内聚集大量人口的经济基础,这也正是良渚文化能够修筑宫殿、古城和水利工程等大型工程的重要基础。植物考古发现,良渚文化时期的茅山遗址古稻田面积已达到一定规模,稻田经过规划和修整,拥有整齐的田埂、道路和灌溉系统,证实了当时农业生产水平的高速发展。

四、粟作农业的起源与发展

(一)形成过程的孕育阶段(距今 10000 年前后至距今 8000 年前后)

相较于早期稻作农业较为丰富的考古发现,出土早期粟作遗存的遗址较少,如北京门头沟东胡林遗址、河北徐水南庄头遗址、山西吉县柿子滩遗址等,其中比较重要的是位于北京的东胡林遗址,其年代约距今 11000—9000 年,经浮选发现了碳化粟黍,在形态上已具备栽培粟的基本特征,但尺寸细小,可能是狗尾草向栽培粟进化过程中的过渡类型。东胡林遗址面积不大,且未发现房址,出土有大量动物骨骼但均非驯化动物,据此推测东胡林遗址古代先民应为主要从事采集狩猎经济的人群,耕种小米可能是对其主要经济方式的一种补充。

值得欣喜的是,相较于植物大遗存资料的匮乏,对植物微体化石的分析为早期粟黍类作物的驯化提供了重要资料。杨晓燕等人对南庄头遗址和东胡林遗址的陶器和石器进行了淀粉粒分析,发现在距今 11000 年前就已存在具有驯化特征的粟类淀粉粒。在对北方的 14 个新石器时代早中期遗址出土物进行淀粉粒分析后,也可以发现具有野生性状的粟类淀粉粒逐渐减少的趋势,这说明人类对粟黍的驯化经历了上千年的过程。此外,吕厚远等人通过植硅体分析识别出了磁山文化窖穴中的灰化样品中有早期粟黍的存在,气质联用法的使用则通过证明黍的一种生物标志物——黍素的存在而证明了磁山文化窖穴曾大量储藏黍,这也为旱作农业的起源提供了重要证据。可见,一系列的考古证据将黄河流域的粟黍起源和驯化出现的时间推至距今 1 万年前后,但初期的驯化和栽培仍是低水平的。

(二)形成过程的早期阶段(距今 8000 年前后至距今 6000 年前后)

这一阶段是新石器时代文化发展的关键时期,也是农业起源的关键阶段,这一时期北方多个地区都出土了粟黍遗存,且此时人类的定居生活、陶器制作标准化、磨制石器比例增加、家畜饲养等现象初露端倪,真正意义上的农业经济即开始于此时。随着浮选法等农业考古方法的推广,在诸如磁山遗址、裴李岗遗址、沙窝李遗址、月庄遗址、大地湾遗址等遗址都发现了粟黍遗存。但此时农业经济在先民的经济生产方式中所占比例往往不大,采集狩猎仍是其主要经济方式,农耕生产和家畜饲养等仅处于辅助地位。如距今 8000—7500 年的兴隆沟遗址,浮选发现了大量炭化植物遗存见图 3-2,其中粟黍多为完整的谷物籽粒,细部特征保存完好,据其形态和尺寸,应为栽培作物,不过其在浮选结果中所占比例并不高,可能是兴隆沟遗址先民以采集狩猎为主、农业经济为辅的生业模式的表现。

图 3-2　内蒙古敖汉兴隆沟遗址出土炭化黍粒

资料来源:赵志军.中国农业起源概述[J].遗产与保护研究,2019(1):1-7.

(三)形成过程的完成阶段(距今 6000 年前后至距今 4000 年前后)

距今 6000 年前后的仰韶文化时期是中国北方古代文化快速发展的时期,在距今 6500—6000 年的鱼化寨遗址半坡期和史家期的浮选样品中发现了大量炭化粟黍,且二者合计占所有出土植物种子总数的 61%,出土概率达 81%,远高于其他植物种子,据此推测,粟黍可能已经是当时人们的主要食物资源。可见,仰韶文化早期的生业形态已经以农耕生产为主,其耕种的主要农作物就是粟黍。

相比较长江中下游地区稻作农业的形成过程,北方地区旱作农业的形成过程的发展速度较快,经历的时间更短,大约在距今 6500 年前后,中国北方地区由采集狩猎向旱作农业的转化已经完成。至于为什么北方旱作农业的形成过程的速度快于稻作农业的形成过程,这是一个值得继续深入探讨的学术问题。

(四)旱作农业形成后的转变(距今 4000 年前后至今)

不同于稻作农业,在北方粟作农业系统形成之后,随着小麦的东传,北方的旱作农业发生了重要转变。根据植物考古发现,自距今 4000 年前后开始,由西亚传入中国的小麦逐步替代粟黍成为中国北方旱作农业的主要农作物,由此形成了数千年以来中国农业"南稻北麦"的生产格局。

以河南登封王城岗遗址为例,其文化堆积主体为龙山时代晚期城址,其上还有二里头文化时期、二里岗文化时期、殷墟时期和春秋时期的连续的文化堆积。浮选出土了 7600 粒各种炭化植物种子。龙山时代晚期出土有粟、黍、大豆和稻谷四种农作物,量化分析结果显示,除了粟的数据比较突出外,其他三种农作物的统计数据相差不大,说明在龙山时代晚期当地农耕生产已经开始向多品种农作物种植制度转变,这种先进的种植制度可以提高农业产量,实现风险分散,二里头文化时期开始出土小麦遗存,说明小麦已经传入到中国北方地区的核心地带,至二里岗文化时期,小麦的出土数量仅次于粟居第二,出土概率高达 100%,说明小麦作为一种外来的优良的旱地谷物品种,其价值在商代早期开始被中原地区的先民们所认识。春秋时期仍然出土了五种农作物,但稻谷的统计数据明显下降,说明到了春秋时期甚或西周时期,也许由于中国北方地区气候逐渐冷干,也许由于拥有了优良的旱地作物小麦,自龙山时代起在中原地区普遍种植稻谷的现象开始逐渐消失,当地农业又回归到相对比较纯正的旱作农业生产特点。但此时的旱作农业生产与仰韶文化时期的已经有所不同,在种植的农作物品种中,小麦的地位快速崛起,粟和黍两种小米逐步衰落。

此外,由于小麦属于 C_3 类植物,C 稳定同位素比值较低,而粟黍为 C_4 类食物,C 稳定同位素比值较高,因此大范围、长时段的人骨 C 稳定同位素研究可以为我们勾勒史前欧亚大陆小麦东传与粟黍西传的图景见图 3-3。近年来随着研究的不断深入和新方法的不断涌现,中国农业起源、发展和交流的宏观图景越来越详细地呈现在我们面前,不过,农作物的驯化和农业发展是一个十分宏大的研究命题,其中仍有诸如农业起源和传播机制、动力等大量问题值得我们深入地思考和探索。

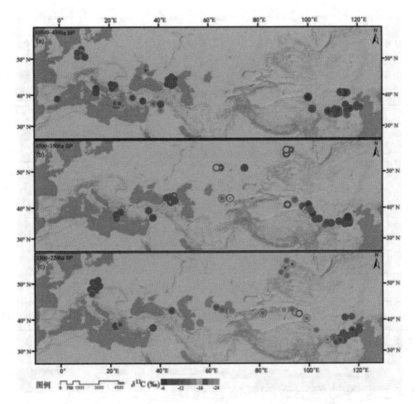

图 3-3　欧亚大陆新石器—青铜时代遗址出土人骨碳同位素的时空变化

图片来源:董广辉,杨谊时,韩建业,等.农作物传播视角下的欧亚大陆史前东西方文化交流[J].中国科学:地球科学,2017(47):530-543.

第三节　中国家养动物的起源

一、概述

(一)中国家养动物开始出现的时空概况

家养动物的起源是农业起源研究的另一重要领域,一方面家养动物的出现从根本上改变了人与动物之间的关系,保证了人类肉食资源的稳定获取,为以骨骼、皮毛为原料的手工业发展创造了条件,促进了私有财产的产生以及社会的复杂化发展,但另一方面也增加了由动物引发疾病的风险,并在一定程度上降低了人类肉食种类的多样性。中国古代主要的家养动物为狗、猪、牛、羊、马、鸡,即"六畜兴旺"之"六畜"。这些家养动物都分别起源于不同的时间和地点(见表3-2)。

表 3-2　中国主要家养动物开始出现的地点和时间

家养动物	最早出土遗址	年代
狗	河北省徐水县南庄头遗址	约 10000BP
猪	河南省舞阳县贾湖遗址	约 9000 BP
绵羊	甘肃省天水市师赵村遗址、青海省民和县核桃庄遗址	约 5000 BP
黄牛	河南省柘城县山台寺遗址、河南省淮阳区平粮台遗址	约 4000 BP
山羊	河南省偃师市二里头遗址	约 3700 BP
马	甘肃省永靖县大何庄遗址、甘肃省永靖县秦魏家遗址	约 3700 BP
鸡	内蒙古自治区赤峰市大甸子遗址	约 3600 BP

资料来源:袁靖.中国古代家养动物的考古学研究[J],第四纪研究.2010(2):298-306.

(二)中国家养动物出现的基本模式

我国家养动物出现的基本模式可分为两种:一是中国古代居民在与一些野生动物长期相处的过程中,根据自己的需要逐步控制它们,并将其驯化为家畜,比如狗和猪;二是古代居民通过文化交流,直接从其他地区引进已经被驯化为家畜的动物,比如马、黄牛、绵羊和鸡等。

二、常用研究方法

多角度、多方面地确立起家养动物的鉴别方法是科学开展家养动物起源研究的前提。根据相关学者多年的研究和总结,古代家养动物的鉴别可依据形态特征、年龄结构、性别特征、数量比例、考古现象、病理现象、食性分析、DNA 研究等一系列证据来进行综合判断。

(一)形态特征

有关形态特征的研究基于骨骼形态学的判断。动物被驯化后,人为的干涉以及动物自身心理压力等因素往往会影响到动物的生长发育,因此从历时性角度观察,被驯化动物的体形会逐渐发生变化。通过对动物骨骼的特定部位、牙齿进行观察和测量,再与同类野生动物进行比较,便可以从形态特征上判断其是否为家养动物。

以家猪为例,考古遗址出土家猪的形体一般比野猪小。一方面是由于人为饲养,家猪不必像野猪一样用鼻吻部拱地掘食,久而久之会导致鼻吻部及头骨长度缩短;另一方面,家猪的活动范围可能受到限制,且一般不需要争夺和对抗,缺乏剧烈运动,从而促使其形体开始变小。齿列扭曲现象也是一个区分野猪和家猪的依据。齿列扭曲常出现于家猪,其出现的原因是家猪颌骨和牙齿的缩小过程并不一致,牙齿保留的遗传特征相对稳固因而变化较慢,故颌骨齿槽可能先变小,而牙齿的尺寸却暂时没有相应变小,在缩小的齿槽空间里长出原尺寸的牙齿,会呈现出齿列扭曲的现象。此外,猪上下颌第二、第三臼齿尺寸的变小,也可作为判断家猪的依据。

值得注意的是,上述传统的形态测量方法也存在一定的局限性。首先,其仅仅考虑有限数量的特征,难以充分呈现生物形态的复杂性及其细微变化;其次,提供的信息不足,难以对骨骼、牙齿形状的三维或二维复杂性进行考量;最后,即使安格拉·冯登德里施(Angela Von den Driesch)建立的测量标准基本上已在全球得到普遍采用,研究者们也并不总是按照完全一致的方法测量骨骼标本。鉴于野猪向家猪转变时,其形体特征的变化是一个渐进的过程,过程初期,其骨骼的形态和大小很可能非常接近野猪,因此,细微的测量方法差异及传统的形态学鉴定可能难以辨认出驯化初期微小的形态变化。

(二)年龄结构

获取肉食资源是古代人类饲养动物的主要目的之一,一般来说,家养哺乳动物在特定年龄阶段后,肉量便不会再有明显增加,因此古代人类会选择一个特定的年龄阶段对家养动物进行屠宰,再重新饲养幼兽以保证肉量获取的效率。因此,考古遗址中出土的家养动物往往会集中在一个特定的、非自然状态死亡的年龄阶段。

比如遗址中出土家猪的年龄结构往往比较年轻,其中以1—2岁左右的占据多数或绝大多数,因为1—2岁为家猪的最佳产肉期,肉质相对较嫩,且1—2岁后猪的体形和肉量不会再有明显增加。而狩猎所获得的野猪往往年龄大小不一,故考古遗址中出土野猪的年龄结构一般没有规律,可能会包含各个年龄段,从而表现出一种不整齐的年龄特征。

(三)性别特征

考古遗址中出土的一些家养哺乳类动物的性别比例不平衡,据相关学者推测,这一现象的原因可能在于古代人类饲养动物是一种有意识的干预,这种人为干预会影响到同一动物种群的自然性别比例,从而出现与野生状态下差异明显的现象。例如在饲养的家猪中,母猪和阉割后性别特征不明显的猪占多数,而野猪中则没有这种规律。因为相较于公猪,母猪既可以提供肉量,又可以繁殖幼猪,只要保留极少量的公猪就可以承担与全部母猪的交配任务;另外,公猪长大后性格暴躁,管理难度大,因此除保留个别公猪作为种猪外,大部分公猪可能在幼年时就被阉割从而在长大后多具有母猪的体形特征,而在阉割技术出现以前,大部分公猪可能在幼年时就被宰杀。

(四)数量比例

如果是狩猎所得的动物,其种类和数量通常取决于各种动物的自然分布状况、被人捕获的难易程度以及当地居民捕获动物的技术水平。如果是人为饲养的动物,其骨骼应在出土的全部哺乳动物骨骼中占有较大的比例,并且与其野生状态下的自然分布不符。随着时间的推移,这些动物骨骼也会呈现出一个从少到多的过程。

需要注意的是,考虑到各个地区自然资源的丰富程度不同,各个时间段内人口的数量存在差异,且当时当地的人获取肉食资源的方式也不尽相同,因此有关数量比例的认识和判断往往需要在一个历时性的过程中加以检验。比如在家猪起源的早期阶段,猪的数量比例可能也不会很大。

(五)考古现象

在考古遗址中往往存在能够证明先民有意识地处理过家养动物的现象,这类考古现象包括埋葬、随葬动物或直接发现饲养动物的圈栏等。

1.埋葬或随葬动物

在中国新石器时代的考古遗址中,往往在土坑或墓葬中埋葬或随葬完整的猪和狗或它们的一部分肢体,其中猪出现的数量最多,这在中国整个新石器时代各个地区的很多遗址里都具有普遍性和规律性。除了猪和狗外,在新石器时代晚期的遗址中,存在有单独埋葬完整的牛和羊的现象。经过动物考古学研究,多个遗址内发现的哺乳类动物都在10种以上,但在墓葬或属于特殊遗迹的土坑内发现的经过特殊处理的动物往往仅限于狗、猪、牛、羊等,这一现象可能暗示先民与这些动物之间存在特殊的联系,而这种特殊的联系可能就是源于饲养。因此,如果在考古遗址里出现了埋葬或随葬某些动物的现象,且存在一直持续下去的证据,就可以将这些现象的出现视作家养行为的存在,见图3-4。

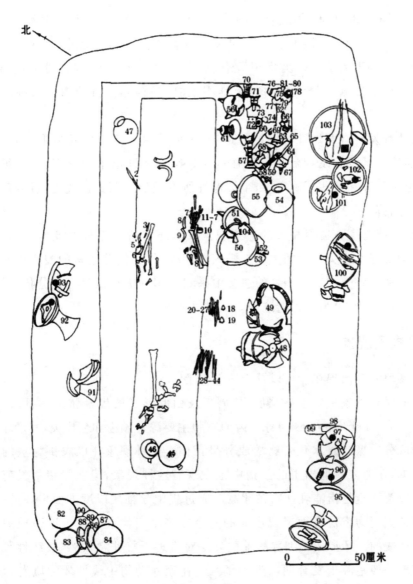

图 3-4   大汶口 M2005 猪骨出土位置示意（ 标●为猪骨，标■为牛头）

资料来源:罗运兵.也谈我国史前猪骨随葬的含义[J].华夏考古,2011(4):65-71,108.

2.饲养动物的圈栏遗迹

饲养动物的圈栏遗迹也是判断家养动物存在的证据。半坡遗址和姜寨遗址出土的动物遗存研究报告在我国动物考古学史上有着里程碑性的意义,其中就记录有与家畜饲养相关的遗迹现象。

姜寨遗址所发现的圈栏遗迹,证据相对较为充分。姜寨遗址一期遗存的北部居住区发现有一处不规则的和一处长圆形建筑遗迹,分别编为 1 号圈栏和 2 号圈栏,其中 1 号圈栏平面呈不规则形,长 5 米,宽 3.9 米,周圈有极不规则的小沟槽,宽 13 厘米—27

厘米,深8厘米—30厘米,槽底有柱洞22个,口径8厘米—40厘米,深444厘米。圈栏内地表有3厘米—27厘米厚的灰土,可能是家畜粪便堆积。此外,这两处遗迹内均未发现生产工具和生活用具以及灶坑、居住面等;从结构上来看,这两处遗迹与同期的房址也完全不同。根据1号圈栏内灰土堆积推测,是饲养家畜的圈栏遗迹的可能性比较大。

半坡遗址发现有两处疑似圈栏的遗迹,平面均呈不规则的长方形,沟槽内有密集的柱洞,遗迹内部没有发现灶坑等居住迹象。结合遗址出土的家畜种类,很可能与养猪有关,但由于存在一些不确定性,半坡遗址所发现的这两处遗迹也可能有其他用途,譬如用作储物间。

目前,可能与家畜饲养相关的遗迹现象大多还有待更充分的证据支撑,有待田野考古工作中加强对相关遗存的关注与辨识。此外,作为饲养家畜的圈栏极有可能会留下家畜的粪便,因此,在疑似圈栏的遗迹中采集土壤并进行微量元素分析,或从物质成分的角度进行分析,可为圈栏遗迹的确认提供证据。

(六)病理现象

病理现象主要出现在牙齿以及骨骼部位上。

牙齿的病理现象主要包括龋齿、牙周炎及由此形成的齿槽脓肿、线性牙釉质发育不全(linear enamel hypoplasia)等。齿槽脓肿主要源自龋齿和牙周炎,其产生的概率往往与食物成分中糖或碳水化合物的成分呈正比。这种现象在以农耕为主的古代人群中比较常见,在考古遗址出土的家猪中也发现有这种现象,但在野猪中没有发现。线性牙釉质发育不全是指哺乳动物在牙冠形成过程中牙釉质厚度方面出现的一种缺陷,比较典型的表现为齿冠表面形成横向的一个或多个齿沟或齿线。这种现象是釉质发育中断所造成的。牙齿成釉细胞的釉质分泌对生理干扰非常敏感,故线性牙釉质发育不全的出现一般是源于发育期的生理紧张。在家养动物中线性牙釉质发育不全的比例较高,而在野生动物中则很低,这很可能与家养动物在整个生存过程中都受到人为控制有关。

骨骼上出现的病变常见于马的脊椎、牛的掌骨和跖骨,主要与人工驱使下的长期负荷有关。

(七)食性分析

经过驯化的动物,即使是在驯化初期,其食物至少有一部分将依赖于人工饲喂的农产品或人类的食物残渣,因此它们的食谱会因受到人类干预而发生变化。就比如家猪,其食物来源已受到人类控制,这些食物往往包括农作物的茎叶、皮、壳、人吃剩的食物等;另外,家猪还常常吃人的粪便,人的粪便的成分一般和人吃的食物成分相似。相关研究发现,动物体内的 C、N 稳定同位素比值与其所摄取的食物之间存在对应关系,通过分析出自同一遗址的动物骨骼和人骨中的 C、N 稳定同位素比值,了解其食性状况,再进行比较,可以为家养动物的判定提供科学的依据。

(八)DNA 研究

DNA 研究属于分子生物学方法。动物遗骸中的古 DNA 记录了动物生命个体发展和变化的痕迹,因此古代动物遗骸的基因信息可直接用来追溯现代动物的种群历史和进化轨迹。动物体内的线粒体 DNA(mitochondrial DNA,简称 mtDNA)由于具有母系遗传、变异速率快、拷贝数目多等特点,常被作为研究物种系统进化的首选。

以猪为例,被驯化的家猪一般能保持其野生母性祖先 mtDNA 类型,而不受外来公猪杂交改良的影响,通过分析古代猪骨中的 mtDNA 信息,可以更系统地探索家猪的起源与进化。进入 21 世纪以来,通过对考古遗址出土的猪骨进行 mtDNA 研究,科学家们正在逐步确认出自各个地区、时期的猪之间的相互关系,这为建立古代猪的整个谱系创造了条件。通过古 DNA 分析与现代猪种 DNA 信息构建的谱系之间的比较,也有利于确定古代猪骨材料的谱系位置,进而获取有关它们在起源、传播和驯化等方面的信息。

三、中国主要家养动物的起源及出现

(一)狗

现代狗的基因证据揭示出不同地区的家狗都是由狼进化而来的。相关研究成果显示,根据测量的尺寸、DNA 和稳定同位素的分析结果,世界范围内最早的狗可能于距今 31000 年左右出现在欧洲地区。

在中国更新世晚期的多个遗址内都发现有狼的化石。在距今大约 1 万年的河北省徐水县南庄头遗址出土了多块犬科动物的骨骼,其中一块左下颌的齿列长度为 79.40 毫米,尺寸明显小于狼的下颌齿列,研究者判断这块标本应该属于狗。

在距今大约 9000 年的河南省舞阳县贾湖遗址,发现有 11 条狗被分别埋葬在居住地和墓地里,这一现象可视为当时的人对狗的一种有意识的处理,显示出人和狗之间的一种特殊联系。这些狗的下颌齿列平均为 72.68 毫米左右,尺寸小于南庄头遗址狗的齿列。通过对新石器时代及商代的多个遗址出土的狗的骨骼进行测量,发现狗的齿列长度具有随着年代更新以及在人的饲养过程中逐步变短的趋势,而贾湖遗址狗的齿列长度相较于南庄头遗址的狗有所缩短,是符合这一趋势的。

根据现有的发现和认识,距今 1 万年左右的南庄头遗址出土的狗是中国最早的家养动物。但袁靖认为中国狗的家养历史可能可以向前追溯而不应该停留在南庄头遗址这个时间段内,因为南庄头遗址出土狗的齿列长度与狼相比缩短程度已较为明显。

(二)猪

世界上最早的家猪发现于土耳其安纳托利亚东南部,年代距今约 9000 年,中国目前所知的最早的家猪出自河南省舞阳县贾湖遗址,说明中国家猪的豢养至少可追溯至距今 9000 年左右的贾湖遗址,与土耳其安纳托利亚东南部所发现的家猪年代大致相同。过去一般认为磁山遗址发现的猪是我国北方地区所发现的最早的家猪,年代可早至距今 8100 年左右,而贾湖遗址出土的猪骨材料以及相关研究将我国家猪出现的年代向前推进了近 900 年。

河南省舞阳县贾湖遗址是我国中原地区极为重要的新石器时代前期遗址,[14]C 测年为距今 9000—7700 年,在贾湖遗址中出土有大量的猪骨材料。判断贾湖遗址出土的猪骨出自家猪是基于多方面证据的。罗运兵和张居中对这些材料进行研究后发现:在形态特征上,这些猪骨存在仅见于家猪的齿列扭曲现象;在年龄结构上,未成年个体比重较大,明显不同于狩猎经济中野猪的死亡年龄结构,可能存在某种人为干涉;在数量比例上,无论是可鉴定标本数还是最小个体数,猪在贾湖遗址出土的哺乳动物中占比 10% 左右,根据纯肉量比例,贾湖遗址中的猪占 27%,明显大于年代较为接近的西南地区塘子沟遗址和华南地区甑皮岩遗址的同类数据,考虑到中原地区野生动物资源远没有华南、西南地区丰富,但贾湖遗址猪的纯肉量比例数值仍然偏大,说明可能存在人为饲养;在病理现象上,贾湖遗址出土猪牙的线性牙釉质发育不全的发病率远高于野猪种群;此外,在考古现象上,贾湖遗址中存在随葬猪下颌骨的现象,这种有意识的埋葬处理也是判断贾湖遗址的猪可能为家猪的一项依据。

世界上有关猪的基因研究证实猪极有可能是在各个地区被分别驯化的,这在中国所出土的猪骨材料中也有所体现。浙江省杭州市萧山跨湖桥遗址距今 8200—7000 年,是目前所知的我国南方地区最早出现家猪的遗址。位于北方地区的贾湖遗址猪骨的第三臼齿长度平均值明显大于跨湖桥遗址的同类数据,而与同处北方地区的河北省武安县磁山遗址的同类数据较为接近。尽管可能存在很多其他的影响因素,这种南北方遗址出土的猪的尺寸差异基本上代表了一种地域差异,而这种尺寸差异又正好与更新世北方地区和南方地区的野猪化石差异相对应,因此这种现象可能与猪不同的野生祖先有关,比如在现生种群中,华北野猪体形较大,吻部较长,而华南野猪体形较小,吻部较短阔。上述我国南北地区家猪的尺寸差异为家猪的多中心起源论提供了动物考古学方面的依据。

（三）羊

1.绵羊

有关绵羊的基因研究显示,绵羊的起源地并不是单一的。早期有学者推测,家养绵羊在距今11000—8000年前的新月沃地由亚洲摩弗伦羊驯化而来。后来大量古生物学、分子遗传学的研究使学者们有了更进一步的认识。肯尼斯·彼得斯（Kenneth Peters）等学者通过分析绵羊形态和种群历史动态,揭示绵羊的驯化可能是在伊朗的扎格罗斯北部到安纳托利亚东南部的连续地带,时间大约为距今11000—10500年前或更早。王慧华整合了重测序和世界绵羊数据,其分析结果支持绵羊的驯化存在两个中心,即西方中心和中东/中国中心。

在进入全新世后相当长的时间里,我国多个遗址内都鲜有羊骨的发现。袁靖依据已有的资料,认为中国最早的家养绵羊突然出现在距今5600—5000年前的甘肃和青海一带,比如在属于马家窑文化石岭下类型的甘肃省天水市师赵村遗址的M5随葬有羊的下颌,在属于马家窑文化马家窑类型的青海省民和县核桃庄马家窑文化墓葬里随葬有完整的羊骨架。在距今4000年以来的甘肃省天水市师赵村遗址齐家文化层、甘肃省永靖县大何庄、秦魏家齐家文化墓葬和甘肃省民乐县东灰山四坝文化遗址也都出土有绵羊的骨骼,其中,在秦魏家遗址还发现一块绵羊的肩胛骨,其上发现有与占卜有关的灼痕。

考虑到家养绵羊在我国出现的突然性以及野生盘羊并非中国藏系和蒙古系绵羊的母系祖先,推测中国家养绵羊的出现很可能是通过文化交流,从中国境外将驯化的绵羊引入中国。此外,根据目前我国各遗址出土绵羊骨骼的情况,从历时性角度观察,中原地区的绵羊存在一个明显的从无到有、从少到多的发展过程,中国古代家养绵羊整体上呈现出一个自西向东传播的过程。

蔡大伟等学者从分子考古学角度对我国新疆、内蒙古、青海、山西、河南境内七个考古点出土的古代绵羊遗骸（4000—2500 BP）展开了研究,发现中国古代绵羊不仅在时间跨度上存在遗传连续性,而且在地理分布上也显示出相同类型的绵羊在不同地区都有饲养,暗示了古代中国存在发达的绵羊饲养业和比较普遍的文化交流。

2.山羊

伊朗地区的胃石野山羊被认为是现代家养山羊的祖先。在公元前7500—6750年的伊朗遗址和公元前7000—6000年的约旦遗址中均发现了古代山羊的遗骸,故据此推测,世界范围内人类开始驯养山羊的历史最早可以追溯至距今约1万年前的新石器时期,驯化中心在近东地区的新月沃地,该地区包括了现在的伊拉克、伊朗、约旦、土耳其和巴勒斯坦的部分区域。

我国目前所发现的最早的山羊出自距今 3700 年左右的河南省偃师县二里头遗址二期。大多数学者认为,最早在西亚驯化的山羊,伴随着人类的迁移活动被带到非洲、欧洲和亚洲等世界各地。戈登·路易卡特(Gordon Luikart)等学者对来自欧洲、亚洲、非洲和中东/近东的 44 个国家的 406 只山羊的 mtDNA 控制区的第一个高变区段(HVI)进行了测序和分析,发现山羊的遗传结构较弱,各大洲之间的群体变异只占 mtDNA 总变异的 10%。这种薄弱的遗传结构揭示出可能存在较为广泛的山羊洲际运输,同时也反映出山羊在历史人类迁徙和商业中的重要性。虽然国内外对于家养山羊的起源研究已取得一定的成果,但中国家养山羊的起源或出现的原因尚有待进一步的考古工作和多学科研究。

(四)牛

1. 黄牛

我国的黄牛品种可划分为三大类:中原黄牛、北方黄牛和南方黄牛。中原黄牛的体型最大,北方黄牛次之,南方黄牛最小。中原黄牛多分布于黄河以南和长江以北地区;北方黄牛多分布在内蒙古高原,黄褐色居多,以延边牛、蒙古牛和哈萨克牛为典型;南方黄牛多分布于华南及长江流域,以海南牛和云南高峰牛为典型。

依据动物考古学以及分子生物学研究,家养黄牛是在距今 1 万年的非洲东北部和年代大致相同或稍早的西亚地区起源的,由当地的野牛驯化而来;但也存在另外一种认识,认为南亚的印度也在相同的时间段内独立驯化了黄牛。对于我国家养黄牛起源的时间,依照现有的材料还无法做出明确的判断。袁靖先生认为,中国家养黄牛的起源时间在距今 4500—4000 年左右,起源的地域涉及黄河流域的中下游地区。其证据如下。

其一,考古现象上,在距今 4500—4000 年左右的属于河南龙山文化的河南省柘城县山台寺遗址发现有 9 头黄牛集中在一起埋葬,摆放较为规整,在属于河南龙山文化的河南省淮阳区平粮台遗址也发现有单独埋葬牛的现象,类似的现象在距今 4000 年以来的夏、商、周三代时期更为普遍,因此,这些有意识的埋葬现象可以说明 4000 多年前我国已经存在家养黄牛。

其二,在数量比例上,多个距今 4000 多年的遗址出土的黄牛遗存数量及其在全部哺乳动物中所占的比例都达到一定的程度,在各个遗址出土的黄牛数量从早到晚大致都有一个逐渐增多的过程,这也证明黄牛在当时已经成为一种比较常见的动物。

其三,在形态特征上,对距今 4000 多年的几个遗址出土的黄牛骨骼进行测量后发现,其尺寸大小比较一致,与后来商周时期的可以明确为家养黄牛的数据十分接近。需要说明的是,上述家养黄牛在中国的起源时间只是一个时间的下限,表明人类对黄牛的饲养已经成为一种稳定的态势,事实上,古代人类对黄牛的最初驯化或饲养要早于这个阶段。

另外,袁靖先生还认为,中国家养黄牛的起源并没有局限在一个很小的地域范围内,与家猪的起源特征有一定的相似之处。贾媛利用 AMOVA 对中国黄牛的群体结构进行了分析,发现群体间变异占总遗传变异的最高值,而基于地理分布分组的组间变异占比较小,揭示出中国黄牛群体较弱的遗传结构。而中国黄牛群体的 mtDNA 变异水平相对较高,遗传结构较弱,也印证了中国黄牛具有与迁移和贸易等相关的复杂历史背景。

2. 水牛

根据形态和习性,亚洲家养水牛可分为河流型(river)和沼泽型(swamp)两种。大约在 270000—128000 年前,亚洲家养水牛开始分化,并逐渐演化出这两种类型,但在驯化时间、驯化地点以及扩散路线等问题上仍存在较大争议。

近年来的分子生物学研究显示,河流型水牛可能在距今约 5000—4000 年的印度半岛西部首先被驯化,并向西传播至中东、地中海沿岸地区;而有关沼泽型水牛的起源地和驯化时间仍有不同的观点。比如有学者通过 mtDNA 研究指出家养水牛的祖先是一种起源于东南亚地区的类似沼泽型水牛的动物,向西扩散,在印度次大陆被驯化成河流型水牛,向北扩散,在中国被驯化成沼泽型水牛。也有学者认为家养沼泽型水牛很可能随着距今 8000 年以来的原始稻作农业的发展而产生,首先在距今 7000 年左右的中国长江流域被驯化,并随着稻作农业的传播,于距今 5000 年左右传入东南亚地区,距今 4000—3000 年左右传入苏门答腊和爪哇岛。mtDNA、微卫星DNA 等遗传学研究发现,于泰国北部班清文明遗址的家养水牛骨骼遗存揭示出沼泽型水牛的驯化地可能不是一个地方,而是一个包括中国南部、泰国北部、东南亚半岛等地区的区域范围。

中国自更新世时期开始,水牛曾广泛分布于南北方地区,在黑龙江、内蒙古、辽宁、河南、山东、安徽、云南、台湾等地都有遗存发现;目前已命名的包括更新世晚期的杨氏、王氏水牛均已灭迹。全新世时期自距今 12000 年的广西桂林甑皮岩遗址到距今 3000 年左右的商周时期等至少 70 处遗址均有水牛遗存出土,且已鉴定的均为沼泽型水牛,其地理位置南北皆有分布,但分布有向南缩小的趋势,以长江流域最为密集,目前这一时期可鉴定的种皆为圣水牛。

学界有关中国家养水牛的起源存在不同的观点。依据考古现象、动物考古学研究、稳定同位素分析、遗传学等方法,一部分学者认为中国家养水牛是本土驯化的,与水田关系密切,并将年代推至距今 7000 年左右的河姆渡、马家浜文化时期。秦岭则提出水牛有可能在良渚文化时期被驯化为耕牛。

也有一部分学者提出中国家养水牛非本土驯化的观点,比如一些研究者通过 DNA 对比,认为中国新石器时代及商代出土的圣水牛与现生家养水牛在形态上有明显的区别,圣水牛不是中国现生家养水牛的直接祖先且圣水牛没有受到过驯化,而现生的家养水牛很可能是从南亚引进的,时代可能不会超过距今 3000 年以前。

上述有关中国家养水牛起源的观点至今还没有明确定论,尚且需要未来进一步的研究和讨论。

(五)马

目前,对家马起源的认识还存在争议,一种观点认为家马是由东欧及亚洲地区的野马驯化而成,时间大约在 5000 多年前。

有关中国家马的起源问题,很多学者也依据动物考古学、分子生物学等研究成果进行了推测。在中国北方地区更新世晚期的多个遗址内都曾发现过普氏野马的化石,但基因研究结果显示,普氏野马并非中国早期家马的起源。自进入全新世后相当长的一段时间里,我国多个遗址内基本上没有出土马骨。然而,在距今 3700 年左右的甘肃省永靖县大何庄齐家文化的遗址里突然发现随葬有 3 块马的下颌骨,在甘肃省永靖县秦魏家齐家文化墓地里也发现马骨,这些马骨暗示了距今 3700 年左右在中国甘青地区存在驯化的马。

在黄河中下游地区,袁靖先生认为,家马的出现不早于距今约 3300 年的商代晚期。在商代晚期的河南省安阳市殷墟遗址(见图 3-5)、陕西省西安市老牛坡遗址以及商末周初的山东省滕州市前掌大等遗址内均有车马坑和马坑的发现,很可能和祭祀有关。鉴于这个地区在距今约 3300 年以前几乎没有发现马骨,而在距今约 3300 年以后的多处遗址内均发现有车马坑和被埋葬的马,袁靖先生认为家马在这个地区是突然出现的,家马有可能从甘青传入中原,也有可能从内蒙古地区自北向南进入中原。

另外,甘青地区家马出现的时间与世界上最早的家马相比也相差了数千年,故甘青地区的家马可能也不是本土驯化的,家马或饲养家马的技术极有可能是由中国境外传入的。一些学者从线粒体细胞色素 b 基因的角度探究了中国马的母系起源和遗传多样性,发现中国家马具有多个母系起源。Yunzhou Yang 等学者分析了中国地方马的 mtDNA 序列,结果表明中国家马拥有一些新的 mtDNA 单倍型组,推测可能发生了局部驯化事件,同时,他们也提出了一个假设,即中国家马起源于中国境外引进的马匹和当地野马对驯化马群体的渗渗,而进一步的遗传多样性分析结果表明,引进的马可能是从欧亚大草原通过北部地区进入中国的。

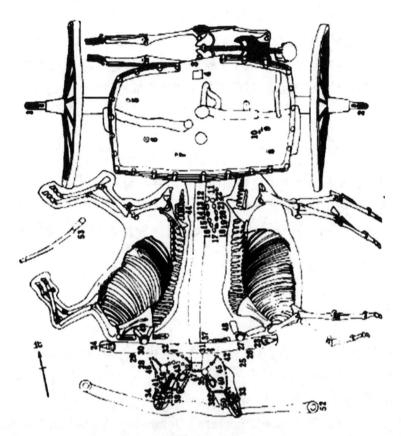

图 3-5　安阳梅园庄车马坑平面(M1)

资料来源:安阳市文物工作队. 安阳梅园庄殷代车马坑发掘简报[J]. 华夏考古,1997(2):56-63,113.

(六)鸡

有关家鸡起源的探讨始终是国际动物考古学界关注的研究热点之一,我国在这一领域也陆续发表了一系列研究成果。

目前,国际学界一致认为,家鸡是原鸡属内的驯化物种,迄今所知的原鸡属共有四种,即分布于印度尼西亚爪哇的绿领原鸡(gallus varius),分布于中南半岛及我国南部、西南部的红原鸡(gallus gallus),分布于斯里兰卡的黑尾原鸡(gallus lafayetta)和分布于印度西部、南部的灰纹原鸡(gallus sonnerati),当下的主流观点认为家鸡起源于红原鸡。

至于我国家鸡的起源问题,尽管在距今约 7000 年的陕西省宝鸡市北首岭遗址的陶罐里出土过比较完整的鸡骨,在其他为数不多的中国新石器时代遗址内也发现过鸡骨,但由于这些出土鸡骨的遗址在时间和地域上缺乏关联性,因此很难把形态特征、尺寸数据和考古现象结合在一起进行历时性的探讨,很难明确区分出哪些遗址出土的鸡骨属于家鸡。现阶段相对可靠的家鸡证据来自商晚期的安阳殷墟遗址,而根据文献记载推测,至迟于春秋早期已存在家鸡,因此,有学者判断距今约 3600 年,即殷商时期,我国已存在家鸡。然而这只是一个时间下限,可能并非我国家鸡驯化的最早时间,但若要继续向前追溯我国家鸡的起源,目前尚缺少更加可靠的证据。

思考题:

1.在不同的农业起源理论中你更倾向于哪一种?为什么?

2.请简述我国稻作农业起源和发展的过程。

3.判断考古遗址出土动物遗存为家养动物的方法有哪些?试以家猪为例简要介绍。

参考文献:

[1] Cai D W, Han L, Zhang X L, et al. DNA analysis of archaeological sheep remains from China[J]. Journal of Archaeological Science, 2007(9):1347-1355.

[2] Cai D W, Tang Z W, Han L, et al. Ancient DNA provides new insights into the origin of the Chinese domestic horse[J]. Journal of Archaeological Science, 2009(3):835-842.

[3] Chen Y C, Li X H. New evidence of the origin and domestication of the Chinese swamp buffalo (Bubalus bubalis)[J]. Buffalo Journal, 1989(1):51-55.

[4] Cohen M N. The food crisis in prehistory[J]. population and Development Review, 1977(3):332.

[5] Dong G H. Yang Y S, Han J Y, et al. Exploring the history of cultural exchange in prehistoric Eurasia from the perspectires of crop diffusion and consumption[J]. Science China Eurth Sciences, 2017(6):1110-1123.

[6] Flannery K V. The origins of the village as a settlement type in Mesoamerica and the near East: A comparative study[M]. New York: Warner Modular Publications, 1972.

[7] Germonpré M, Sablin M V, Stevens R E, et al. Fossil dogs and wolves from Palaeolithic sites in Belgium, the Ukraine and Russia: Osteometry, ancient DNA and stable isotopes[J]. Journal of Archaeological Science, 2009(2):473-490.

[8] Hongo H, Meadow R. Pig exploitation at Neolithic Çayönü Tepesi South Eastern Anatolia[C]//Ancestor for the Pigs: Pigs in Prehistory. Nelson S ed. Philadelphia:

MASCA Research Papers in Science and Archaeology,1998:77-98.

[9] Hu Y. Thirty-four years of stable isotopic analyses of ancient skeletons in China: An overview,progress and prospects[J]. Archaeometry,2018(1):144-156.

[10] Lau C H, Drinkwater R D, Yusoff K, et al. Genetic diversity of Asian water buffalo (Bubalus bubalis):mitochondrial DNA D-loop and cytochrome b sequence variation[J]. Animal Genetics,2015(4):253-264.

[11] Lei C Z,Zhang C M,Weining S,et al. Genetic diversity of mitochondrial cytochrome b gene in Chinese native buffalo[J]. Animal Genetics,2011(4):432-436.

[12] Leonard J A,Wayne R K,Wheeler J,et al. Ancient DNA evidence for Old World Origin of the New World dogs[J]. Science,2002(5598):1613-1616.

[13] Loftus R T, MacHugh D E, Bradley D G, et al. Evidence for two independent domestications of cattle[J]. Proceedings of the National Academy of Sciences, 1994(7):2757-2761.

[14] Lu H,Zhang J,Liu K B,et al. Earliest domestication of common millet (Panicum miliaceum) in East Asia extended to 10,000 years ago[J]. Proceedings of the National Academy of Sciences of the United States of America, 2009 (18): 7367-7372.

[15] Luikart G, Gielly L, Excoffier L, et al. Multiple maternal origins and weak phylogeographic structure in domestic goats[J]. Proceedings of the National Academy of Sciences of the United States of America,2001(98):5927-5932.

[16] MacGregor R. The domestic buffalo[J]. Veterinary Record,1941(53):443-450.

[17] Mccorriston J,Hole F. The ecology of seasonal stress and the origins of agriculture in the Near East[J]. American Anthropologist,1991(1):46-69.

[18] Pearsall D M. Paleoethnobotany:a handbook of procedures[M]. CA:Left Coast Press,2015.

[19] Peters K E, Walters C C, Moldowan J M. The Biomarker Guide, Volume 2: Biomarkers and Isotopes in Petroleum Exploration and Earth History[M]. 2nd ed. Cambridge:Cambridge University Press,2005.

[20] Rackham J. Animal Bones[M]. London:British Museum Press,1994:25.

[21] Ryder M L. Sheep[C]//Evolution of Domesticated Animals. Mason IL,ed. New York:Longman,1984:63-85.

[22] Wang T, Wei D, Chang X, et al. Tianshanbeilu and the Isotopic Millet Road: reviewing the late Neolithic/Bronze Age radiation of human millet consumption from north China to Europe[J]. National Science Review,2017(5):1-16.

［23］Yang D Y,Liu L,Chen X,et al. Wild or domesticated:DNA analysis of ancient water buffalo remains from north China［J］. Journal of Archaeological Science,2008(10):2778-2785.

［24］Yang X,Ma Z,Li J,et al. Comparing subsistence strategies in different landscapes of North China 10,000 years ago［J］. Holocene,2015(12):1957-1964.

［25］Yang X,Perry L. Identification of ancient starch grains from the tribe Triticeae in the North China Plain［J/OL］. Journal of Archaeological Science,2013(8):3170-3177.

［26］Yang X,Wan Z,Perry L,et al. Early millet use in northern China［J］. Proceedings of the National Academy of Sciences of the United States of America,2012(10):3726-3730.

［27］Yang X,Zhang J,Perry L,et al. From the modern to the archaeological:Starch grains from millets and their wild relatives in China［J/OL］. Journal of Archaeological Science,2012(2):247-254.

［28］Yang Y,Zhu Q,Liu S,et al. The origin of Chinese domestic horses revealed with novel mt DNA variants［J］. Animal Science Journal,2016(88):19-26.

［29］Yindee M,Vlamings B H,Wajjwalku W,et al. Y-chromosomal variation confirms independent domestications of swamp and river buffalo［J］. Animal Genetics,2010(4):433-435.

［30］Yue X P,Qin F,Campana M G,et al. Characterization of cytochrome b diversity in Chinese domestic horses［J］. Animal Genetics,2012(5):624-626.

［31］Zhang Y,Vankan D,Zhang Y,et al. Genetic differentiation of water buffalo (Bubalus bubalis) populations in China,Nepal and south-east Asia:Inferences on the region of domestication of the swamp buffalo［J］. Animal Genetics,2011(4):366-377.

［32］蔡大伟,汤卓炜,陈全家,等.中国绵羊起源的分子考古学研究［J］.边疆考古研究,2010(1):291-298.

［33］陈雪香,栾丰实,王建华,等.山东济南长清月庄遗址植物遗存的初步分析［J］.江汉考古,2013(2):107-116.

［34］邓惠,袁靖,宋国定,等.中国古代家鸡的再探讨［J］.考古,2013(6):83-96.

［35］董广辉,杨谊时,韩建业,等.农作物传播视角下的欧亚大陆史前东西方文化交流［J］.中国科学:地球科学,2017,47(5):530-543.

［36］傅罗文,袁靖,李水城.论中国甘青地区新石器时代家养动物的来源及特征［J］.考古,2009(5):80-86.

[37] 管理.家猪起源研究方法探索[D].合肥:中国科学技术大学,2008.

[38] 韩璐.内蒙古东周时期绵羊和山羊的线粒体DNA研究[D].长春:吉林大学,2010.

[39] 贾媛.中国地方黄牛线粒体DNA D-loop区遗传多样性分析[D].咸阳:西北农林科技大学,2019.

[40] 李济.试论中国文化的原始[C]//考古琐谈.武汉:湖北教育出版社,1998:171-176.

[41] 李君,乔倩,任雪岩.1997年河北徐水南庄头遗址发掘报告[J].考古学报,2010(3):361-392.

[42] 刘长江,孔昭宸,朗树德.大地湾遗址农业植物遗存与人类生存的环境探讨[J].中原文物,2004(4):26-30.

[43] 罗伯特,陈星灿.农业革命[J].农业考古,1993(1):11-15.

[44] 罗运兵,张居中.河南舞阳县贾湖遗址出土猪骨的再研究[J].考古,2008(1):90-96.

[45] 罗运兵.关中地区史前动物考古学研究的几个问题[J].考古与文物,2009(5):89-94.

[46] 罗运兵.中国古代家猪研究[D].北京:中国社会科学院,2007.

[47] 吕厚远.中国史前农业起源演化研究新方法与新进展[J].SCIENTIA SINICA Terrae,2017(2):181-199.

[48] 秦岭.河姆渡遗址的生计模式——兼谈稻作农业研究中的若干问题[C]//山东大学东方考古研究中心.东方考古第3集,北京:科学出版社,2006:307-350.

[49] 任万明,王吉怀,郑乃武.1979年裴李岗遗址发掘报告[J].考古学报,1984(1):23-52.

[50] 石金鸣,宋艳花.山西吉县柿子滩遗址第九地点发掘简报[J].考古,2010(10):871-881.

[51] 孙德海,刘勇,陈光唐.河北武安磁山遗址[J].考古学报,1981(3):303-338.

[52] 王慧华.中国地方绵羊群体结构分析及基因组选择痕迹挖掘[D].北京:中国农业科学院,2015.

[53] 王吉怀.新郑沙窝李遗址发现碳化粟粒[J].农业考古,1984(2):276.

[54] 王娟.中国上古时期水牛遗骸及相关问题研究[D].合肥:中国科学技术大学,2008.

[55] 让·德尼维涅,李悦.早期驯化与农业:为了更好的认识,我们应该知道什么、做什么?[J].南方文物,2019(4):226-242,248.

[56] 徐浩生,金家广,杨永贺.河北徐水县南庄头遗址试掘简报[J].考古,1992(11):

961-970.

[57] 郇秀佳,李泉,马志坤,等.浙江浦江上山遗址水稻扇形植硅体所反映的水稻驯化过程[J].第四纪研究,2014(1):106-113.

[58] 严文明.中国稻作农业的起源[J].农业考古,1982(1):19-31.

[59] 杨杰.二里头遗址出土动物遗骸研究[C]//中国社会科学院考古研究所.中国早期青铜文化——二里头文化专题研究.北京:科学出版社,2008:470-539.

[60] 袁靖,董宁宁.中国家养动物起源的再思考[J].考古,2018(9):113-120.

[61] 袁靖.中国古代的家猪起源[J].西部考古,2006(1):43-49.

[62] 袁靖.中国古代家养动物的动物考古学研究[J].第四纪研究,2010(2):298-306.

[63] 袁靖.中国新石器时代家畜起源的问题[J].文物,2001(5):51-58.

[64] 袁靖.中国新石器时代使用猪进行祭祀和随葬的研究[C]//北京大学考古文博学院,中国国家博物馆.俞伟超先生纪念文集·学术卷,北京:文物出版社,2009:175-192.

[65] 张居中,王象坤,孔昭宸,等.河南贾湖稻作文化的发现与研究[J].科学,2002(3):3-6.

[66] 张居中.兽坑[C]//舞阳贾湖(上卷).北京:科学出版社,1999:130.

[67] 张修龙,吴文祥,周扬.西方农业起源理论评述[J].中原文物,2010(2):36-45.

[68] 赵朝洪.北京市门头沟区东胡林史前遗址[J].考古,2006(7):3-8.

[69] 赵志军,方燕明.登封王城岗遗址浮选结果及分析[J].华夏考古,2007(2):78-89.

[70] 赵志军,蒋乐平.浙江浦江上山遗址浮选出土植物遗存分析[J].南方文物,2016(3):109-116.

[71] 赵志军.仰韶文化时期农耕生产的发展和农业社会的建立——鱼化寨遗址浮选结果的分析[J].江汉考古,2017(6):98-108.

[72] 赵志军.植物考古学及其新进展[J].考古,2005(7):42-49.

[73] 赵志军.中国古代农业的形成过程——浮选出土植物遗存证据[J].第四纪研究,2014(1):73-84.

[74] 赵志军.中国农业起源概述[J].遗产与保护研究,2019(1):1.

[75] 浙江省文物考古研究所,浦江博物馆.浙江浦江县上山遗址发掘简报[J].考古,2007(9):7-18.

[76] 郑建明.西方农业起源研究理论综述[J].农业考古,2005(3):33-38.

[77] 郑云飞,陈旭高,丁品.浙江余杭茅山遗址古稻田耕作遗迹研究[J].第四纪研究,2014(1):85-96.

[78] 郑云飞,蒋乐平.稻谷遗存落粒性变化与长江下游水稻起源和驯化[J].南方文物,2016(3):122-130.

第四章

考古发现与陶瓷器的制作与发展

陶瓷是陶器与瓷器的统称。传统陶瓷是以黏土等天然硅酸盐为主要原料烧成的制品。陶瓷的历史源远流长,从新石器时代早期原始陶器的出现,到瓷器的发明和普遍应用,陶瓷制作技术和审美艺术都在不断进步。在漫长的历史中,陶瓷的制作与发展不断适应着人们的生活需求,陶瓷的种类不断扩大,样式逐渐丰富,质量日益提升,陶瓷工艺也成为具有中国特色的传统技术,闻名于世界。

本章分为三节,分别是考古发现的早期陶器、陶与瓷及陶瓷发展史,让我们沿着历史的足迹,深入了解陶瓷是如何发展的,认识陶器向瓷器演变的历史进程。

第一节　考古发现的早期陶器

人们把制陶用的黏土,经水湿润后,塑造成一定的形状,干燥后,用火加热到一定的温度,使之烧结成为坚固的陶器。这种把柔软的黏土变成坚固的陶器,是一种质的变化,是人力改变自然的开端,是人类社会发展史上划时代的标志。陶器的发明,标志着新石器时代开始。陶器成为人类日常生活中不可缺少的工具。直到今天,陶器仍然与人类的生活和生产密切相关。

1. 新石器时代的标志之一

陶器的出现至今已有近万年的历史。至于陶器是如何发明的,目前还缺乏确凿的证据。伴随着农业、手工业的发展,陶器逐渐成为人们日常生活中不可缺少的工具和用具。世界各个古文明发源地几乎都拥有自己的陶器。

陶器的产生和发展,是我国灿烂的古代文化的重要组成部分。在古代保留下来的遗存中,陶器数量多,并且由于陶器容易破碎,制造周期短,极富变化,因此在考古学中将陶器作为判定考古学文化的重要指征性器物。考古学界也将磨制石器、制陶业、农业和家畜饲养业作为新石器时代文化的四个基本要素。

2. 新石器时代早期的陶器

新石器时代早期的陶器在我国的发现,主要包括:江西仙人洞和吊桶环、湖南玉蟾岩等遗址。以往的研究指出,这些遗址中出土的陶器年代可达距今16000—10000年,表明世界上最早的陶器产自东亚地区。

学者们对江西万年仙人洞遗址出土陶器进行了年代研究,对陶片和碳14测年样品层位关系开展地层显微结构分析,结果显示遗址出土最早的陶片年代为距今20000—19000年,比东亚其他地区的陶器早了2000—3000年。洞穴内的遗存证明这些陶器是在末次冰盛期由采集狩猎者所制造,可能曾经被用作炊煮器。这些研究表明,陶器在农业出现以前一万年甚至更早就被人们开始制造和使用。

另外,在浦江上山遗址、英德青塘遗址中都有早期的陶片发现。青塘遗址是2018年全国十大考古发现,是华南地区新旧石器时代过渡阶段的又一重要考古发现。这些陶片是在中国发现的制造陶器的最早证据之一。

在我国广阔的土地上,可能分布着更多的早期陶器的遗存。不同文明中的早期陶器在相互交流中不断发展,逐渐形成统一的文化整体,并在此基础上产生原始瓷和瓷器。

3. 黄河流域新石器时代陶器

黄河流域是我国新石器时代文化分布较为密集的地区,在新石器时代中晚期遗存的考古学文化,如仰韶文化、马家窑文化、大汶口文化、龙山文化和齐家文化等。这些文化有特定的分布范围,面貌也不尽相同。基本上都是以经营农业为主,过着定居的生活,以及从事其他各种活动。

(1)仰韶文化

仰韶文化,因1921年在河南渑池仰韶村发现而得名。本章的"仰韶文化"指的是分布在河南、陕西、山西等地区的典型仰韶文化遗址。在仰韶文化内部,不同地域间的文化面貌也比较复杂。

仰韶文化的制陶业相当发达,各地发现陶器数量很多。窑址结构大体上可以分为横穴窑和竖穴窑。

以西安半坡发现的陶窑为例,横穴窑的火膛位于窑室的前方,是一个略呈弯形的筒状甬道,后部有三条大火道倾斜而上,火焰由此通过火眼以达窑室。窑室平面略呈圆形,直径1米左右。

竖穴窑的特点是窑室位于火膛之上,火膛为口小底大的袋状坑,有数股火道与窑室相通。火门开在火膛的南边,以便送进燃料。

总体来说,仰韶文化的陶窑规模较小,陶窑结构还并不完善,烧窑技术上也未能完全控制烧成温度和气氛,因此烧制出来的陶器往往在一件器物上会出现陶色深浅不一的现象。

在制作技术上,仰韶文化的陶器基本上以手制为主,出现了初级的陶轮,转动较慢,一般称为慢轮,用于陶器的成形、修坯和某些纹饰的制作。其余制陶工具还包括陶拍、陶垫、慢轮及彩绘用具等。

仰韶文化的陶器,就其质地和陶色,以细泥红陶和夹砂红陶为主,灰色较少见,黑陶更少见。作为炊器使用的陶器均加入砂粒或其他掺合料,主要是为了增强陶器的耐热急变性能。

仰韶文化的陶器在装饰上十分考究,装饰工艺主要包含磨光、拍印纹饰和彩绘等。素面陶器一般都经过精细磨光,但也有少数打磨较为粗糙。纹饰以线纹和绳纹为主,另外还有篮纹、划纹、弦纹、附加堆纹等。另外,在某些例如罐的底部或瓶的器耳等部位,还印有席纹和布纹的痕迹。

彩陶艺术是仰韶文化的突出代表。彩绘在陶器未烧制之前绘制,烧成后就固定在陶器的表面,不易脱落。据测定,仰韶文化彩陶的烧成温度为900—1000℃。彩绘主要为黑色,部分也兼用红色。部分地区在彩绘之前,会先涂上一层白色的陶衣,使彩绘出来的花纹更为鲜明。彩陶花纹主要是花卉图案和几何形图案,也有少数动物纹。这些花纹多装饰在细泥红陶钵、碗、盆和罐的口、腹部,而在器物的下部或往里收缩部分,一般不饰彩绘。关于彩陶颜料的化学组成,研究者们经过光谱分析法发现,赭红色的主要着色元素是铁,黑彩中的主要着色元素则是铁和锰,白彩中除含有少量的铁以外,基本上没有着色剂。

在造型方面,仰韶文化的陶器兼具了美观性和实用性。特别是彩陶的造型,线条流畅、匀称,图案丰富多彩,更显得十分优美,富有浓厚的艺术感(见图4-1)。

图 4-1　仰韶文化彩陶

图片来源:中国硅酸盐学会.中国陶瓷史[M].北京:文物出版社,1982:图三.

(2)龙山文化

龙山文化,因其首次发现于山东省济南市历城县龙山镇(今属济南市章丘区)而得名。在仰韶文化的基础上,龙山文化的陶器又有了新的发展。与仰韶文化时期以红色为主的情况有所不同,龙山文化的陶器颜色以灰色为主。

龙山文化的陶窑以竖穴式陶窑为主。在制作技术上,轮制技术普遍得到使用,使用快轮拉坯成形等先进技术,使得生产率提高。

龙山文化早期的陶器,以灰陶为主,也有少量的红陶和黑陶。据测定,灰陶的烧成温度为840℃。有些器物仍保留有仰韶文化的某些因素,但大部分器物在发展过程中逐渐创造出了自身风格。这一时期的陶器不仅在造型上有显著的特色,还产生了一些新的器型,如双耳盆、三耳盆、深腹盆、筒形罐和斝等。早期的陶器纹饰,以篮纹最为常见。而且有不少陶器在篮纹上,又加饰数道甚至通身饰以若干道附加堆纹,起到了装饰和加固器身的双重作用。

龙山文化晚期的陶器,黑陶的数量有所增加,出现了代表这一时期黑陶制作水平的蛋壳黑陶。陶胎薄如蛋壳,器表打磨得十分光亮,已经超出了实用器的范畴,成为专门的礼器。龙山文化的制陶工艺代表了这个时代最高水平。

4.长江流域新石器时代陶器

(1)大溪文化

大溪文化是分布于中国长江中游地区的新石器时代文化。因重庆市巫山县大溪遗址而得名,分布范围主要集中在长江中游的两湖平原地区。

大溪文化的陶器以红陶为主,也有一定数量的夹砂灰陶和夹砂黑陶,在个别的遗址中还出现过少量白陶。红陶一般略带橙红色,普遍施有红色陶衣,有的器皿外表为红色,内表为灰黑色,形成所谓"外红内黑"的特色。到晚期出现相当数量的泥质磨光黑陶。

在制作工艺上,采用手制,少数器物里还留有泥条盘筑的痕迹。部分罐的口沿、腹部和底部三者在分别完成后重新接合。圈足器的器身和圈足也是采用同样的方法进行制作。

在装饰工艺上,大溪文化的陶器表面绝大部分为素面或磨光,纹饰主要有刻画纹、戳印纹、篦印纹、弦纹、镂孔、附加堆纹、绳纹和彩陶等。刻画纹和戳印纹是大溪文化最主要的纹饰。

(2)河姆渡文化

河姆渡文化,因首次发现于浙江宁波余姚的河姆渡镇而命名。主要分布在杭州湾南岸的宁绍平原及舟山群岛。

在河姆渡文化早期,陶器以夹炭黑陶为主,还有夹砂黑陶;中期新出现泥质红陶;晚期则以夹砂灰陶为主,新出泥质灰陶、黑衣陶和夹砂红陶。

河姆渡文化的器型以釜、罐最多,还有盆、杯、盘、钵等。其中以釜和支座最具代表性。河姆渡文化的陶器虽然在造型上不太规整,但有些器物的设计却十分别致。陶器的表面往往装饰有比较繁密的绳纹和多样的刻画纹,也有堆塑成的动物纹和彩绘。

(3)马家浜文化

马家浜文化,因首次发现于浙江省嘉兴市南湖乡天带桥村马家浜遗址而得名。主要分布在苏南和江北的太湖周围地区。

马家浜文化的陶器为手制。质地有夹砂、夹蚌、夹炭和泥质四种。主要有红、黑、灰等颜色,以夹砂红陶和外红里黑、表红胎黑的泥质红陶为主,还发现了少量的白陶。以素面为主,有些器物上施红衣。陶器的成形基本采用手制。部分器物经慢轮修正。

马家浜文化的陶器,纹饰有线纹、绳纹、米点纹、三叶纹等。最具特色的器物是带腰沿和錾手的釜、带把杯、三足或平底盉、多边形宽沿盘等。

(4)良渚文化

良渚文化,因在杭州余杭良渚首次发现而得以定名,其分布的中心地区在钱塘江流域和太湖流域,而遗址分布最密集的地区则在钱塘江流域的东北部、东部。除玉器外,良渚文化的陶器也相当细致。

陶器中,鼎和少量的罐、簋为夹砂陶,其他器物均为泥质陶。夹砂陶主要为红褐色和黑褐色,泥质陶有灰陶、灰胎黑皮陶和橙红胎灰皮陶等种类。以素面为主,纹饰主要有凸弦纹、凹弦纹、划纹、镂孔和鸟蛇纹图案等。典型器物有鱼鳍足和 T 字形足鼎、竹节状把豆、双鼻壶等。

良渚文化的器型有杯、碗、盆、罐、豆、壶、簋、尊、盉、釜、鼎等。在装饰工艺上,器表除磨光外,纹饰有弦纹、篮纹、绳纹、划纹、锥刺纹、波浪纹、附加堆纹以及镂空等。良渚文化中期已经出现了快轮制陶技术。器物造型规整,器壁薄而均匀。鼎、豆、壶等器物上的镂孔和刻画装饰十分精美。

第二节　陶与瓷

在陶瓷发展史中,陶器出现早、历史长远,瓷器则是在陶器基础上发展出的新器物。

那么陶器如何发展成为瓷器?最早的瓷器出现在什么时候?对于这两个问题,学术界有人提出了"东汉有瓷说",认为陶器经过原始青瓷最终发展为成熟青瓷。在商周时期,陶瓷的发展进入了原始瓷器阶段;战国至西汉,青釉器渐趋成熟;到了东汉时期,才可真正称为"青瓷"。

在浙江上虞小仙坛青瓷窑址和帐子山黑瓷窑址中,发现了我国最早的青瓷。小仙坛窑址中的瓷片和该窑址附近的瓷土矿的化学成分十分接近。制品瓷质光泽,透光性较好,吸水率低,在1260℃—1310℃的高温下烧成。通体施釉,其釉层比原始瓷显著增厚,有着较强的光泽度,胎釉的结合紧密牢固。釉料中含氧化钙15%以上,并在还原气氛中烧成,所以釉层透明,表现有光泽。通过科技考古及科学实验证明,其胎釉都已达到瓷的标准。

1. 陶器

人们把制陶用的黏土,经水湿润后,塑造成一定的形状,干燥后,用火加热到一定的温度,使之烧结成为坚硬的器物,这种器物就是陶器。

陶器的特点是无釉或施以低温釉。

制陶用的陶土含有大量的助熔剂,特别是三氧化二铁的含量比较高。因此,烧成温度一般在900℃左右,最高也不超过1000℃。陶器的坯体烧结程度低,断面粗糙而无光泽,机械强度较低,吸水率大于6%。

2.瓷器

一般来说,瓷器应当具备以下三个条件。

第一,瓷器制造的工艺有较严格的要求,原料须经过精选或淘洗。主要表现在三氧化二铝的提高和三氧化二铁的降低,瓷器胎体较致密,胎体呈白色。

第二,经过 1200℃ 以上的高温烧成,使胎质烧结致密,吸水率低于 3%,基本不吸水,击之发出清脆的金石声。

第三,是在器表施有高温下烧成的釉。胎釉结合牢固、厚薄均匀。

3.原始瓷

我国古代劳动人民经过长期实践,在制陶工艺基础上不断发展,在商代中期创造出了原始瓷器。从我国各地出土的商、周青瓷器来看,已经基本具备了瓷器形成的条件,应当属于瓷器的范畴。它是由陶器向瓷器过渡阶段的产物,也可以说它还处于瓷器的低级阶段,所以称为原始瓷器。

原始瓷器有着坚硬耐用和表面有釉不易污染及美观的优点,原始期的烧制工艺不断得到改进与提高。随着商王朝统治范围的逐渐扩大和商文化与周围各族之间文化交流与相互影响,原始瓷在长江中下游地区和黄河中下游地区均有发现。

原始瓷器的主要生产区域在我国江南地区。到了春秋战国时期,原始瓷器的发展达到了鼎盛时期,其烧制和使用的数量,约占同期陶器总数的 50%。可见当时的原始瓷器手工已经有了很大的发展。

4.陶和瓷的关系

关于陶和瓷的关系,长期以来陶瓷领域一直流行"陶瓷同源说"和"陶瓷异源说"。

"陶瓷同源说"认为陶和瓷有共同起源,瓷器是由陶器产生出来的,主张从陶器发展到瓷器的过程中经历了一个"釉陶"阶段。

粗陶器(公元前 8000—前 10000 年至夏商周)—硬质釉陶(夏、商、周至春秋战国、秦、汉)—早期青瓷(商、周至汉时期)—成熟青瓷(东汉至魏晋时期)—白瓷(隋、唐)—彩瓷(元、明、清)—现代瓷器。

"陶瓷异源说"认为"陶"和"瓷"起源不同,陶是陶,瓷是瓷,陶与瓷是两条线互相独立向前发展:

(1)陶器:土器、瓦器(公元前 8000—前 10000 年至周)—日用粗陶—日用陶器(春秋战国至秦汉)—精陶(汉、唐)—精细陶(元、明、清)—紫砂(明、清)。

(2)瓷器:原始(青)瓷(商、周)—早期瓷器(秦、汉、魏晋)—成熟瓷器(东汉、魏晋至隋唐)—白瓷(隋、唐至宋)—高温色瓷(宋、元、明)—彩瓷(元、明、清)—现代瓷器。

经过常年的讨论之后,现在学术界一般认为瓷器源于陶器,是陶器发展到一定时期,经过窑工们不断地创新改进形成的。印纹硬陶与原始青瓷是同时发展的,经考古发现，二者还存在同窑共烧的关系，两者的原料的化学组成基本相同，最终从原始青瓷发展成为成熟青瓷。

第三节 陶瓷发展史

古代陶瓷发展历史久远，在历史的不同阶段，可看到陶瓷文化蕴含的不同时代特征。从夏商周原始瓷器的出现，到明清时瓷器在制作工艺和装饰技巧上的不断精进，体现出不同时代的审美趣味与风貌特色。

1.夏商周时期

二里头文化时期，陶器以泥质灰陶和夹砂灰陶为多，黑陶（包括黑皮陶）和棕陶次之，红陶极为少见。常见有鼎、罐、甑、盉、觚、豆、簋、钵、三足盘等。在日常生活中多用灰陶，陶器表面多素面磨光，或在磨光面上拍印一些回纹、叶脉纹、涡漩纹、云雷纹、圆圈纹、花瓣纹等，大部分陶器表面饰印篮纹、方格纹与绳纹，并且盛行在陶器表面加饰数周附加堆纹和一些划纹和弦纹。

商周时期，烧窑技术有所改进。在商代中期，陶器品种增多，胎壁减薄，是商代陶器生产的最盛时期，并且创制出原始瓷器。原始瓷器的出现，为瓷器的发展奠定了基础。这一时期，起源于我国江南地区和东南沿海一带的印纹硬陶也有了很大发展。印纹硬陶的胎质比一般泥质或夹砂陶器细腻、坚硬，烧成温度也比一般陶器高，器表拍印几何图案。

春秋前期，北方地区的一些遗址和墓葬中，常见日用灰陶器和板瓦、筒瓦等，很少见到印纹硬陶和原始瓷器。而在南方地区中，除生产一般的灰陶器，还生产印纹硬陶和原始瓷器。

战国时期各地广泛使用的灰陶和东南沿海的印纹硬陶、原始瓷器的生产都有了很大发展。陶瓷业生产更集中，更显专门化，并出现了私营作坊。

2.秦汉时期

秦汉是我国陶瓷发展史上的重要时期。秦汉统一国家的建立和巩固，社会经济繁荣发展，促使制陶手工业再次步入繁盛期。举世瞩目的秦兵马俑便是秦代陶瓷制作业的集中体现，代表了秦王朝制陶工艺的高超水平。

汉代是中国陶瓷历史上的重要转折点。在汉代，器物表面广泛施釉，造型浑厚而饱满，汉代早期，许多器形模仿铜器，整体造型风格端庄，腰腹多用几条弦纹装饰（见图 4-2）。

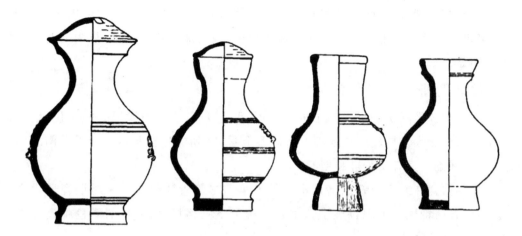

图 4-2　洛阳烧沟汉墓出土陶器

图片来源:中国硅酸盐协会.中国陶瓷史[M].北京:文物出版社,1989:图四十.

　　低温铅釉陶的发明,是汉代陶瓷工艺的又一重大成就。根据考古发现,这种陶器在陕西关中地区首先出现。大约自汉宣帝以后,铅釉技术开始获得较快发展。关东的河南等地也有了较多发现。到了东汉,铅釉陶流行地域十分广阔,西至甘肃,北至长城地带,东到山东,南到湖南、江西等地,均有出土。

　　汉代铅釉陶以氧化钙为主要熔剂,以铅的化合物作为基本的助熔剂,在 700℃左右开始熔融,因此是一种低温釉。其主要着色剂是铜和铁,在氧化气氛中烧成,铜使得釉呈现美丽的翠绿色,铁使釉呈黄褐色和棕红色。铅釉陶的应用和推广,为后来各种不同色调的低温釉的出现奠定了基础。

　　汉代完成了由原始瓷向瓷器的演变过程,最迟在东汉晚期,浙江地区已能成功地烧制出瓷器制品,从而使我国陶瓷发展历史进入了一个崭新的时期。

3.三国两晋南北朝时期

　　这一时期,政局动荡,我国的北方和南方长期处于分裂和对峙的局面。北方地区战事频繁,江南广大地区战乱较少,相对安定,大批贵族士人纷纷南迁,带来先进的文化和生产技术,促进了南方经济的繁荣,为瓷器等手工业的发展创造了有利的条件。这个时期,窑址逐渐遍布东部沿海及长江流域的南方广大地区。

　　三国两晋南北朝的青瓷深入人民生活的方方面面,替代了金属、竹、陶、漆器而成为人民最主要的生活用品。这一时期的瓷器种类繁多,包括碗、盘、碟、钵、罐、洗、盆、盘口壶、尊、扁壶、耳杯、杯、托盘等类别,涉及饮食起居等各个生活领域,说明瓷器在当时生活中的重要地位。另外随葬用的明器包括俑、魂瓶、灶、井、鸡笼、猪圈等,营造出墓主人生前的生活及当时庄园经济的场景。同时,从部分瓷器的纹样、形制中,也可以看出陶瓷的制作也深受佛教文化影响,体现出中华文化对外来文化的包容和吸收。

在南北朝时期,江南陶瓷业发展迅速。在萧山、上虞、余姚一带相继出现了越窑、瓯窑、婺州窑等著名窑址。这一时期的陶瓷注重品质,加工普遍精细,成为当时名门望族的日用品。

4.隋唐时期

隋朝是陶瓷发展史上承上启下的过渡时期,它开启了陶瓷发展新的时代风格,也为未来唐宋瓷业大发展奠定了基础。从造型上看,隋朝的瓷器基本上继承了南北朝的风格,在此基础上又有所改进和创新。

隋代的白瓷在北齐白瓷的基础上继续发展。尽管青瓷仍是这一时期瓷器生产的主流,但北方白釉瓷的出现打破了青釉瓷一统天下的格局,为后世的颜色釉瓷和彩绘瓷提供了发展的物质基础。

进入唐代,唐代瓷业呈现出鲜明的"南青北白"的局面。在南方地区仍然以青瓷为主要生产产品,其中又以越窑青瓷为代表。尤其是越窑中的秘色瓷,更是越窑青瓷中的精品。"秘色"一名最早见于唐代诗人陆龟蒙的《秘色越器》一诗,诗云:"九秋风露越窑开,夺得千峰翠色来。"随着诗人们的传唱,秘色瓷被冠上了"类玉""类冰"的美名。后人对秘色瓷的色彩充满无尽的想象,直到1987年,法门寺地宫的发掘之中出土了13件秘色瓷珍品,才让世人对秘色瓷有所了解。

在唐代,瓷器的器型、器类不断创新,反映出唐代开放的社会风尚和多元化的审美观念,中外文化交流和外来文化互相影响。

如图4-3中的跪坐奏乐陶俑,高11厘米—11.5厘米,于1955年陕西省西安市唐墓出土。陶俑一套6件,均为男性,着圆领袍,裹幞头,系腰带,盘坐或跪坐演奏。所执乐器有竖箜篌、拍板、横笛、排箫、琵琶、笙。唐代宫廷的表演艺术容纳了中外许多民族的乐舞,新编乐舞极为活跃。唐高宗(在位年公元649—683年)后,根据演出规模,将乐舞

图 4-3　跪坐奏乐陶俑

统编为"坐部伎"和"立部伎"两类,各有固定的表演内容。

　　图 4-4 中的骑驼乐舞三彩俑,骆驼头高 58.4 厘米、首尾长 43.4 厘米,舞俑高 25.1 厘米,出土于 1957 年陕西省西安市鲜于庭诲墓。纵观这座俑,骆驼昂首挺立,驮载了五位汉、胡成年男子。中间一位胡人在跳舞,其余四人围坐演奏。他们手中的乐器仅残留下一把琵琶,骆驼载乐陶俑巧妙夸张了人与驼的比例,造型优美生动,釉色鲜明润泽,代表了唐三彩的最高水平。

　　唐代的陶瓷业在这一时期得到了空前发展。不仅制瓷工艺有了很多创造和进步,制瓷的窑场数量和分布都有很大的扩展。

图 4-4　骑驼乐舞三彩俑

5. 宋

　　宋代制瓷业发达兴盛,形成多种瓷窑体系。一些以州命名的瓷窑体系特点明显,大致可以分为以白瓷为特色的定窑系,以白地黑花为特色的磁州窑系,以青瓷为特色的耀州窑、临汝窑系、龙泉窑系,以窑变釉为特色的钧窑系,以青白瓷为特色的景德镇窑等。

　　宋代常见瓷器种类包含碗、盘、碟、洗、砚滴、盏、托、瓶、壶、罐等,造型丰富,兼顾实用与审美的需求。同时,宋代瓷器在造型设计上非常重视旧有形制,开拓了在器形上仿古的先声。

宋代瓷窑众多,绝大部分是民营制瓷手工业。在众多的民营瓷窑之中,少数产品质量较好、距离两宋都城距离较近的瓷窑被朝廷看重,也为宫廷烧造一定数量的宫廷瓷器。北宋晚期出现专门为皇宫烧瓷的所谓官窑,例如汝窑,以及南宋官窑、哥窑等,由此产生了五大名窑:汝窑、官窑、哥窑、钧窑、定窑。

6.元

元代制瓷工艺在我国瓷业发展史上占有极为重要的地位。元代的钧窑、磁州窑、龙泉窑、德化窑等主要窑场,在前代的基础上仍继续生产传统品种。同时,由于外销瓷的增加,瓷窑的生产规模普遍扩大,大型器物增多,烧造技术也更加成熟。形大、胎厚、体重是元代瓷器的显著特点。

元朝在景德镇专门烧造官府用瓷,对景德镇的制瓷业起到了很大的促进作用,使得景德镇在制瓷工艺上有了新的突破。

首先是制胎原料的进步,采用瓷石加高岭土的"二元配方",提高了烧成温度,减少了器物变形,因而能烧造大型器。

其次是青花与釉里红的烧成。"青花"是指用钴料在瓷胎上绘画,上透明釉,在高温下一次烧成,呈现蓝色花纹的釉下彩瓷器。"釉里红"是指用铜红料在胎上绘画纹饰后,罩以透明釉,在高温还原焰气氛中烧成,使釉下呈现红色花纹的瓷器。两种釉下彩瓷器的烧制成功,标志着中国绘画技巧与制瓷工艺的结合更趋成熟。

最后是颜色釉的成功。高温烧成的卵白釉、红釉和蓝釉,说明元代已经能够熟练掌握各种呈色剂。

元代景德镇窑取得的成就,为明、清两代该地制瓷工艺的高度发展奠定了基础。景德镇并因此在日后成为全国的制瓷中心。

元代的磁州窑系是当时北方最重要的瓷器生产者,尤其是白地黑花产品数量惊人。

枢府器是元代官府机构(枢密院)在景德镇定烧的瓷器。胎体厚重,色白微青,恰似鹅蛋色泽,故称之为"卵白",品质较好的器物有模压印花图案进行装饰,器壁多带有两两相对的文字,如"枢""府""福""禄"等字,这种瓷器通常被称作"枢府瓷",或者"卵白釉瓷"。

随着国内外贸易的发展和需要,元代的制瓷业较宋代有了更大的进步,瓷器的海外贸易也有所扩大。据《元史》记载,当时经海上与元朝保持贸易的国家有20多个,包括西亚、东南亚、南非等国。

7.明

明代社会经济发达,手工业发展繁盛,陶瓷的生产取得了辉煌的成就。

明代景德镇的制瓷业在元代基础上迅猛发展,景德镇所产的瓷器,数量大,品种多,质量高,不仅需要满足国内外市场需要,而且还需要负担宫廷御器和明政府对内、对外赏赐和交换的全部官窑器的制作。景德镇也因而成为全国的制瓷中心,代表了当时制瓷的最高水平。

从品种和质量上来说,景德镇的青花器是全国瓷器生产的主流。同时,其他彩瓷也有了长足的进步。以成化斗彩为代表的彩瓷,是我国制瓷史上的空前杰作。后来斗彩的发展又进一步,在嘉靖、万历间的五彩瓷器达到了彩瓷史上又一新阶段。此外,永乐、宣德时期铜红釉和其他单色釉的烧制成功,也表明了当时制瓷工匠的高超技术水平。

明代瓷器的输出主要通过四种途径:明朝政府对外国的赠予;各"入贡"国家使节回程的贸易;永乐、宣德年间郑和大规模的远航贸易;民间的海外贸易。同时青花瓷器制造技术也开始外传到朝鲜、波斯和意大利等地。

如图4-5所示,青花缠枝纹贯耳瓶,高19.7厘米,口径4.8厘米,足径6.5厘米。唇口,直颈,颈的两侧有一对相对称的贯耳。丰肩,鼓腹,腹下渐收,高足,底部书"大明宣德年制"款。

图4-5　明青花缠枝纹贯耳

如图4-6所示,这件坐像高62.6厘米,底座长25.2厘米,宽21厘米,烧自万历年间。

如图 4-7 释迦牟尼头顶螺髻,左臂披衽,右臂袒露,胸饰"卍"字纹,双目微闭,双手叠加腹前,掌中有一宝珠,跏趺坐于莲座之上,莲座下配以底座。底刻"开元寺""大明万历乙卯年漳州府东溪乡""冶子陈福成叩谢"。这尊释迦牟尼坐像,造型端庄,仪态逼真,刻画细腻,表情生动,人体比例合理,衣纹线条流畅灵动,是一件有确切纪年和工匠署名的明代漳窑精品。

图 4-6   明漳州窑白釉释迦牟尼坐像

8. 清

清代,陶瓷器产地比较广泛。但和明代一样,代表整个时代水平的,仍然是瓷都景德镇。清初,景德镇的制瓷业一度处于停滞状态。直到康熙十九年(1680)左右,景德镇的制瓷业才有了突飞猛进的发展,景德镇成为当时繁荣的城市。

清代前期的康熙、雍正、乾隆三朝,达到了我国制瓷工艺的历史高峰。凡是明代已经有的工艺和品种,大多都有所提高和创新。清代青花和釉里红瓷器烧造技术进一步提高。同时还创制了许多新的彩釉和品种,例如粉彩、珐琅彩、釉下三彩、墨彩和天蓝釉、珊瑚红以及采用黄金为着色剂的胭脂红等。这一时期出现了丰富多彩的釉上彩,如民间五彩、珐琅彩、粉彩、斗彩、素三彩等品种。珐琅彩、粉彩瓷器是清朝瓷器的重大发明。珐琅彩是国外传入的一种装饰技法;粉彩是在康熙五彩的基础上受珐琅彩的影响而产生的新品种。

嘉庆时期,清代制瓷业呈现萎缩的趋势,逐渐由盛世渐趋衰落。

如图 4-7 所示,这件器物高 31.3 厘米,口径 25.1 厘米,是景德镇御窑为圆明园海晏堂烧制的陈设品,敞口,短颈,丰肩,鼓腹,腹下部内敛,肩颈之间雕贴一对白色的展翅剪尾燕子作为耳。外壁施霁青色釉,以金彩绘蕉叶、缠枝花卉等纹饰,近足部饰粉彩仰莲纹及联珠纹。外底有青花篆书"大清乾隆年制"六字款。此尊需多次入窑和施彩,制作集雕、贴、凸压之大成,工艺高超。

图 4-7　清乾隆霁青金彩海晏河清尊

总而言之,陶瓷是我国古代手工业的一项辉煌成就,它不仅历史悠久,更体现出我国传统文化的包容性、多样性,以及工匠们精湛的技术和不断进取的追求。也正因此,我国传统的陶瓷工艺美术品,才能因为质高形美而不断远销海外,闻名于世界。

思考题:

1.陶器和瓷器的区别?

2.北方白釉瓷出现的意义和影响。

3.简述元代景德镇在制瓷工艺上的三大突破。

参考文献:

[1] 北京大学考古文博学院,江西省文物考古研究所.仙人洞与吊桶环[M].北京:文物出版社,2014.

[2] 邓禾颖,唐俊杰.南宋官窑[M].杭州:杭州出版社,2008.

［3］冯先铭.中国古陶瓷图典［M］.北京:文物出版社,1998.

［4］冯先铭.中国陶瓷［M］.上海:上海古籍出版社,2001.

［5］耿宝昌,涂华.中国古代名窑系列丛书［M］南昌:江西美术出版社,2016.

［6］故宫博物院.故宫陶瓷图典［M］.北京:故宫出版社,2010.

［7］郭演仪,王寿英,陈尧成.中国历代南北方青瓷的研究［J］.硅酸盐学报,1980(3):30-41,125-126.

［8］李家治.中国古代陶瓷科学技术成就［M］.上海:上海科学技术出版社,1985.

［9］李家治.中国科学技术史陶瓷卷［M］.北京:科学出版社,1998.

［10］刘呆运,赵海燕.圆似月魂坠 轻如云魄起 西安出土隋代白瓷赏析［J］.收藏家,2014(7):13-16.

［11］刘毅,袁胜文.北方早期青瓷初论［J］.中原文物,1999(2):82-87.

［12］刘镇强,邓婉文,何嘉宁,等.广东英德市青塘遗址［J］.考古,2019(7):3-15.

［13］彭善国.辽代青白瓷初探［J］.考古,2002(12):64-74.

［14］四川省博物馆.四川省长江三峡水库考古调查简报［J］.考古,1959(8):398-403.

［15］四川省博物馆.巫山大溪遗址第三次发掘［J］.考古学报,1981(4):461-490,551-558.

［16］四川省长江流域文物保护委员会文物考古队.四川巫山大溪新石器时代遗址发掘记略［J］.文物,1961(11):15-21,60,71.

［17］孙键.南海沉船与宋代瓷器外销［J］.中国文化遗产,2007(4):32-45.

［18］吴隽.陶瓷科技考古［M］.北京:高等教育出版社,2012.

［19］吴小红,张弛,保罗·格德伯格,等.江西仙人洞遗址两万年前陶器的年代研究［J］.南方文物,2012(3):1-6.

［20］杨佳梅,张润平.中国瓷器简明读本［M］.北京:新华出版社,2016.

［21］袁家荣.湖南旧石器时代文化与玉蟾岩遗址［M］.湖南:岳麓书社,2013.

［22］浙江省文物考古研究所.河姆渡——新石器时代遗址考古发掘报告［M］.北京:文物出版社,2003.

［23］中国硅酸盐学会.中国陶瓷史［M］.北京:文物出版社,1982.

［24］中国科学院考古研究所,陕西省西安半坡博物馆.西安半坡［M］.北京:科学出版社,1993.

［25］中国社会科学院考古研究所.唐长安城郊隋唐墓［M］.北京:文物出版社,1980.

［26］朱伯谦.中国陶瓷全集［M］.上海:上海人民美术出版社,2000.

第五章

考古发现
与史前玉器文化

中国玉器有着悠久的历史文化传统。我国古代玉器造型丰富多彩,图案精巧别致,制作工艺精湛,具有优秀的艺术传统和独特的文化传统,是中华民族传统文化的重要组成部分。本章将分成四个部分,从玉器的定义、玉器研究历史、中国最早的出土玉器和新石器时代的玉器来讲述考古发现与史前玉器文化。

第一节　玉器的定义

中国是崇玉之邦。玉因其别具特色的自然属性,使人们对它有着特别的喜爱与推崇,自古便被人格化,被赋予了美好的品格,"君子比德于玉"便说明了人们对于玉的特殊感情。关于玉器的定义,历史时期的传统说法与现在迥然不同。

一、传统说

传统说认为,玉,石之美者。

玉德的观念形成于西周,玉德学说形成于东周,经春秋、战国、两汉传播至今。在

《礼记》《管子》《荀子》《说文解字》等古代典籍中都有明确论述。以玉德的条目多少而言,则有十一德、九德、七德、六德、五德等学说。

其中比较典型的是十一德说和五德说。

(一)十一德说

《礼记·聘义》记载:"言念君子,温其于玉,故君子贵之也;夫昔者君子比德以五德说为例,于玉,温润而泽,仁也;缜密而栗,知也;廉而不刿,义也;垂之如坠,礼也;叩之其声清越以长,其终拙然,乐也;瑕不掩瑜,瑜不掩瑕,忠也;孚尹旁达,信也;气如长虹,天也;精神见于山川,地也;圭璋特达,德也;天下莫不贵者,道也。""十一德说"指的就是玉的这十一种美德。

(二)五德说

五德说分为两种。

第一种在刘向的《五经通义》中有记载:"玉有五德:温润而泽,有似于智;锐而不害,有似于仁;抑而不挠,有似于义;有瑕于内,必见于外,有似于信;垂之如坠,有似于礼。"

第二种在许慎的《说文解字》中有解释:"玉,石之美者,有五德。"五德是指:"润泽以温,仁之方也;䚡理自外,可以知中,义之方也;其声舒扬,専以远闻,智之方也;不挠而折,勇之方也;锐廉而不忮,洁之方也。"

许慎的五德说是指:玉,石之美者,是因为它表现出有五种品德。玉有温润质感和光泽,是它的仁;玉的质地里外如一,是它的义;玉的声音悦耳,敲击后很远都能听见,是它的智;玉的不挠而折,是它的勇;玉的洁净而不伤人,是它的洁。

综合上述"五德说"来看,古人认为玉是珍贵的天然石头,其表面温润,有光泽,有一定的硬度和韧性,做成器物后敲击的声音悠扬悦耳。

孔子是儒家学派的创始人,他所提倡的玉有十一德之说影响深远,后世有"君子无故,玉不去身""君子温其如玉,故君子贵之也""君子必佩玉"等说法,这说明玉德的观念深入人心,玉已经成为约束"君子"行为的一种规范。到了独尊儒术的汉代,许慎提出玉有五德,玉德的内涵自此固定下来。

玉德说,以玉比德,将玉和德结为一体,是中国玉文化的核心内涵。

二、现代说

《辞海》定义"玉"为:温润而有光泽的美石。

《矿产工业要求参考手册》定义"玉"为:玉是一种白色或绿色、结构致密的石料的总称。

国标《GBT 16552—2010 珠宝玉石名称》中对玉石的定义为:"玉石是自然界产出

的具有美观、耐久、稀少性和工艺价值的矿物集合体,少数为非晶质体。"

夏鼐先生认为:"玉字在今日中国有广、狭二义:广义的仍是泛指许多美石;狭义的或比较严格的用法,也是专指软玉和硬玉。考古学中使用的名词,应该要讲求科学性,所以我们已应当采用矿物学的定名。"目前矿物学界认定的玉器,只有闪石玉(软玉)和辉石玉(硬玉)两种。

闪石玉是一种具链状结构的含水钙镁硅酸盐。它是造岩矿物角闪石族中以透闪石、阳起石为主,并含有其他微量矿物成分的显微纤维状或致密块状矿物集合体。硬度为6—6.5。韧性极强,质地细腻,坚韧,抛光后表面十分明亮。

辉石玉是一种钠和铝的硅酸盐,纯净者无色或白色。还有微量的铬、镍等。其中,铬是使辉石玉具有翠绿色的主要因素。辉石玉硬度为6.5—7。

纵观玉器概念的发展历史,玉器的概念是不断扩充的。广、狭义的玉器概念,不是互相孤立的,而是互相补充的。

第二节　玉器研究历史

我国玉器的使用和玉文化历史悠久,有关的记载也出现甚早。今见最早的玉器专书是宋朝吕大临的《考古图》和龙大渊的《古玉图谱》,两书仅列图谱,而无考证。元代有朱泽民的《古玉图》,书中记载了几十种玉器。明清记玉之书渐多,但真正称得上古玉研究专著的很少,清末吴大澂《古玉图考》是为数不多的玉器研究著作,该书共收录玉器近200件,种类近40种,按类记述器物尺寸、名称、用途、年代,并附有考释。书中古玉图由吴大澂绘制。

19世纪下半叶以来,我国古代玉器也引起了外国学者和藏家的关注。他们应用矿物学方法对清代"帝王玉"进行了检验,首次解释了和田玉和翡翠的化学成分、纤维结构、物理性能等内涵与特征及其科学结论,弥补了我国古玉研究所采取的传统考据方法的不足。

20世纪30年代,我国第一代考古学者对正式发掘出土的玉器进行了检验和研究,特别是新中国成立后,随着玉器的大量出土,科学方法和多学科研究的深入,从地质学、历史学、宗教学、美学等多角度,对玉器开展调查与研究,取得了可喜的成绩。

第三节　中国最早的出土玉器

　　玉器是人类在探索自然的过程中，在对美的追求中，由物质文化向精神文化发展的产物。早在旧石器时代晚期，美的观念已经深入人心。在更新世晚期的山西峙峪遗址，就出土过一件水晶制作的小刀和一件由一石穿孔而成的石器装饰品，显示了制作者高超的技术。

　　山顶洞遗址共出土穿孔器物 142 件。包括兽牙 125 件，石珠 7 枚，小砾石 1 件，骨坠 4 件，海壳 3 件，青鱼眼眶上骨 1 件，骨针 1 件。这是目前我国出土穿孔器物数量最多的遗址。据研究，其穿孔方法多样，包括钻、刮挖、磨制三种。说明当时人已经能够根据不同质料和不同目的使用不同的方法，已经不是穿孔技术的最早期阶段。

　　在整个旧石器时代，由于主观认识和客观条件的限制，尚无法制造出真正的玉器，但长期实践使人们积累了大量加工石器的基本经验，了解了打磨、钻孔等加工石器的方法，为玉器的生产、加工奠定了基础，最终孕育出发达的玉文化。

　　在余姚河姆渡、阜新查海、敖汉旗兴隆洼等遗址中也出土了早期的玉器。浙江余姚河姆渡文化遗址第 3、4 层出土的管、珠、璜、玦等玉器，但质地较差，制作亦较粗糙，具有一定的原始性，是太湖流域及东南沿海地区早期玉器的例证。在辽宁阜新查海的新石器早期遗址内，共出土有玉器 27 件，种类包括斧、凿、匕、玦、管等。无论是质料、造型还是制作技法都比较精美。1992 年 7—10 月，内蒙古考古工作队在赤峰市敖汉旗宝国吐乡兴隆洼村出土了两件玦，年代约为距今 8200 年。

　　关于早期玉器最新的考古材料出自黑龙江饶河县小南山遗址。2015—2017 年和 2019 年的考古发掘工作，共清理 9 座新石器时代墓葬，出土陶器、石器和玉器等遗物。以 8 座早期墓葬为代表的遗存代表了一支新的考古学文化——小南山文化。玉器是小南山遗址的突出特征。2015 年发掘的早期墓葬遗存共出土 12 件玉器（见图 5-1），包括珠、管、璧、斧及玉斧改制的玉料。斧是最大的一件玉器，柄部和刃部圆弧。据拉曼光谱和 X 荧光射线分析，光泽莹润者多为透闪石玉，光泽暗淡者常为蛇纹石玉。

　　小南山早期墓葬遗存中的玉器是我国境内目前发现的最早的玉器之一，填补了黑龙江省东部地区新石器时代早期文化的空白，并为研究东亚玉文化的起源和传播等提供了新的材料。

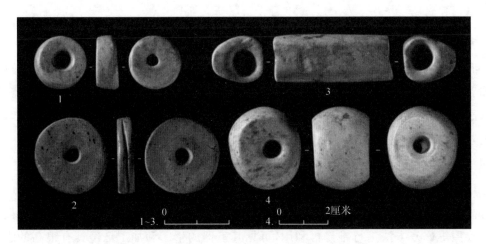

图 5-1　小南山遗址玉器

图片来源：李有骞,杨永才.黑龙江饶河县小南山遗址 2015 年Ⅲ区发掘简报[J].考古,2019(8):图 41.

第四节　新石器时代的玉器

至新石器时代中晚期,玉器在中华大地蓬勃发展,大放异彩,玉器的使用地区呈北起辽河流域,南至珠江流域,东濒东南沿海广大地区的半月形分布。分布在这一地区的玉器文化经过长期交流、实践,在新石器时代的中晚期形成了各具鲜明特色的玉文化。最具代表性的有:红山文化玉器、良渚文化玉器、凌家滩文化玉器、大溪文化玉器,以及受东北地区和长江中下游地区玉器文化影响,但又保留着自身特色的黄河流域地区的龙山文化玉器。

一、红山文化玉器

分布于辽河流域的红山文化,是我国东北地区的代表性新石器文化。

红山文化的玉器除少数采集品不明出处外,其余的均出土于中小型墓葬中。红山文化玉器的质料基本上是就地取材的岫岩玉,种类较为单一,另外有少量的青玉、玉髓、玛瑙和煤玉。

红山文化的玉器多为装饰品,依造型和题材,可以分为动物形玉饰和其他佩饰。以动物形玉饰较为多见,有玉龟、玉鱼、玉鸟、玉龙首璜、长鬃龙、猪龙形玉饰等;其他佩饰包括勾云形玉饰、马蹄形玉箍饰、兽面纹丫形器、方圆形玉璧、双联或三联玉璧、玉环、玉珠和棒形玉等。器形一般较小,但采用大块面雕刻手法,造型概括、简练、质朴。

从组合上来看,红山文化墓葬中的玉器组合,主要为勾云形玉饰、马蹄形玉箍饰、猪龙形玉饰及玉龟、玉鸟等。玉器的摆放具有一定规律,如勾云形玉饰和马蹄形玉箍饰置于人骨头部或胸部,猪龙形玉饰放在人骨腰部,玉鸟置于胸部。

有学者对巴林右旗红山玉器制作工艺进行了深入研究。通过显微观察,辅以拉曼光谱和 X 荧光光谱等材质检测,使工艺微痕和玉料材质性能相结合,归纳出红山玉器的生产制作流程、制作工艺。红山文化时期工匠们已经可以对开采的玉料进行构思,将器物设计为六种主要造型:筒状、片状、块状、环状、柱状和粒状。而后借助解玉砂对其进行开料切割、加工玉坯料;之后采用管钻和实心钻进行成形型钻孔和装饰型钻孔。造型完成后,玉工将进行纹饰加工(雕刻、镂空)和打磨抛光的精细加工。巴林右旗红山玉器具有高超的打磨抛光工艺,当玉器在使用过程中发生损坏,玉工们会使用常规修整、连缀和改型等修复方法进行维修再利用,可见其玉器的生产和加工已经具有很高的水平。

红山文化玉器造型上讲究对称和神似,以熟练的线条勾勒和精湛的打磨技艺,将动物形象表现得活灵活现,栩栩如生。典型的玉器就是大型玉猪首龙(见图 5-2),周身卷曲,吻部高昂,毛鬃飘举,是红山文化玉器的代表性器物。

图 5-2　红山玉猪龙

图片来源:杨伯达.中国史前玉器史[M].北京:故宫出版社,2016:图 57.

目前有明确出土位置的红山文化玉器都是墓葬中的随葬品,这些墓葬的主人应该是当时的萨满。玉器上多有穿孔,可缝缀于织物上或直接穿绳佩挂,作为萨满神服上的饰物或佩戴的法器。因此有学者推测红山文化的玉器可能是萨满神服上的神器。

二、良渚文化玉器

良渚文化于 1936 年发现于浙江省余杭良渚镇,1959 年正式命名,其分布的中心地区在钱塘江流域和太湖流域,而遗址分布最密集的地区则在钱塘江流域的东北部、东部。

　　良渚文化继承了崧泽文化的治玉技术,但却创造了独具特色的工艺流程。良渚时期出现琮、璧等体量较大的玉器,加工采用柱状成坯工艺,并搭配以线切割技术,提高了生产效率和制作工艺,为良渚精美玉器大规模生产奠定技术基础。

　　良渚玉器按照器形来分有琮、璧、冠状器、三叉形器、柱形器、锥形器、镯、半圆形饰、璜、牌饰、串饰、新月形饰、动物形饰、带钩、钺、端饰和柄形器等。从用途来看,琮、冠状器、钺、三叉形器、璜、锥形器为玉礼器,用以标志身份。与玉礼器对应的是统一的神徽的表现。许多良渚玉器上雕刻有神徽图案,而且琮、冠状饰、钺柄端饰等许多玉礼器的构形都与表现这一神徽有着直接关系。

　　良渚玉器的表现手法以阴刻线为主,辅以浅浮雕、镂孔透雕等手法。以神徽图案为例,常以单(双)阴线刻的圆圈象征眼睛,两眼之下常浅浮雕出略呈长方形鼻,鼻下阴刻出嘴部,或再以弧线勾勒出脸庞。反山出土的琮王上所刻神徽图像高不足 3 厘米,宽不到 4厘米,但神人、神兽形象逼真、线条细如发丝,甚至能在 1 毫米的宽度内刻出四五条细线。

　　图 5-3 是良渚反山墓地出土的一件玉钺王。通长 17.9 厘米,刃宽 16.8 厘米,最厚

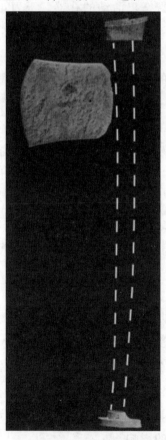

图 5-3　良渚玉钺

图片来源:浙江省文物考古研究所.良渚王国[M].北京:文物出版社,2019:81.

处0.9厘米。玉钺呈风字形,靠近顶部有一小钻孔。刃角分别雕刻图像,两面对称。上角为完整的"神徽",下角为侧视的鸟纹。瑁、镦与玉钺配套出土,两者相距70厘米。可能是原先装柄的长度。

钺是象征军权的重要武器,而玉钺作为首领的权杖象征着墓主人集军权、王权于一身的特殊地位。

三、龙山文化玉器

龙山文化时期,黄河流域玉器突然兴起,虽不及红山、良渚玉器之辉煌,但陕西神木石峁、山西襄汾陶寺等地,也发现了成批的玉器,且大多具有礼器的性质,其重要的意义同样不可低估。

在已发掘的龙山文化遗址中,神木石峁的玉器数量相对较多。这些玉器由墨玉、玉髓、石英岩、大理石岩、蛇纹石岩等质料制成,器形有牙璋、圭、斧、钺、戈、刀、璧、璜等。制作精美。玉器多出土在墓葬中。这批玉器除玉璧、玉璜可用作佩饰外,其余玉圭、玉斧、玉钺、玉戚、玉刀的刃部钝厚,无使用痕迹,并非实用器,而应是当时的礼器。特别是玉牙璋,发现了28件,应是举行祭祀活动的礼器。玉刀,发现近40件,刀身有钻孔,同样不能实用。玉钺、玉戚、玉斧、玉戈是象征权威的法器。玉璧虽可做装饰,但也是一种礼器。

此外,在延安芦山峁发现的玉琮,分为上下两节,并雕有兽面纹。具有浓郁的良渚文化玉琮风格,且保留着早期玉琮的形态。

山西襄汾陶寺遗址,出土的玉器有玉钺、玉琮、玉铲等礼器和制作精良的玉梳、玉管、玉臂环等。凡是较大型的墓,随葬的玉器也就较多。在9座大型墓葬中,出土玉钺、玉琮等。玉钺没有使用的痕迹,且与代表王权的重器同出,表明它不是实用器,而是礼仪用具。

山东日照两城镇龙山文化遗址中层曾发现成坑的半成品玉材,说明玉料来源十分丰富。与生产工具有关或仿照实用生产工具样式制作的玉符、玉锛、玉铲、玉刀、玉凿等显著增多。

四、大溪文化玉器

大溪文化是分布于中国长江中游地区的新石器时代文化,因重庆市巫山县大溪遗址而得名,分布范围主要集中在长江中游的两湖平原地区。

大溪文化的玉器体形较小,主要为装饰类玉器,主要有璜、玦、璧、环、镯、坠饰、耳饰等,其中以前两者最多。从璜、玦、环等玉器的形制来看,明显表现出受到了长江下游地区的马家浜文化、崧泽文化的影响。

大溪文化还有一类圆雕玉器,主要有人形、人面形、狗、熊、羊、猴、野猪、穿山甲等,多作为挂饰。这类器物集中出土于大溪文化遗址中,具有非常强烈的地域特色,几乎不见于同时期其他考古学文化中,代表着本地玉文化的特色。

五、凌家滩文化玉器

凌家滩文化的年代与红山文化年代相当,略早于良渚文化。凌家滩文化墓葬出土的玉器,品种丰富,琢磨精致,造型独特。种类有玉人、玉龙、璜、璧、环、玦、镯、钺等,还有玉冠形饰、玉龟、玉刻图长方形片、玉鹰、玉坠饰等。

凌家滩玉器的制作工艺包括开料制坯、钻孔打眼、琢纹刻花、研磨抛光等。有关凌家滩玉器制作工艺,有学者通过微痕观察,认为凌家滩琢玉技术首先开创砣切磨技术,砣具的使用突出表现了凌家滩玉匠们的创造智慧和高度发达的琢玉技术。发达的治玉工艺为此后多种器物造型的出现提供了技术基础和经验。出土的玉器经测定质地,有透闪石、阳起石、叶蛇纹石等,应当为就地取材。

凌家滩出土的玉器(见图5-4),不但精美而且品位极高,出土的玉龙、玉鹰、长方形玉片、玉龟、玉人、大型玉钺、玉戈、玛瑙斧等,突出原始宗教在凌家滩社会组织中占有重要的地位,尤其是动物造型的玉器应当与原始宗教有关。

图 5-4　凌家滩玉版

图片来源:杨伯达.中国史前玉器史[M].北京:故宫出版社,2016:图 69.

学界普遍认为凌家滩出土的玉版及其上面的八角星纹与原始宇宙观有关,但对八角星纹代表的具体含义尚有争论。可以肯定的是,八角星纹是凌家滩先民对天地、时空认知的体现,代表了先民们原始的宇宙观,与原始宗教有一定关系。

综合石器时代的玉器文化,可以总结其特点:

1. 中国古代玉器最初是以装饰品形式出现的,玉制饰品在石器时代自始至终占据着相当重要的地位。新石器时代中晚期以后,具有原始信仰性质的礼器兴起,这类器物的出现标志着等级观念和原始宗教观念的出现,并将玉器作为这一观念的具体体现。

2. 中国古代玉器在原始宗教中充当了极其重要的中介作用。红山文化的玉龙和玉猪龙等,并不是纯粹的动物形装饰品,应当与原始的信仰和崇拜有关;以琮、璧为代表的良渚文化玉器则代表了我国史前玉器发展的水平。玉琮作为良渚文化的重器,在祭祀中具有沟通天地的重要作用,它的大量出现反映出良渚文化时期原始宗教的地位。

3. 以玉龙、兽形饰为代表的红山文化动物形玉饰;以大型琮、璧为代表的良渚文化玉礼器;以刀、戈等象征性武器工具为代表的龙山文化玉礼兵器,代表了我国新石器时代中晚期各地形成的独具地方特色的玉文化。

玉器所具备的代表原始审美和宗教信仰的特质,决定了它在我国新石器时代晚期,逐渐进入社会复杂化阶段所特有的社会功能,玉就成了政治神秘化的物质表现,作为国家政治权力的象征物。

进入到青铜时代,玉器文化继续发达,玉器制作精良,质量上乘,但就其用途而言,仍然是集祖先与神灵崇拜为一体的礼器,在功能上也是史前玉器的继续、延伸和扩大。此后,经过数千年的积淀,最终塑造出中国人"以玉比德"的世界观和"类玉"的审美观,人们把最美好的品质都倾注到玉身上,孕育出中华民族特有的崇玉文化。

思考题:

1. 谈谈对"玉德说"的看法?
2. 请分别谈一谈玉器的广义说和狭义说。
3. 谈谈史前玉器文化的特点。

参考文献:

[1] 邓聪,刘国祥,叶晓红.名家论玉(一)[M].北京:科学出版社,2009.

[2] 方泽.中国玉器[M].北京:清华大学出版社,2014.

[3] 贺云翱.长江流域早期玉文化初论(上)[J].南方文物,2004(2):13-25.

[4] 贺云翱.长江流域早期玉文化初论(下)[J].南方文物,2004(3):42-48.

[5] 黄苑.凌家滩遗址出土玉器研究[D].山东:山东大学,2011.

[6] 贾兰坡,盖培,尤玉柱.山西峙峪旧石器时代遗址发掘报告[J].考古学报,1972(1):39-58.

[7] 李有骞,杨永才.黑龙江饶河县小南山遗址 2015 年Ⅲ区发掘简报[J].考古,2019

(8):3-20.

[8] 刘斌.良渚古城综合研究报告[M].北京:文物出版社,2019.

[9] 裴文中.周口店山顶洞之文化(中文节略)[J].文物春秋,2002(2):1-7.

[10] 王强.史前穿孔技术初论[J].四川文物,2009(6):46-53.

[11] 王荣,李一凡,曹布敦嘎,等.内蒙古巴林右旗红山玉器制作工艺研究[J].考古与文物,2017(4):28-38.

[12] 夏鼐.有关安阳殷墟玉器的几个问题[M]//中国社会科学院考古研究所.殷墟玉器.北京:文物出版社,1982.

[13] 辛岩.查海玉器的发现及认识[C]//玉魂国魄——中国古代玉器与传统文化学术讨论会文集.北京:北京燕山出版社,2002.

[14] 杨伯达.论中国古代玉器艺术[J].故宫博物院院刊,1995(S1):144-167.

[15] 杨伯达.中国古代玉器的发展历程(上)[J].故宫博物院院刊,1988(6):151-155.

[16] 杨伯达.中国古代玉器的发展历程(下)[J].故宫博物院院刊,1989(1):121-131.

[17] 杨伯达.中国古代玉器面面观[J].故宫博物院院刊,1989(2):31-40,97-98.

[18] 杨伯达.中国古玉鉴定的传统方法与科学方法之比较[J].收藏家,1996(4):18-19.

[19] 杨伯达.中国史前玉器史[M].北京:故宫出版社,2016.

[20] 杨伯达.中国玉器全集[M].石家庄:河北美术出版社,2005.

[21] 俞伟超.含山凌家滩玉器反应的信仰状况[M]//凌家滩文化研究.北京:文物出版社,2006.

[22] 张敬国,杨竹英,陈启贤.凌家滩玉器微痕迹的显微观察与研究——中国砣的发现[J].东南文化,2002(5):16-27.

[23] 浙江省文物考古研究所.河姆渡[M].北京:文物出版社,2003.

[24] 中国社会科学院考古研究所内蒙古工作队.内蒙古敖汉旗兴隆洼聚落遗址1992年发掘简报[J].考古,1997(1):1-26.

[25] 周晓晶.红山文化玉器研究[D].吉林:吉林大学,2014.

第六章

考古发现
与中国古代音乐

古代音乐是一种特殊的研究对象,音乐本身通过声音进行传递,随着声音消失而消逝,只有留下大量实物器具作为窥探古代音乐艺术的实体媒介。现在我们可以将声音数字化,用磁带、CD等载体保留下来,但在古代,人们没有能够留住音乐的工具,因此想要对中国古代音乐进行研究就离不开与之相关的文献与考古材料。这种对音乐相关遗存的研究也被称作"音乐考古"。

第一节　中国古代音乐发展概说

一、史前时期的中国音乐

中国的音乐可以上溯到混沌神秘的洪荒时代,在先秦的文献中对于史前的音乐有着不少描述。例如《尚书·皋陶谟》中就提到:

　　夔曰:"戛击鸣球、搏拊琴瑟以咏,祖考来格,虞宾在位,群后德让。下管鼗鼓,合止柷敔,笙镛以间,鸟兽跄跄。《箫韶》九成,凤凰来仪。"夔曰:"於!予击石拊石,

百兽率舞,庶尹允谐。"

从以上文献中可见音乐在史前社会具有通万物之灵的功能,动物能够听懂人的音乐,并做出一定反映,在这过程中人又借助音乐使世间万物达到和谐。但从考古资料来看,书中提及的一些乐器还没有实物对应,人们仍在积极探索音乐的最早样貌。

关于音乐的起源,目前学界众说纷纭,主要观点有以下几种。

1.情感说:随着生产力提高,先民的社会生活愈发复杂,人们在日常生活中常常需要表达感情如求偶等,这些情感外化显现出来而成为最初的音乐。

2.模仿说:人们在与自然长期的相处中,从自然中获得灵感与情趣,模仿自然的音响进而促使音乐的产生。

3.劳动说:先民在集体劳动中为了协调动作而发出有节奏音高的呼声,进而形成了音乐。《吕氏春秋·淫辞》中记载了一条劳动号子:"今举大木者,前呼舆谑,后亦应之。此其于举大木善矣。"

4.巫术说:这种观点在世界范围内有着影响力,这部分学者认为音乐是在乞求神灵庇佑的过程中产生的。原始社会中人们的生产生活很大程度上依赖于自然,因此常常需要向"自然之神"请求庇佑,音乐与舞蹈就成为与神灵沟通的工具。《吕氏春秋·仲夏纪·古乐篇》:"昔古朱襄氏之治天下也,多风而阳气蓄积,万物散解,果实不成。故士达作为五弦瑟,以来阴气,以定群生。"

这一时期出土的乐器主要有骨哨、骨笛、陶埙、陶钟、石磬、鼓(见图6-1)等。虽然形制装饰上有着粗犷、原始的特征,但都表现出史前先民蓬勃的创造力。

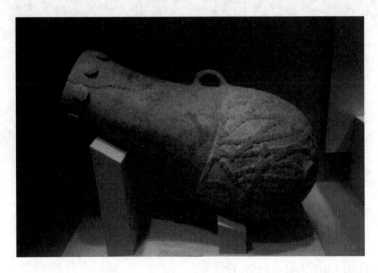

图 6-1　陶寺土鼓

二、商周时代的中国音乐

商周时期又被称为是中国的"青铜时代",青铜冶炼技术在这一时期快速发展,大量青铜乐器被使用,这也是这一时期中国音乐的重要特征之一。

商代出土较多乐器的遗址有二里头遗址、安阳殷墟、妇好墓等;西周时期则在中原地区出土了大量乐器。目前可以看到的乐器材质主要为铜器、石器、陶器,推测存在使用动物和植物制品的可能性,但由于长期掩埋难以留存。在沿袭前代的基础上,商周乐器的种类更多元化,至西周时期文献中已出现了70余种乐器。

西周时期音乐的繁荣与实行的礼乐制度密不可分。据载西周初年,周公旦在总结殷商的典章制度基础上制定了一套严密的等级制度,规定贵族所享受的礼仪乐舞必须与其所处的等级相一致。在加强王权统治之外,"音乐"的社会功能在此之中也得到了加强,主要通过"乐悬"制度体现。"乐悬"本义指的是如钟磬一类大型编悬乐器,而"乐悬"制度指的就是各等级的贵族只能使用该等级可以享用的乐器组合(见图6-2)。《周礼》载"王宫悬,诸侯轩悬,卿大夫判悬,士特悬":"宫悬"指像宫室一样将乐器摆列四面;"轩悬"指摆列三面;"判悬"指摆列两面;"特悬"则是再减一面为只能享用单面乐器。

图 6-2　晋侯苏编钟

三、春秋战国时期的中国音乐

在春秋战国时期,西周时建立的礼制遭到了极大破坏,这一破坏在音乐方面主要体现在各个阶层的贵族不再依据原有的等级制度享用音乐,贵族超规格享用乐舞使乐器制造量大大增加,即"礼崩乐坏",也使这段时期的乐器出土数量也呈现了一定的上升趋势。春秋战国时期的文化思想繁荣,"百家争鸣"的盛况也影响到了音乐领域,这一时期出现了前代未曾出现的乐器类型,依据现有的考古资料,有如琴、瑟、筝等弦乐器,笙、竽等簧管乐器,扁钟、镈于、钲、铎等青铜乐器。另外,这一时期还出现了图像类的音乐相关考古资料,一般这些图像以其他器物为载体如壶、盘、鉴等,不仅表现乐器本身形象,更反映了当时演奏的场景,具有重要的历史价值。

这一时期曾侯乙墓(见图 6-3)的发掘是音乐考古界的一大发现,首次发现了许多已失传的古乐器,为古代音乐研究提供了大量素材,使人们对古代音乐有了新的认识。

图 6-3 曾侯乙墓复原图

四、秦汉时期的中国音乐

进入大一统的秦汉时期,"礼乐"思想虽被进一步延续,如汉代的"独尊儒术"等,但"礼乐"制度已随着青铜时代的结束而逐渐消失。先秦时制作编钟的技术目前仅在山东章丘洛庄汉墓出的编钟中可见。

这一时期中原地区与西域各族的往来频繁,尤其是西汉时"丝绸之路"打通之后,密切的文化交流对这一时期的音乐面貌也产生了较大影响,考古出土了来自两河流域和波斯地区的乐器。从文献上看,这一时期经常出现且有明显西域特色的乐器有胡笳、羌笛、箜篌、琵琶、五弦、号角等,遗憾的是尚未发现相关出土实物。所幸汉代音乐图像类文物急剧增多,为学者了解当时音乐发展情况提供了大量资料,这主要包括画像砖和彩绘壁画,这类文物的增多与汉代流行厚葬以及在墓室墙壁上雕刻、绘画的风气有关。

　　这一时期最突出的考古成果当推山东洛庄汉墓的发现,第14号陪葬坑为乐器专用坑,史无前例地出土了大量保存完好、组合完备的编磬,并首次出土串铃(见图6-4),首见铜铃和镈于、钲同出一墓,这一系列发现在一定程度上揭示了当时的音乐制度和礼仪制度,也留下了不少谜团有待后来学者揭开。

图6-4　洛庄汉墓出土的串铃

五、魏晋隋唐时期的中国音乐

　　魏晋隋唐时期又可分为三国两晋南北朝时期和隋唐五代,其中三国两晋南北朝时期是一个政治大动荡时期,汉民族与少数民族在文化上发生着频繁的交流,主要包括西亚、中亚、南亚。相应地,这一时期也有很多异民族乐器传入中国,如曲项琵琶、五弦琵琶、筚篥、方响、锣、星、达卜及各种鼓类乐器。虽然囿于乐器不易保存而导致实物出土资料较少,但仍可以从这一时期丰富的图像资料进行研究。尤其是由于佛教的传入,洞窟大量营建,当中的壁画不少涉及音乐内容,具有代表性的有敦煌莫高窟壁画、克孜尔石窟壁画(见图6-5)。

图 6-5 克孜尔千佛洞壁画

　　隋唐五代时期则是音乐史上又一繁盛期,实物与音乐图像都有较多留存,值得一提的是日本正仓院保存了一批唐代乐器,非常具有研究价值。

六、宋元明清时期的中国音乐

　　宋元明清时期较其他时期离我们更近,因此这一时期的文献与实物资料都非常丰富,其乐器形制也与当今类似。其中宋代与清代都曾出现过复古思潮,意欲效仿三代礼制,加之宋代肇始的金石学发展愈发精深,人们已开始对前代乐器进行研究,也就出现了音乐专著,如陈旸的《乐书》等,不过需要注意的是内容并不完全客观准确,尤其对上古乐器或存在臆想的因素。

　　这一时期的考古发掘资料主要来源于墓葬,辽、宋、金、元的墓葬中往往有反映戏曲场景的壁画,在艺术形式上除彩墨绘画外还有石刻浮雕。出土的陪葬俑中部分较为忠实地反映了该朝代的音乐面貌。这一时期还有不少音乐信息可由图像资料获得,较为著名的有宋代《清明上河图》中的说书、宋徽宗《听琴图》(见图 6-6)中的古琴演奏、清代《紫光阁赐宴图》中的乐队等。

图 6-6　赵佶《听琴图》局部

七、音乐考古研究史概说

音乐考古在中国的发展可以上溯到宋人的"金石学"，虽然"金石学"所研究的对象范围远大于音乐考古，涵盖了青铜器、石刻、碑碣等等，但其中涉及的乐器仍值得关注。如北宋吕大临的《考古图》与赵明诚的《金石录》中不乏古乐器的拓本，这些乐器主要为钟磬之属，由于或为"金"或为"石"而被纳入。这时的乐器研究，囿于金石学本身研究目的相对单一，研究一般限于描绘记录乐器的形制、来源，拓印纹饰、铭刻，并对铭刻内容做简单释读。例如薛尚功的《历代钟鼎彝器款识法帖》注意到了当时出土于湖北安陆的两件楚王酓章钟，他指出两件编钟上的乐律标铭"少羽反、宫反"和"商、穆"是用来标示该器物能够发出的"声律"。

北宋以后涉及古乐器的研究多沿袭上述金石学的思路，直至王国维、郭沫若等人打破了这一局面，他们开始以研究社会历史的眼光解读商周青铜乐钟。王国维的《观堂集林》中，有多篇关于青铜钟类乐器的研究论述，如《夜雨楚公钟跋》，他不仅对其文字内容进行了考释,更进一步对楚的历史做了较为精辟的阐发。可见这时对古乐器的研究目标,已从乐器本身转向探索社会发展的历史,一定意义上来说,音乐类文物不再作为"古玩"被著录、研究,而是成了更宏观层面史学研究的素材。

20世纪20年代初期,中国出现了以发掘工作为基础的近代考古学;40年代初,中国音乐考古学初现曙光。刘半农先生对于中国的音乐考古学有着开创之功,他于1930—1931年发起并主持了对清宫和天坛所藏大批古乐器进行测音的研究项目,最终形成了《天坛所藏编钟编磬音律之鉴定》一文。刘半农先生所做的研究,其目的不再限于古乐器的外观、重量、年代及铭文训诂,而是转向了它们的音乐性能以及音乐艺术本身。这是中国音乐考古学发展过程中的一个转折,为后来的研究者指引了方向,构建了本学科研究的基本框架。

伴随着新文化运动的兴起,中国音乐理论领域里一些接受了西方的新思想、新方法的知识分子,开始考虑并着手撰写专门的中国音乐史。20世纪20—40年代,出现了一大批学者撰写的《音乐史》《史话》《音乐文学史》等,最值得一提的是杨荫浏先生的《中国音乐史纲》在音乐考古资料方面有了进一步涉猎和研究,如将考古资料纳入音乐史学研究,对测音方法的改良等。在杨荫浏先生晚年完成的《中国古代音乐史稿》则是一部公认的中国音乐史方面里程碑式的著作,是一部完整的中国古代音乐通史。

新中国成立后,越来越多的音乐史学家认识到中国古代音乐文化的实物依据,在研究中有着不可替代的价值。湖北随县曾侯乙墓的发现是音乐考古史上的奇观,中国音乐考古学研究迎来黄金时代,音乐考古专家与相关研究论著大量增加。1982年,中国艺术研究院研究生部开始招收音乐考古专业硕士研究生,表明音乐考古学逐渐成为一门独立学科。

近年来,音乐考古学的研究方法呈现出多样化与学科交叉的趋势,除文博考古领域的人员加入外,物理、化学领域的专家学者也在使用各自的方法对古乐器、古乐律展开研究。同时,学者的眼光也不再仅限于国内的音乐考古,而是以中国音乐考古为基点向外辐射,如讨论丝绸之路与音乐传播的关系等。

第二节　贾湖骨笛与曾侯乙墓乐器

本节将对音乐考古实例展开讨论,在此之前必须对"音乐考古"与"音乐考古学"两个概念加以区别。"音乐考古"是一种以古代音乐文化遗留下来的物质资料和遗物为研究对象的学术研究行为,其目的是追述久远年代中的音乐文化,并揭示古音乐文化的风格和痕迹,而"音乐考古学"则是一门学科的名称。它们都是"音乐"与"考古"概念的结合,反映了一种学科交叉的方向。关于它们的研究内容方面,可由具体的研究主体、内容和研究目标而决定。

20 世纪 80 年代,学者希克曼曾对音乐考古学进行定义:"音乐考古学就是从分析不断获取的考古发现着手,在与具有久远年代的有关民族的社会文化联系中去追述音乐和音乐生活,并试图在同一地理区域的当代社会音乐生活中揭示出依然存在的古代音乐文化的风格和痕迹。"在此定义中,希克曼认为研究的主体侧重于音乐与社会文化之间的关系。关于音乐考古学的定义也提出"音乐考古学是根据古代人类遗留的音乐文化物质资料,研究人类音乐文化发展历程及其规律科学"。在《中国大百科全书·音乐舞蹈卷》中提出音乐考古学的研究对象是"音乐文化遗存的实物史料(发掘而得的或传世遗物、遗址、遗迹,如乐器、乐谱、描绘有音乐生活图景的古代造型艺术作品等)"。这两种定义指出音乐考古学的研究对象应以"音乐文化物质资料"为主。目前主要的音乐文化遗存,分为乐器类、乐谱类、形象类和文字类。

近几十年内中国重大的音乐考古发现层出不穷。这些底蕴深厚的出土文物,不断地撼动着旧有以文献为主要史料基础的中国音乐史,为当代音乐考古提供了大量可靠的实物资料,充实并完善了中国音乐考古研究。

一、贾湖骨笛

贾湖骨笛(见图 6-7)是迄今为止中国考古发现的最古老的乐器,也是世界上最早的可吹奏乐器。

河南舞阳贾湖遗址是距今 9000—7500 年华夏族先民聚居的史前聚落遗址。1983 年至 1987 年,河南省文物研究所在河南省中部地区舞阳县进行了 6 次考古发掘,揭露面积 2400 多平方米,发掘出贾湖新石器时代的遗址。其中墓葬 300 多座,出土陶、石、骨等多种质料的遗物数千件。引起音乐史学界广泛关注的是骨质管乐器——骨笛。

1984 年至 2001 年,30 多支截取仙鹤(丹顶鹤)尺骨(翅骨)制成的骨笛,相继在贾湖遗址破土而出。其中著名的一支贾湖骨笛现藏于河南省博物院,笛身长 23.6 厘米,径宽 1.1 厘米,器物整体呈褐色,因石化而通体光滑晶莹。该骨笛是用鹤类尺骨管制成,磨制精细,7 孔,可演奏出近似七声音阶的乐曲。因骨管粗细不一,易产生音差,故在第六孔与第七孔之间有一小孔,经测音可以发两变音,应为调整第七孔发音而钻的调音孔。此骨笛在出土时断为三节,每一断裂处均有多个缀合孔,说明它折损后曾被主人精心修复。

这些骨笛系鹤类肢骨截去两端骨关节形成中间稍细两端稍粗的骨管,再钻音孔而

图 6-7　贾湖骨笛登上 *Nature* 杂志封面

成。这些骨笛形制固定,制作规范。多数笛子的开孔处尚留存有刻画的横道,说明人们在制作这些笛子时,是经过了比较精确的度量和计算的。

考古学家们对舞阳贾湖遗址的木炭、泥炭做了 ^{14}C 测定,其中 14 支七音孔骨笛的年代距今 8600—8200 年,由此得出"中国八九千年前即已经使用了七声音阶"的结论。

有学者对贾湖骨笛进行过历史分期,从这些骨笛的形制来看,可以分为三种类型,它与贾湖文化遗存的三个大发展阶段基本相符。

1. 早期,距今 9000 多年至 8600 年左右。骨笛上开有五孔、六孔,能奏出四声音阶和完备的五声音阶。

2. 中期,距今 8600 年至 8200 年左右。骨笛上开有七孔,能奏出六声和七声音阶。

3. 晚期,距今 8000 多年至 7800 年左右。能奏出完整的七声音阶以及七声音阶以外的一些变化音。

关于骨笛的发音情况,有许多学者做了大量的测试。20 世纪 80 年代就有学者发表了对 M282:20 号骨笛的研究文章,该文章对舞阳县贾湖新石器时代遗址出土的一批远古竖吹骨笛做了测音工作。测音结果表明,舞阳贾湖骨笛已经具备了七声音阶结构,而且发音相当准确。

贾湖骨笛(见图 6-8)中调音小孔,代表着中国原始先民调音技术的音乐声学水平,它既是中国上古先民原始科学技术聪明才智的体现,也是中华原始音乐文化灿烂精华的结晶。贾湖骨笛迄今为止已出土 30 余根,绝大多数骨笛都具有实际演奏的功能,据此推测,当时比较专业的骨笛演奏家们应该已经发现超吹技术,因此,他们也可能很早就面对旋宫转调的问题,M282:20 号骨笛的小孔,也透露了中国人最早的旋宫转调的音乐实践信息,联想到此后数千年延绵不断的中华音乐声学传统,使我们对中华先民的原始音乐声学成就,又有了新的认识。

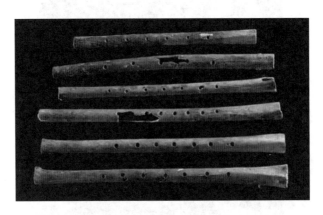

图 6-8　部分贾湖骨笛照片

这批实物与测音资料说明,距今 8000 年左右,中国的先祖不仅有了极其精微、规范的五孔笛、六孔笛、七孔笛,而且还在音乐实践中运用了多宫的六声音阶或七声音阶。这一事实距原有的结论是那么远,它将中国古代乐器及其宫调构成的历史提早了几千年。当我们从当今世界上一些比较有权威的音乐辞典中读到有关中国古代音乐的资料时,不难发现至今仍存在着不少有待修正的论断,诸如:中国最早的乐器是距今 4000 年前的坑笛子,可能是从中亚传入中国的;中国远古的音乐是五声音阶,到周代才形成七声;等等。贾湖骨笛就是对这些有待改正说法的最直接的证据。

由于贾湖骨笛发掘后,大部分骨笛都有不同程度的损坏,使得能够对出土骨笛进行测音的支数非常有限。在对其进行紧急修复后,测试了其音乐声学性能,大致可概括为以下几点。

1. 保存较好的七孔贾湖骨笛,实际演奏音域至少可达两个八度,同时多数六孔、七孔骨笛也可以演奏两个八度。这一实测结果可以确认贾湖骨笛是一种实用乐器,而且就原始文明水准而论,其音乐声学特性也近乎完美,多数骨笛的音准误差都在普通人耳难以察觉的范围之内。

2. 这次测音结果基本可以认定,大多数七孔贾湖骨笛可大致准确地演奏七声音阶而不是五声音阶或六声音阶,若仅演奏五声音阶或六声音阶,音准效果会更好一些,若考虑到指法变化或其他演奏技巧,则音准效果还可进一步改善。

3. 关于贾湖骨笛的音乐声学水平,不同骨笛音准程度虽各有差异,但几乎每一根保存完整的骨笛都可用于实际的乐曲演奏,这不可谓不是一个奇迹。

　　今天用贾湖骨笛演奏出的乐曲或乐音,可以较好地反映出贾湖先民对乐音美感的独特认识,正是这一点使他们制造并选择保存了大量骨笛。而且贾湖人在制作骨笛时,肯定已基本掌握令人类听觉愉快的乐音的钻孔规律和发声规律,可以认为贾湖骨笛的发现,改写了中国音乐起源的时间和历史,即贾湖骨笛是世界上迄今为止所发现年代较早,管身最为完整的、水平最高的吹管乐器。它表明了我们的祖先在全世界率先进入了音乐文化的文明时期。

二、曾侯乙墓乐器

　　1978 年 5 月,人们在湖北随县城郊的擂鼓墩发掘了曾侯乙墓,举世闻名的曾侯乙编钟在埋藏地下 2400 年之后重见天日,它被誉为古代世界的“第八大奇迹”。与编钟同出的乐器,有编磬一套及架、槌、匣等附件,有建鼓、柄鼓、扁鼓、悬鼓等鼓类,有琴(十弦琴)、瑟等弹弦乐器,有均钟这样的调律仪器,有篪、排箫、笙等吹奏乐器,还有饰绘了钟鼓乐舞图的彩漆鸳鸯盒。墓中出土的音乐文物总计达 126 件,这是一套完整的先秦宫廷乐队和寝宫乐队的乐器编制(见图 6-9)。

图 6-9 曾侯乙墓出土乐器

图片来源:王子初.复原曾侯乙编钟及其设计理念[J].中国音乐,2012(4):42-49.

1. 曾侯乙编钟

曾侯乙编钟现藏湖北省博物馆。此套编钟（见图 6-10）共计 65 件，总重量达到 2500 千克。编钟分三层八组悬挂在曲尺形的钟架上，气魄雄伟，横梁为黑漆彩绘长方木，两端套有动物形象的青铜套。上层的立柱是圆木；中、下两层的立柱，每层都为三个铜质佩剑武士。钟架可以拆装。钟笋、钟钩、钟体共有铭文 3755 字，内容有编号、铭记、标音及乐律。这套编钟是至今世界上已发现的最雄伟、最庞大的乐器，被誉为古代世界的"第八大奇迹"。

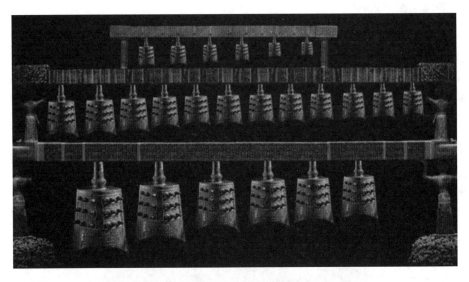

图 6-10　完整曾侯乙墓编钟

编钟出土时，在近旁还有 6 个丁字形彩绘木槌和两根彩绘木棒，是用来敲钟和撞钟的。编钟、编磬均立架悬挂，编钟靠中室西壁和南部，编磬靠北壁，建鼓靠东壁，瑟、笙、箫、笛列于钟、磬之间。共 64 件，计钮钟 19 件，甬钟 45 件。另有楚王送的镈 1 件。出土时编钟分三层悬挂在钟架上：钮钟挂于上层，分三组；甬钟挂于中、下层，分别为三组和两组，都依大小次第排列；镈挂在下层甬钟之间。组次依编钟悬挂部位，南架一组编为第一组，西架两组由南至北编为第二组、第三组。

编钟有着三层八组的巨大构造；钟体重量超过 2500 千克，加上钟架和挂钟构件，总用铜量达 4421.48 千克。钮钟为长方钮，无枚，亦无纹饰，但第二组、第三组钟的钮上有绚纹。最大的一件（上层三组七号）通高 39.9 厘米，钮高 8.8 厘米，舞 19.2 厘米×14.9 厘米，口 22.1 厘米×17.6 厘米，重 11.4 千克。最小的一件（上层三组一号）通高 20.4 厘米，钮高 4.2 厘米，舞 9.0 厘米×6.7 厘米，口 10.5 厘米×8.5 厘米，重 2.4 千克。钮钟均有铭文，除第三组外，皆错金，内容为音律和音阶名称。如上层第二组六号钟，正面隧部和右鼓部位分别刻"商""翠曾"，背面征部刻"黄钟之宫"；甬钟皆长甬有鼻，下层甬钟的甬错嵌红铜花纹,其他各部位的纹饰都是浮雕的相互盘绕着的龙,如篆带和舞部,群龙首尾交错;鼓面以正中为界,两边各有几条龙对称盘绕。除中层第二组外,皆有枚;中层第一组的枚为螺蛳形的小圆枚,其他都是突出的长枚。最大的一件甬钟(下层一组一号)通高153.4厘米,甬高66.5厘米,舞60厘米×47厘米,口69.8厘米×51.5厘米,重203.6千克;镈,钮作龙和夔龙成双对峙,篆、舞部和鼓面纹饰与甬钟同。通高92.5厘米、钮高26.0厘米,舞52.8厘米×39.8厘米,口60.5厘米×46.2厘米,重134.8千克。正面钲部有铭文三行,计31字(详后),内容与甬钟、钮钟铭文完全不同,无一字涉及音乐,证明此镈与上述编钟无关,应是下葬时临时加进去的。

编钟发音相当准确,音域为C—d4,达五个八度之广,基本为七声音阶,中部音区十二律齐备,可以旋宫转调,可以演奏较复杂的乐曲。

先秦编钟在铸造技术方面,不仅制作精美,花纹繁缛;还产生了"一钟二音"的伟大科学发明,即每钟的正、侧鼓部分别可击发出两个乐音的双基频编钟冶铸和调律技术。曾侯乙编钟的钟体及钟架和挂钟构件上刻有的3700余字的错金铭文,标明各钟的发音属于何律(调)的阶名,并清楚地说明了这种阶名与楚、周、晋、齐、申等国各律(调)的对应关系。

编钟铭文(见图6-11)实为一部失传了的先秦乐律学史,并有保存完好的编钟音响和与其同出编磬带有的708字铭文相互印证,更增加了这部不朽典籍的光辉。

图6-11　曾侯乙编钟铭文

曾侯钟中·三·5背面钲及鼓部铭文:　　　　曾侯钟中·三·5右鼓部铭文:
钲部:姑洗之羽,妥(夷)宾之终,黄钟　　　姑洗之宫右。姑洗之才(在)楚号为"吕钟",
正鼓:之羽角,无铎(射)之徵曾　　　　　其坂(反)为宣钟。
图片来源:曹锦炎.曾侯残钟铭文考释[J].江汉考古,2014(4):70-73.

钟铭的发现,彻底改变了人们对中国先秦乐律学水平的认识。如钟铭关于某音在不同调中称谓的对应记叙,真实地反映了当时旋宫转调应用的实际情形,而后世已经全然不知。对钟铭的研究,发现现代欧洲体系的乐理中大、小、增、减等各种音程概念和八度音组概念,在曾侯乙编钟的标音铭文中应有尽有,而且完全是中华民族独有的表达方法。钟铭中"变宫"一名的出现,弥补了先秦史料关于七声音阶的失载等。曾侯乙墓的发掘,吸引了国内外大量中国音乐史学研究者的关注。编钟的铭文,这部失传了的先秦乐律学典籍,使得先秦音乐史重新展现在世人眼前。曾侯乙墓的乐器,尤其是编钟的出现,第一次从根本上撼动了有着明显局限性的、以文献为主要史料基础的传统中国音乐史。

另外基于乐器学的视域,学者们对曾侯乙墓出土的 126 件乐器,从其制作材料、音乐性能、礼乐功能等角度进行研究后认为,曾侯乙墓出土的同类乐器的独奏、弹弦乐器组合、打击乐器组合、吹打乐器组合和吹弹乐器组合的形式,应该为该墓乐器组合的主要形式类别。从另一角度分析,曾侯乙墓出土的乐器及其组合形式,已经具备中国早期立体多声的音乐思维特征。

曾侯乙钟铭事实上已经提出了一个对于中国传统乐律史的重新估价问题,此外,它还涉及了传统乐律学中的其他领域,诸如音阶、调式、变化音体系、唱名体系等方面。

2.其他乐器

除编钟外曾侯乙墓出土编磬共 32 件,质料主要为石灰石,也有青石和玉石。有的已被从盗洞下塌的土石打坏压碎,有的因长期泡在水中已成粉末,完好的只有 9 件。磬上都刻有文字,少数磬上还有墨书文字,内容均为音律、音阶名称和编号。32 件石磬原分上下两层悬挂在青铜磬架上,每层两组(一组 6 件,一组 10 件)都依大小次第排列。磬架长 2.15 米,高 1.09 米。虚以两个长颈怪兽为座,笋则为两根满饰错金花纹,两端做透雕龙形的圆杆。在笋上等距焊接 33 个铜钮,悬挂编磬。

曾侯乙墓出土的 5 件笙,有十二管、十四管、十八管三种,均已残毁。这些占笙用竹簧、匏斗,而笙管透底又如西南少数民族中的葫芦笙与芦笙。参考晋宁石寨山汉墓出土的同类乐器,可以结合起来研究南方古笙的形制和特点。琴属乐器方面有十弦、五弦各一具。十弦的很像马王堆三号墓的七弦乐器。有琴斡、无徽位,由于面板不平只有部分准位可能弹奏按音。五弦的一具,通体作长棒状,参考马王堆三号墓的明器"筑"和一号墓棺头画的击筑图看来,器形近似而比例不合。曾侯乙墓这件五弦既无处施斡,因面板过窄,也无处可安柱码,这就很难像陈旸《乐书》所说的:"左手扼之,右手以竹尺击之,随调应律焉。"这两件弦乐器,仅据目前资料还不足以定名,但这是我国乐器史上从没提到的先秦实物,对于研究琴、筑类乐器的发展过程将有重要作用。

曾侯乙大墓的乐器是 2400 余年以前的实物,为我们提供了有关同种属乐器发展过程的线索和若干新的情况,有助于解决乐器史上的一些疑难问题。同时,也给音乐史研究工作提出了一些需要进一步探讨的新课题。

二、马王堆汉墓与南越王墓出土乐器

(一)马王堆汉墓出土乐器

1972 年至 1973 年间,湖南长沙马王堆汉墓被发掘,因出土了 3000 多件珍贵文物和一具完好如初的女尸而闻名天下。其中的一号、三号汉墓出土了一批重要的音乐文物,仅乐器类文物就有 7 种 38 件,附件 6 种 9 件。据研究,这三座汉墓是西汉初年长沙国丞相、第一代轪侯利苍的家族墓地。故其中的音乐文物,为研究汉代早期的音乐文化的宝贵资料。

1. 筑

马王堆三号墓出土一件体长 31 厘米的筑(见图 6-12),这是一种流行于先秦两汉的乐器,有五弦和十三弦两种,此筑似为五弦。尾部细长,尾端略膨大,身部近似四棱长棒。首部两端各有五个小竹钉成一字形的等距离嵌入,推想原有五根弦张在上面,现已残缺。头部的竹钉之外,有一蘑菇型圆柱,上面还绕有丝质残弦,估计是把竹钉上多余出来的弦缠在这里,其作用有如琴枘或琴足。

1993 年长沙渔阳墓出土的一端长盒状,一端如棒槌的五弦筑,与此类似。其演奏方法是左手执筑,右手以竹尺击弦。五弦筑一弦一音,也可通过按压筑码后的弦来使音升高,产生变音。适合演奏悲壮慷慨的音乐,故常常用于军中以鼓士气,振军威。据《史记》记载,荆轲刺秦王,从燕国出发的时候,高渐离即击筑为之送行;后高渐离还曾在筑中置铅欲击杀秦王;汉高祖刘邦击败英布后,在宴会上亲自击筑高唱《大风歌》,而高祖的姬妾戚夫人也是击筑的高手。击筑曾是当时民间八大游乐之一,但今已失传。

图 6-12　马王堆汉墓出土的筑

2. 竹笛

1973年长沙马王堆三号汉墓出土两支竹笛（见图6-13），一支长21.2厘米，另一支长24.5厘米。出土时盛放在漆书盒靠边最狭长的条形格内，竹质，一端有竹节封口，一端开口，封口一端其侧有长方形吹口，开口一端起依次有六个洞眼，周围削成平面。竹笛是中国广为流传的吹奏乐器，用天然竹材制成。笛子历史可追溯到约9000年前的骨笛。

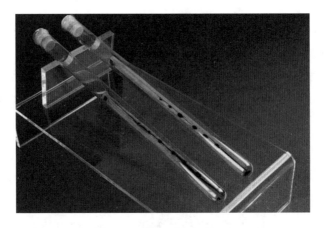

图6-13　马王堆汉墓出土的竹笛

3. 七弦琴

同样出土于马王堆三号墓，长81.5厘米，宽12厘米—12.6厘米，通高13.3厘米。"箱式琴"的重要实物，引起了中国琴界和音乐史学界的普遍关注。七弦琴出土时，被置于椁室北边箱的西部。琴面收缩，有裂纹，已修复，琴尾稍缺。琴木质，由琴身和底板两部分组成。琴身又可分音箱和尾板两部分，外表髹黑漆。面圆鼓，首端表面有因弹奏而留下的摩擦痕迹，无徽，底平。音箱部分较宽，尾板较窄而上翘。音箱表面，首端横亘1条岳山，岳山右侧有7个弦孔。内底剜有T形凹槽，在T形凹槽相当于轸沟的部位，安置有7个调弦的角质轸子，轸子上有2孔。尾板下面附有一雁足。琴身音箱底下附底板，底板形制大小基本与音箱底面吻合，其表面也剜有T形凹槽以与琴身音箱内底的凹槽相对应。

此琴通体有很薄的黑色靠木漆，面板木质松软，似为桐木。底板木质坚硬，似为梓木，面与底浮搁着，可以移动。琴面有七条弦痕，岳山内侧磨损较重，当是弹拨琴弦形成的。琴足由硬木雕成，足掌侧面有云状花纹。足颈上缠绕有残留的琴弦，弦下面还裹有丝织物垫底，可能为防止琴弦从颈上滑脱之用。此琴是我国首次发现的汉琴标本，也是人们首次见到"半箱式"琴实物。这种"半箱式"琴，应该是流行于中国南方的一种楚式琴，与后世琴相比，它没有徽位，面底板是活的，尾部为实体。但张弦的方法则与后世琴一样，也是一端经过琴尾的"龙龈"系于琴足，另一端经过"岳山"缚于七个"轸"（角质八角棱的圆柱）上（见图 6-14）。

图 6-14　马王堆汉墓出土的七弦琴

4.竽

马王堆一号墓出土一件明器竽，通长 78 厘米，竽斗径 10 厘米，竽嘴长 28 厘米。竹木制成，外形完整。三号墓出土一件实用竽，惜已残破。但它有簧片，共发现十余个，上端多粘有银白色小珠，颇似金属，用来调整簧片振动的频率以控制音高，这是现今仍在使用的"点簧"之法。

竽是一种音域较广的低簧管乐器，在春秋至秦汉时期，它是各种乐器的首领，所谓"竽先则钟瑟皆随，竽唱则诸乐皆和"。竽常与瑟等一起演奏，深受时人喜爱。据《史记》记载，临淄之人没有不会吹竽的，成语"滥竽充数"也从侧面说明竽的受欢迎程度。古代竽斗由天然匏瓜制成，故在古代乐器分类中，竽属于"匏"类。唐代用木斗代替匏瓜，曾被认为是乐器制作的一种进步，该竽的出土，证明这种进步早在西汉即已发生（见图 6-15）。

图 6-15　马王堆汉墓出土的竽

5.二十五弦瑟

出土于马王堆一号墓中，长 116 厘米，宽 39.5 厘米，高 10.8 厘米，原裹有瑟衣。部件齐全，柱位清楚。25 根丝弦系于木枘，每根弦下有可移动的调音柱，底部两端有共鸣窗。瑟有两种弹奏方法：一是横瑟于膝前，双手并弹；二是将瑟一端置于膝上，另一端斜置于地，右手弹膝上一端的弦，左手按瑟面中部的弦。瑟的声音富有感染力，能够表达丰富的思想感情，故有"舜帝南巡不返，帝妃湘灵垂泪鼓瑟"的故事。此为我国现存最完整的古瑟，为研究古代音乐史及汉代乐器的演奏方法提供了非常可贵的实物资料，大大丰富了我们对于汉代音乐文化发展水平的了解（见图 6-16）。

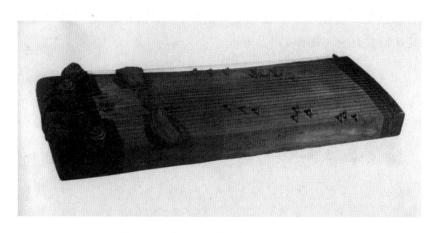

图 6-16　马王堆汉墓出土的二十五弦瑟

6.奏乐俑

如图 6-17 所示,马王堆一号墓奏乐俑共有 5 个,高 32.5 厘米—38 厘米,其中 2 个吹竽,3 个鼓瑟,屈膝跪坐,低额高鼻,墨眉朱唇,头上插有竹签,雕着交领右衽长袍。雕刻细腻,形象生动,造型别于马王堆汉墓群俑。这是墓主人生前歌舞升平生活的写照。木俑采用浮雕的手法,注重头部与面部的雕刻,并施加墨绘和朱绘,还以彩绘表现色彩艳丽的服饰,既反映了当时雕塑艺术的水平和成就,又可考证当时人的生活习俗、衣着服饰及丧葬礼俗。

图 6-17　马王堆汉墓出土的奏乐俑

学者们研究推测这套乐俑是一个西汉的小型室内乐队。乐俑出土时,竽已脱落,此竽有竽管十四根。这套乐俑正在进行吹奏乐器竽和弹拨乐器瑟合奏,是秦汉之际盛行的"竽瑟之乐"。可见"竽瑟之乐"是当时统治者歌舞宴饮场合中常见的一种器乐演奏形式,也是轪侯夫人辛追生前非常喜欢的"竽瑟之乐"演奏,所以这套乐俑和其他乐器跟随墓主人一起随葬并保存至今。

马王堆汉墓的音乐考古发现,不仅对于重新认识西汉早期一些乐器,尤其是一些久已失传了的乐器的结构和性能,提供了难得的资料,也有助于了解当时的社会音乐制度、音乐生活的真实面目,其历史价值难以估量,在汉代音乐史研究中占有特殊地位。

(二)南越王墓出土乐器

南越王墓不仅是岭南地区发现的规模最大、出土文物最丰富、年代最早的彩画石室墓,更是岭南音乐考古最重大的收获。墓葬共出土音乐器物 138 件,分别存放于四个墓室中。东耳室是放置宴乐用具与容器之所,出土乐器共计 91 件,可见钮钟 14 件、甬钟 5 件、石磬 18 件、句鑃 8 件、瑟枘 8 件、琴轸 37 枚、刻有羽人祭祀乐舞图的铜提桶 1 件以及木质钟簨与部分漆木乐器残片。西耳室所出音乐器物共计 34 件,有铜铎 1 件、瑟枘 4 件、轸钥 3 件、铃形器 5 件、琴轸 11 件、扁圆摇响器 7 件、玉舞人 3 件。另有 3 件玉舞人出自东侧室,1 件铜钲与 9 件鱼形响器出土于放置容器与食物的后藏室。

南越王墓的成功发掘,较大程度地恢复了汉代南越国在社会、文化、军事、贸易,尤其是音乐艺术及其历史的本来面目,也在很大程度上揭示了汉文化的辐射力量,展现了南越文化与汉文化、楚文化、骆越文化、古波斯文化等多种文化的交流与融合。如与墓中出土铜鼎分别有中原式、楚式与越式一样,墓中出土的青铜礼仪乐器也有不同的文化风格:墓中所出编钟,包括 5 件甬钟、14 件钮钟,为不见于史载的汉初曾实施"礼乐制度"的重要物证。其无论在编制、造型还是纹饰等方面,与迄今所掌握的中原同时期王墓所出编钟完全一致。

1.铜钮钟(见图 6-18)

编钟是古代礼仪中的重要打击乐器,一般在祭祀或宴会时使用,南越王墓出土这一套共 14 件。它的作用是为演奏提供音准,使乐队中演奏旋律的丝竹、管弦乐器等有律可依。钮钟的声音厚重雄浑,一般用来演奏雅乐,钮钟在岭南秦汉时期还比较少见。

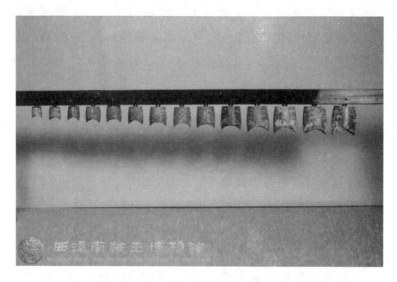

图 6-18　南越王墓出土的铜钮钟

2. 甬钟

钟是古代祭祀或王室宴会时必不可少的青铜打击乐器,出现于西周时期,因大小依次成组悬挂,所以称为编钟,斜挂的我们叫它甬钟,直悬的称它为钮钟。南越王墓出土编钟共三套,这套甬钟(见图 6-19)也可能是南越国自铸的,说明了这个王朝对高雅音乐的重视。

图 6-19　南越王墓出土的甬钟

3. 句鑃

句鑃(见图 6-20 与图 6-21)是古代越族特有的打击乐器,多出土于长江流域的吴越地区。这套句鑃一套共 8 件,重 191 千克,是岭南首次发现的如此大型的越族打击乐。这套句鑃每件腹部均刻有铭文,按大小有"第一到第八"的编号。说明它是在南越王赵眜即位第九年由乐府的工官铸造的。

　　句鑃合瓦形腔体,平腹修长,上宽下窄,于口弧曲下凹,弧度鲜明,两铣较尖锐;柄常为扁方形,略带锥度,柄端无封衡,无旋无干,手持执奏或套置执奏。

图 6-20　南越王墓出土的铜句鑃(1)

　　句鑃是一种铜制钟体击奏体鸣乐器,出土地点大多集中在江浙两省,在安徽、湖北、山东偶有发现,当是吴越地区所特有的一种青铜乐器,在春秋、战国时期的吴越墓葬常有出土,多无调音。南越王墓中与编钮钟、编甬钟、编志、编磬、琴瑟等传统的中原礼乐器同出一套 8 件组的句鑃,实为出土的青铜乐器之仅有。8 件句鑃器体硕重,保存完好,器形相同,大小递次。胎壁较厚,柄、身合体铸出。柄作扁方形实柱体,上宽下窄,表面平整呈橄榄状。器体上大下小,口部呈弧形,铣弧突。合瓦型腔体,一面光素,另一面阴刻篆文"文帝九年乐府工造",分两行,其下每件分别阴刻"第一"至"第八"的编码。篆文字体工整、规范。第一号、第三号、第八号句鑃内腔有两道明显的横向凸棱。第一号句鑃最大,通高 64 厘米,重 40 千克,以下依次递减;第八号最小,通高 36.8 厘米,重 10.75 千克。句鑃的这种极富个性的硕大形制及句鑃征部"文帝九年乐府工造"铭文,可知它与同出的钟磬一样皆为南越国自铸的乐器,加上于口内唇与内腔调音锉磨处理,说明它们又都是宫廷中的实用乐器。

　　有学者对南越王墓的句鑃进行了测音,结果发现它们都发现出不太明确的音阶特点,以及正、侧鼓之间不够准确的音程关系,南越王墓句鑃内腔虽有明显的调音锉凿痕,但未显示出明显规律,并未像编钟那样先沿四条节线进行锉凿,让腔体形成分片震动,再按各片厚薄对四侧位进行锉磨,以达到预计的、理想的高度。句鑃在未设音梁的情况下对内腔大面积的锉凿,定难达到理想的音高。这既说明南方越人对句鑃的音乐性能一直处于不断探索的进程之中,又说明句鑃这种乐器可能在外表和内腔等形制特征上尚存有某些值得改进的问题。

图 6-21 南越王墓出土的铜句鑃(2)

南越王墓句鑃以其精良的铸造工艺和规范的编列形态,巧妙地加入到宫廷编悬乐队之中,出汉世之仅出,补先秦之未有。这既是对先秦悬乐的发展,又是对汉代礼乐的丰富和补充。虽然在腔体振动与性能把握方面的尝试有所得失,但它以一种先秦并未全面传播的吴越地区乐器的身份进入了宫廷,赋予了自身以高贵的气质,体现出历史发展与文化传播的双重价值。

4.陶响鱼

后藏室有 9 件鱼形响器(见图 6-22),大小相近,用泥捏为两片合成空心鱼形烧成,火候较高,胎质坚硬。色泽墨染、灰褐或灰红。内装砂砾,摇动发出响声,且音色清脆。鱼身两面划有鱼眼、嘴和鳃盖,体上戳印鱼鳞,饰以篦点。同样是做舞蹈拍节的乐器,这种鱼形响器在战国晚期或秦国遗址中偶有出现,其他地域少见,这显然是文化传播的结果。南越宫廷房中乐中摇响器的大量使用,且与琴瑟、铃铎和舞人组合,正好弥补了节奏乐器的空缺。所以,它们表面上是秦器南传的结果,实质上是远古乐器的新发展,体现出乐器组合的时空思维。

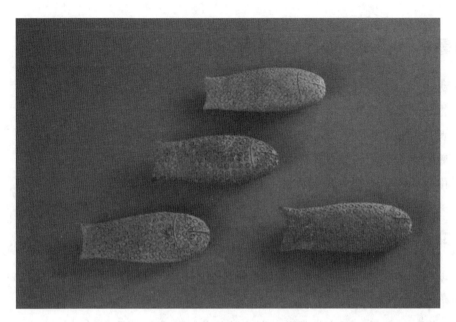

图 6-22　南越王墓出土的陶响鱼

　　当时南越的文明程度低下,还谈不上经济、文化的普及和发展,所以南越王须从改变其生活习俗开始,将先进的水平逐步渗透。南越国的中原贵族们面对的是一块文化、经济如此贫瘠的土壤,与此同时,岭北的汉文化圈已是俗乐倍兴,充分反映世俗文化的俗乐取代了先秦礼乐,表现出强大的生命力。相比之下,南越国宫廷礼乐已滞后了,它在雅乐与俗乐的矛盾冲突中,在繁荣的同时又出现了生存的危机,贵族们只能孤军奋战。

　　南越国宫廷礼乐由于缺乏滋生并日益繁荣的环境,因而随着政权的灭亡而只惊艳一时。南越国宫廷礼乐按照大型编悬乐与房中乐来分类设置。编悬乐以钮钟、甬钟、句鑃、编磬等大型击奏礼乐器为主,辅以琴瑟,作颂歌蛮舞;房中乐以琴瑟等丝竹器为主,辅以铃铎响器,作轻歌曼舞,充分显示了宫廷礼乐的气派和按天子的用乐规范来设置的做法。然青铜编悬乐器的测音分析表明,虽然乐师们有预设意识和铸后调音,但音乐性能不佳,带有很大程度的模仿痕迹。南越国礼乐设置之日,正值北方俗乐兴起之时,岭南滞后的经济文化、南北差异与空间距离的存在,致使礼乐难以流传。我们不妨对南越宫廷礼乐做出这样的结论:源于中原,弱于俗乐;兴于宫廷,难于影响;衰于政权,竭于文化。

思考题：

1.纵观中国古代音乐的发展，是否存在发展规律？

2.古代音乐的发展和社会环境是否有关系？如果有，您认为是怎样的？

3.贾湖骨笛的形制经历了怎样的变化？反映了中国早期音乐什么特点。

4.曾侯乙编钟的考古学研究主要从哪几个方面进行？获得了什么信息。

5.南越王墓出土部分乐器测音不准的可能原因和分析。

参考文献：

[1] 丁牧.中国音乐的历史[M].北京：中国商务出版社，2018.

[2] 方建军.音乐考古与音乐史[M].北京：人民音乐出版社，2011.

[3] 随县擂鼓墩一号墓考古发掘队.湖北随县曾侯乙墓发掘简报[J].文物，1979(7)：1-24，98-105.

[4] 黄翔鹏.舞阳贾湖骨笛的测音研究[J].文物，1989(1)：15-17.

[5] 黄翔鹏.先秦音乐文化的光辉创造——曾侯乙墓的古乐器[J].文物，1979(7)：32-39.

[6] 孔义龙，曾美英.从西汉南越王墓音乐器物看南越国宫廷礼乐的兴衰[J].交响-西安音乐学院学报，2010，29(1)：62-66.

[7] 孔义龙.试论西汉南越王墓句鑃的音乐特征及音乐学意义[C]//西安音乐学院(Xi'an Conservatory Music).汉唐音乐史首届国际研讨会论文集.西安音乐学院(Xi'an Conservatory Music)：中央音乐学院音乐学研究所，2009：6.

[8] 李虎.乐器学视域下曾侯乙墓乐器某些问题的阐释[J].乐府新声(沈阳音乐学院学报)，2019(3)：63-70.

[9] 童忠良.舞阳贾湖骨笛的音孔设计与宫调特点[J].中国音乐学，1992(3)：43-51.

[10] 王子初.略论中国音乐史的改写[J].音乐研究，2006(3)：18-27，57.

[11] 王子初.马王堆七弦琴和早期琴史问题[J].上海文博论丛，2005(4)：40-45.

[12] 王子初.中国音乐考古的十大发现[J].星海音乐学院学报，2012(2)：34-49，77.

[13] 王子初.中国音乐考古学[M].福州：福建教育出版社，2004.

[14] 王子初，等.中国音乐考古80年[M].上海：上海音乐学院出版社，2012.

[15] 希克曼，金经言，王昭仁.用于研究传统的音乐考古学[J].中国音乐学，1986(4)：129-133.

[16] 夏季，徐飞，王昌燧.新石器时期中国先民音乐调音技术水平的乐律数理分析——

贾湖骨笛特殊小孔的调音功能与测音结果研究[J].音乐研究,2003(1):3-11.

[17] 萧兴华.中国音乐文化文明九千年——试论河南舞阳贾湖骨笛的发掘及其意义[J].音乐研究,2000(1):3-14.

[18] 徐飞,夏季,王昌燧.贾湖骨笛音乐声学特性的新探索——最新出土的贾湖骨笛测音研究[J].音乐研究,2004(1):30-36,131.

[19] 张居中.考古新发现——贾湖骨笛[J].音乐研究,1988(4):99-100.

[20] 郑祖襄.贾湖骨笛调高音阶再析[J].音乐研究,2004(4):60-67.

[21] 中国大百科全书总编辑委员会.中国大百科全书 音乐、舞蹈[M].北京:中国大百科全书出版社,2002.

第七章
考古发现
与古代服饰文化

第一节　服饰的起源与早期考古发现

　　我国服饰文化的历史源流,可在文献资料中看到一些记载。《吕氏春秋·勿躬》中记载:"大桡作甲子,黔如作虏首,容成作历,羲和作占日,尚仪作占月,后益作占岁,胡曹作衣,夷羿作弓,祝融作市,仪狄作酒,高元作室,虞姁作舟,伯益作井,赤冀作臼,乘雅作驾,寒哀作御,王冰作服牛,史皇作图,巫彭作医,巫咸作筮。此二十官者,圣人之所以治天下也。"西汉《淮南子·氾论》中则描绘得更加详细真切:"伯余之初作衣也,緂麻索缕,手经指挂,其成犹网罗;后世为之机杼胜复,以便其用,而民得以掩形御寒。"胡曹和伯余均为传说中黄帝的臣子,由此推测上古时期即出现了服饰。以上记载还反映出在原始纺织技术发明之前,可能曾有一个手编织物制作衣服的阶段。

　　考古发现证明,服饰的起源可以追溯到旧石器时代。在北京周口店山顶洞遗址中,发现一枚骨针,长约 82 毫米,通体磨光,针孔窄小,针尖尖锐,表明山顶洞人在两万年前已能利用兽皮一类的自然材料缝制简单衣服(见图 7-1)。遗址中发现的 7 件小石珠和 125 枚穿孔兽牙上有长期佩戴的磨蚀痕迹,其中一些出土时呈半圆形排列,可能是成串的项饰。另有 25 件兽牙用赤铁矿粉涂染着色,下室埋葬的尸骨上也散布有赤铁矿粉粒,或许是衣服上着色所用,或许与一种仪式有关,反映出山顶洞人的某种审美感情。

图 7-1　山顶洞人的骨针

《淮南子》中所谓的"手经指挂",是将一根根纱线依次绑结在两根木棍上,再把经两根木棍固定的纱线绷紧,用手或指像编席或网那样进行有条不紊的编结。后来纤维加工技术有了显著进步,加工出的纱线日渐精细,又发明出可以进行开口、引纬、打纬三项主要织造运动的原始织机。

1975 年,在浙江余姚河姆渡新石器遗址第四文化层中,除了玉质和陶质的纺轮外(见图 7-2),还出土了许多原始织机的机件,如木机刀、木经轴(见图 7-3),证实了我国在 6000 多年前已经使用原始织机。

图 7-2　河姆渡遗址出土陶、玉(石)纺轮

根据河姆渡出土的原始织造工具,同时参照少数民族保存的同类型原始织造方法,大体可推测原始织机的形态,其主要组成机件包括前后两根横木,打纬刀、引纬梭、分经筒和综杆各一,以及两根绞棒。织造时,织工席地而坐,将经纱的两端分别绑在两根横木上,其中一根横木(卷布轴)系在腰间,另一根由脚踏住,靠腰背控制经纱张力,利用分经筒形成自然梭口,用梭子引纬,砍刀打纬。织第二梭时,提起综杆,使下层经纱变为上层,形成第二梭口,立起砍刀固定梭口,梭子引纬,砍刀打纬。经轴向前送经纱,夹布筒卷取已经织好的布。织造就是这样不断交替循环、往复进行的(见图 7-4)。

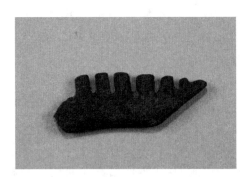

图 7-3　河姆渡遗址出土木机刀、木经轴

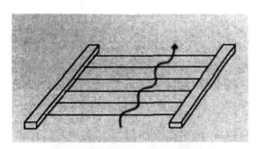

1.分经棍穿入单、双经线之间

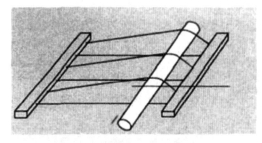

2.分经棍形成的梭口（织口）

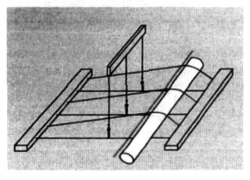

3.提综杆放下线圈把下层经线套入

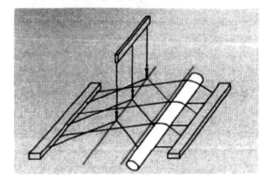

4.提综杆提起下层经线，形成新梭口

图 7-4　织机原理

　　云南晋宁石寨山遗址出土的一个青铜贮贝器盖上，铸有一组古代少数民族妇女用原始织机织布的形象（见图 7-5）：妇女身着对襟粗布衣，席地而织，有的在捻线，有的在提经，有的在投纬引线，有的在用木刀打纬。将其与现代黎族的水平踞织腰机比较（见图 7-6），可以发现存在明显的承继关系。

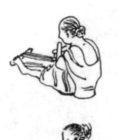

图 7-5 云南晋宁石寨山遗址出土青铜贮贝器盖上的纺织场面

图 7-6 现代黎族水平踞织腰机

新石器时代人们制作服装,主要以麻、葛等天然植物纤维作为原料,使用石纺轮或陶纺轮搓捻成纱线,然后再织成布。江苏吴县草鞋山遗址发现过迄今最早的葛纤维纺织品,距今约 6000 年。经鉴定,确定其纤维原料是野生葛,其中一块为罗纹织物,经密约 10 根/厘米,纬密约 26—28 根/厘米,花纹为山地形斜纹和菱形斜纹,织物组织结构是绞纱罗纹,嵌入绕环斜纹,还有罗纹边组织,是国内迄今发现最早的纺织品实物(见图 7-7)。

图 7-7　草鞋山遗址出土葛纤维纺织品

　　中国饲养家蚕和纺织丝绸的历史也相当悠久。1926 年,李济先生在山西夏县西阴村发掘仰韶文化遗址时曾出土一个"半割"蚕茧,茧壳长 1.36 厘米,茧幅约 1.04 厘米,被锐利的刀刃割掉了一半,虽部分腐蚀,但仍有光泽,而且茧壳的切割面极为平直,距今约 6000—5500 年。这一发现至少表明当时的人们已接触蚕茧,也有学者认为这可以作为丝绸生产发轫于新石器时代的佐证。

　　有关纺织丝绸更直接的证据出现稍晚。吴兴钱山漾遗址曾出土丝线、丝带和绸片等丝织品遗存(见图 7-8、图 7-9),经鉴定确认为人工饲养的家蚕丝织物,距今约 4200 年。绸片为平纹织物,密度为经纬线各 48 根/厘米,是中国迄今发现最早的丝织品实物,表明缫丝、纺织技术在新石器时代已经达到相当水平。

图 7-8　钱山漾遗址出土丝线

图 7-9　钱山漾遗址出土绸片

何谓罗纹、斜纹、平纹组织呢？任何一种织物，无论结构多么复杂，都具有一个经纱和纬纱相互交织的基本单元结构，这种单元结构在纺织工艺上称为"组织"。最基本的组织结构有三种，即平纹组织、斜纹组织和缎纹组织。其他各种复杂组织结构都是由这三种基本组织交替变化而来的，其中缎纹组织出现的时间较晚，暂不提及。平纹组织，即经纱和纬纱一上一下规律交织形成的织物组织。平纹组织正反面外观相同，经纬纱之间的交织点最多。相邻经纱或纬纱上，连续的交织点排列成斜线的织物组织称为斜纹组织。斜纹织物表面都会呈现出独特的斜向纹样。罗纹组织，是纬编针织物的组织之一，由一根纱线依次在正面和反面形成线圈纵行。

新石器时代除了服装外，还在一些陶塑遗物上发现头饰、佩饰以及簪发锥髻用的骨、石、玉笄等配饰，形成了一套较为完整的服饰体系。例如良渚文化时期的玉锥、玉串、玉带钩以及玉镯，可能都属于服饰体系的一部分（见图 7-10）。

关于服饰的起源，主要有三种假说。第一种是实用需求说，认为为了应对自然环境的冷热变化，抵御外界侵害，在日常活动中保护重要器官以免受伤，人类用兽皮等将身体包裹起来，由此逐渐演变为衣物。第二种是性别遮羞说，推测原始人类过着群居生活，于是用具有遮挡功能的衣物蔽体，遮盖生殖器官，起到遮羞和稳定群体关系的功能。第三种是审美装饰说，认为对美的追求是人类的一种本能，原始人类通过制作衣物、佩戴饰品对自己的身体进行装饰，从而达到审美愉悦和吸引异性的目的。这三种假说也从侧面反映出服饰的三个基本功能，即实用、伦理和审美功能。

进入阶级社会以后，服饰同社会经济基础、政治制度、思想意识、风尚习俗、审美观念等关系日益密切。由于贫富差距慢慢增大，关于财富的意识、观念甚至崇拜逐渐形成，服饰审美中又注入了富贵与贫贱的色彩，由此又衍生出服饰新的功能——识别功能，即通过服饰可以区分穿者的性别、身份和等级等等。因此，中国传统文化中还有一种现象，即用某种衣服样式代指某个人群，即反映出服饰的识别功能。例如：巾帼本是古代妇头上的头巾或装饰物，后借以代表女性；黔首是战国以及秦朝时期对百姓的称呼，因为平民出门会用黑色头巾裹头当成行头；苍头原指战国时主人战旗下的军队，多以乡党的青年组成，因以青巾裹头，故名之；古代士大夫带子下垂的部分叫绅，笏插在皮带与带子之间叫缙，插笏于绅带间为旧时官宦的装束，缙绅亦借指士大夫；古时囚犯

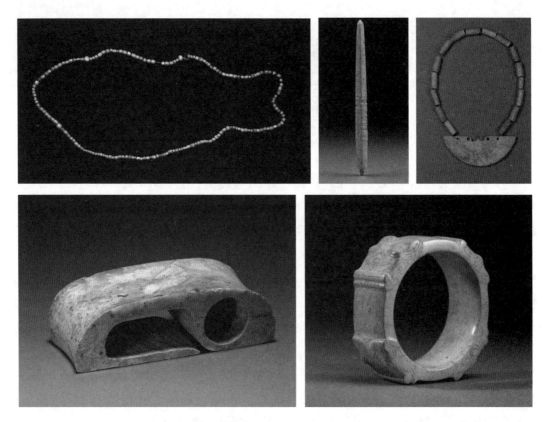

图 7-10 良渚文化玉饰(上左:玉管串饰;上中:玉锥形器;上右:玉璜串饰;下左:玉带钩;下右:玉镯)

图片来源:杭州良渚遗址管理区管理委员会、浙江省文物考古研究所编.良渚玉器[M].北京:科学出版社,2018.

乃服赭衣,因以赭衣代称因犯;青衿亦作"青襟",系周代读书人常穿服装,用以泛指有学识的人;青衣是古时地位低下者所穿服装,婢女亦多穿青衣,后亦用作婢女的代称;白袍,旧指未得功名的士人;袍、泽原是古代士兵的服装,后称军队中的同事为"袍泽",用以指代将士和战友。

第二节　中国古代服饰的基本形制

中国古代服饰的基本形制主要分为两种。第一种是上衣下裳制,上曰衣,下曰裳,衣裳分离,相传这种服饰起源于黄帝时代。《释名·释衣服》中提到,"凡服,上曰衣。衣,依也,人所依以芘寒暑也。下曰裳。裳,障也,所以自障蔽也",认为衣是用来保暖的,裳是用来保护下身和遮羞的。《机赋说》记载:"古者衣皮即服装也,特衣裳未辨。羲、炎以来,裳衣已分。"大意是三皇五帝时代以后(或者三皇五帝以后)衣、裳才分开。

第二种是衣裳连属制,即衣裳相连,古称"深衣",出现于春秋战国时期。《礼记·深衣》记载:"名曰深衣者,谓连衣裳而纯之采者。"其特点是使身体深藏不露,雍容典雅,后世各种形制的袍及长衫就是由深衣演变而来。这两种服装在古代交相使用,相容并蓄。

自周代开始,中国古代服装开始有了性别区分。但是从文献资料和实物资料来看,目前尚未发现此前是否有服装的性别区分。

一般认为,男性的下装叫裳,女性的下装叫裙。裳主要用于冕服、朝服等礼服,前后两片。郑玄注《礼仪·丧服》提到:"凡裳前三幅,后四幅也。"三幅的一组遮蔽下腹部,四幅的一组遮蔽下腹部(或者裆部,再或者,下腹及裆部),上用带子系结于腰部。但目前未有男性下裳的实物出土。裙是一片合围式的,"裙"是"群"的同源派生词,意思是将多(群)幅布帛连缀到一起,成一筒状,故刘熙《释名》释"裙"为"联结群幅也"。江陵马山楚墓和西汉马王堆汉墓中出土过女裙(见图7-11),但是考察秦始皇兵马俑时发现,这种一片式裙也可被男性当作内衣穿着(见图7-12)。但是,男性可以穿一片式裙,女性却不可穿两片式裳。

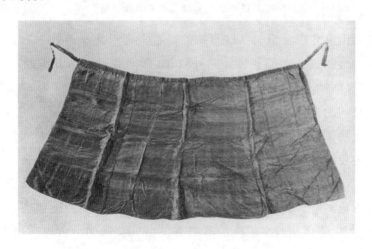

图 7-11　西汉马王堆汉墓出土女裙

图片来源:湖南省博物馆,中国科学院考古研究所.长沙马王堆一号汉墓(下册)[M].北京:文物出版社,1973:100.

商朝时已形成完整的衣服体系,包含衣、裳、鞋、帽及各种饰物。殷墟墓葬中出土人俑身上大多着衣,为我们考察商代服饰文化提供了宝贵资料。这些人俑的衣着有所区别,可能与其身份和地位有关,或可从其衣着上看出等级地位的差别。

图 7-12　秦兵马俑出土男性着裙俑

　　侯家庄西北岗墓葬中曾出土一件残缺的白色大理石跪坐人像。石人身穿窄衣袖、大宽领短上衣,交领右衽,宽领上装饰绣花纹饰,腰间束一条绣花宽腰带,纹饰有云雷纹、人字纹。脚穿前端上翘的鞋子。体前腰带下残留有一条人字形花纹的带子,应该就是古代系在腰间的重要装饰品——韍黻(fǔ fú),也称蔽膝。蔽膝一般指腰带以上正面佩带的一块上狭下宽的斧形装饰,在中国古代具有崇高地位,是贵族的身份标识,成为古代礼服的主要成分(见图 7-13)。殷墟妇好墓中出土了一个跪坐玉人,身上穿着对襟、窄袖的长上衣,绣有云纹和虺蛇纹。下襟垂到足踝,领口左右交掩,腰间束有宽带,下面悬垂着长方形韍黻。其腰间左侧还插了一件柄部为卷云形的器物,有人认为可能是武器或仪仗用品,表现出这个玉人的尊贵身份(见图 7-14)。殷墟还出土了一批带手枷的陶俑,身上皆只穿一件圆领连衫裙,腰间系细带,衣着十分简单。一类头顶光秃,手臂缚在后面;另一类头顶有盘起的发髻,手臂缚在前面,可能表现了男女两种奴隶的形象(见图 7-15)。

图 7-13　商周贵族服饰示意图（左：安阳出土商代玉人；右：洛阳东郊出土西周玉人）

图片来源：左：沈从文、王㐨.中国服饰史[M].陕西：陕西师范大学出版社,2004:16.

右：沈从文.中国古代服饰研究[M].北京：商务印书馆,2011:57.

图 7-14　安阳妇好墓出土跪坐玉人像

图片来源：中国社会科学院考古研究所.殷墟妇好墓[M].北京：文物出版社,1980:彩版二十二.

图 7-15　殷墟出土带手枷人物陶像

西周时期,确立了一套完整的宗法等级制度,完善了与贵族等级制度相匹配的服饰制度。自殷商时期发端的冕服制度,也于此时建立完备。冕服制度,指王室公卿根据爵位高低以及季节时令不同,在不同场合分别穿着六种具有不同形式、质料、色彩和图案定制的冕服。冕服是古代贵族举行重大仪式时穿戴的礼服,彰显着等级、秩序、信仰与习俗,是中国古代服饰文化的重要部分。冕服制度历代相沿,虽然有所变革,但大体未易,始终被作为传统法服,直至清朝才被完全废止。

冕服包括大裘冕、衮冕、鷩(bì)冕、毳(cuì)冕、希冕、玄冕,因而又称六冕制度。冕服由冕冠和礼服组成,礼服包括衣、裳、革带、蔽膝、舄(xì)或屦(见图 7-16)。冕冠的上部为一长方形板,叫延;延的前后沿挂串珠,叫旒;再下面是冠,或叫冠卷、帽卷,是用金属丝、漆纱、细藤等编织的圈,两边有孔。古人用发簪把头发和帽子固定在一起。冕服制度最初规定天子、诸侯、大夫在祭礼时都要戴冕,等级不同,旒数不同,天子十二旒,诸侯九旒,上大夫七旒,下大夫五旒。后来规定只有帝王才可戴冕,故"冕旒"成为帝王之代称。

图 7-16　晋武帝司马炎像

　　"十二章纹"是帝王及高级官员礼服上绘绣的十二种纹饰,分别为日、月、星辰、群山、龙、华虫、宗彝、藻、火、粉米、黼、黻(见图 7-17)。日、月、星辰,取其照临之意;山,取其稳重、镇定之意;龙,取其神异、变幻之意;华虫,羽毛五色,甚美,取其有文彩之意;宗彝,取供奉、孝养之意;藻,取其洁净之意;火,取其明亮之意;粉米,取有所养之意;黼,取割断、果断之意;黻,取其辨别、明察、背恶向善之意。十二章纹的起源可追溯到史前时期,至周代正式确立,后成为历代帝王的服章制度。帝王在最重要场合要穿绘有十二章纹的冕服,其他场合视重要程度递减章纹,章纹数和冕旒数对应,如:冠用九旒,则冕服用七章;冠用七旒,冕服则用五章;等等。诸侯、卿大夫的冕服所用章纹依帝王所用章纹多少递减,如帝王用十二章纹,公卿用九章纹,侯伯用七章纹。

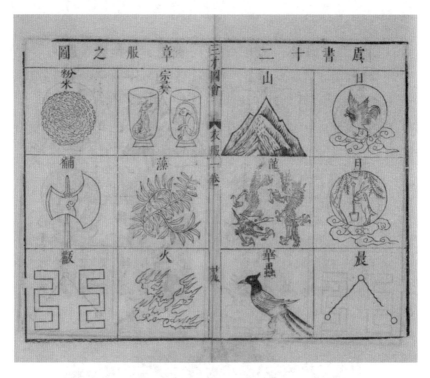

图 7-17　十二章纹

　　冕服制度对天子和不同等级官员的服饰颜色也有规定。天子冕服多为"玄衣纁
裳"，"玄"指黑色，"纁"是赤绛色而微黄。蔽膝以色区分等级，天子用纯朱色，诸侯黄朱
色，大夫赤色。诸侯与王同用赤舄，赤舄为上，后为白、黑；后妃的舄以玄（黑）、青、赤三
等为序。周王有时会将自己的一些礼服奖赏给立下功勋的大臣，如青铜器《师兑簋》的
铭文提到赏给师兑"赤舄"。

　　春秋战国时期，服饰的重大改革表现在"深衣"和"胡服"的出现。深衣，因"被于体
也深邃"而得名，意思是遮蔽身体的面积大。深衣缝制容易，穿着方便，很快就广泛流
行开来。长沙仰天湖楚墓出土的曲裾深衣妇女彩绘俑，身上所穿即是连衣裳的深衣，
交领曲裾，衣襟接长向后交掩，腰束红带（见图 7-18）。长沙马王堆汉墓出土的素纱禅
衣则是直裾深衣，其衣襟不如曲裾深衣的长，下摆部分垂直剪裁（见图 7-19）。

图 7-18　长沙仰天湖战国楚墓出土曲裾深衣彩绘俑

图 7-19　长沙马王堆汉墓出土直裾素纱禅衣

　　胡服是古代汉人对西方和北方少数民族所穿服装的总称,一般由短衣、长裤和靴组成,衣身紧窄,便于游牧与射猎。赵武灵王为强化本国军队,率先在中原地区采用胡服作为戎装。胡服一时相沿成风,以至形成中国古代服饰史上的第一次大变革。从长治分水岭东周墓地出土的青铜武士俑上,可以看到传统汉制的交领右衽,以及胡裤、胡袖、胡冠等服饰元素的融合(见图7-20)。

图 7-20　长治分水岭东周墓出土青铜武士俑

　　秦代服饰主要沿袭了战国形制,样式比较简单。秦始皇崇信"五德终始"说,崇尚黑色。因此,黑色当时只限帝王祭服,百官宫人则五色并用,庶民百姓只服白袍。秦始皇在冠服制度上,废除六冕,只采用一种祭祀礼服。《后汉书·舆服志》载:"秦以战国即天子位,减去礼学,郊祀之服,皆以袀(jūn)玄。"所谓"袀玄",是一种上衣下裳同为黑色的大礼服,显然是"五德始终,水德至上"思想影响的结果。

　　秦始皇陵兵马俑坑出土大量陶俑,为了解秦朝的军戎服饰样式提供了翔实的资料。秦朝的戎服,上自将军下至士卒,形制全部相同,一律上穿深衣,下穿小口裤,士卒腿上裹有行缠,足穿靴或履。戎服外腰间多束腰带,腰带用皮革制成。从翻卷起的衣领、袖口和袍服衣纹处,推测铠甲里面所穿可能是絮夹袍。陶俑出土时是着色的,袍服主要有紫色、浅紫、朱红、粉红、绿、粉绿、蓝、浅蓝、黑等色;铠甲主要是赭色,上面的甲钉以及编缀的绳带和包边有白、中黄、橘黄、朱红等色(见图7-21)。

图 7-21　秦始皇陵出土着铠甲军士俑(左:将军俑;中:军吏俑;右:彩绘跪射俑)

第三节　等级观念对中国古代服饰的影响

　　等级观念的影响贯穿了我国古代服饰文化发展的始终,发端于商,西周正式确立,并在以后各朝各代中延续。等级观念对服饰的影响主要体现在材质、色彩、纹样图案和配件等几方面。

　　在材质的运用上,王宫贵族使用丝帛,平民百姓使用葛麻织物。唐代规定"未有官者,服粗葛布",可见平民的服装用料不能与官服相同。明代明确规定普通男女衣服不得使用织锦、绫罗一类高档丝绸,除麻布、葛布外,丝绸的使用通常被限制在较低档次的绢、素纱之类。

　　这种等级差异实际上是由经济水平决定的,商人的崛起打破了这种差异,社会等级低下的商人具有穿着高级服饰的经济能力。统治者为了维护统治基础,因而推行重农抑商的政策,诏令限制商人服饰的使用材料。例如,汉高祖刘邦曾诏令全国"贾人毋得衣锦、绣、绮、縠……",明太祖朱元璋也曾诏示"商贾止衣绢、布。农家有一人为商贾者,亦不得衣绸、纱","商贩、仆役、倡优、下贱,不许服用貂裘"。

　　等级观念对服装色彩的影响在西周冕服制度中即有体现,到北朝时出现了品色衣制度,并在唐朝正式确定下来。《周书·宣帝纪》载:"大象二年诏天台侍卫之官,皆着五色及红、紫、绿衣,以杂色为缘,名曰'品色衣',有大事与公服间服之。"据此可知,品色衣在北周作为朝会之服。

　　品色衣制度是以紫、绯、绿、青四色定官品之高卑,因为紫、绯是最难染制的两种颜色,明艳度也较青、绿高。以服色辨官品,是中国古代官服制度中最具政治色彩的重大特征。尽管在以后各代,不同色彩所代表的官职品级屡有调整(见表 7-1),但各种色彩象征的等级尊卑序列却基本未变。唐懿德太子墓壁画中有一场景,内侍身着紫、绯、绿、青、黄色常服圆领袍,便是品色衣制度的直观体现(见图 7-22)。由于黄染料色素很容易从自然植物中获取,黄因此成为当时服色等级的末端色彩,和完全不用染、最廉价的白色一起,在隋唐时期被定为"流外官以及庶人服色"。

表 7-1　各代官职品级

颜色	唐	宋	元	明
紫	一至三品	一至四品	一至五品	
绯	四品、五品	五品、六品	六品、七品	一至四品
绿	六品、七品	七至九品	八品、九品	八品、九品
青	八品、九品			五至七品

图 7-22　唐懿德太子墓壁画

图片来源:陕西省博物馆,乾县文教局唐墓发掘组.唐懿德太子墓发掘简报[J].文物,1972(7):26-32.

在很长一段时间里,黄并非帝王专属色,而是上自天子、下至庶民最日常的袍色。帝王自隋以来着黄色,一方面可能因为方便,另一方面可能和个人喜好有关,例如两唐书多次提到"隋文帝喜服赭黄文绫袍"。唐代因隋旧制,皇帝继续"以赭黄袍、巾带为常服",《步辇图》中唐太宗的常服色就是相对较深的赭黄(见图7-23)。唐高宗时期,某次"洛阳县尉柳延服黄夜行,为部人所殴",高宗闻后,"以章服紊乱,故以此诏申明之……一切不许著黄",禁止官员朝参着黄,这成为中国历史上"禁黄"之始。黄色开始成为皇帝的专属颜色。明代规定皇帝常服为"袍黄色",并把禁黄范围延伸至"柳黄、明黄、姜黄",赭黄依然是帝王常用的袍色。清朝则限定使用明亮度最高的"明黄"。

图7-23 唐阎立本《步辇图》中的唐太宗形象

等级观念对服饰纹样的影响在各朝各代官服上有不同的体现。元代官服沿用宋制,采用紫、绯、绿三种服色,但款式有所创意。最大的特点是官服绣有不同花卉的图案,官大花朵大:一至五品同为紫衣,一品饰大独科花,径五寸;二品饰小独科花,径三寸;三品散答花,径二寸,无枝叶;四品、五品小杂花,径一寸五分;六品、七品同为绯色,皆饰小杂花,径一寸;八品、九品同为绿色,素而无纹。

明代官员常服上新出现了一种等级标志——补子。补子是两块正方形的织锦,使用时将其补缀于品官补服前胸后背之上,这种官服也叫"补服"。文官绣禽,以示文明;武官绣兽,以示威猛(见表7-2)。"补服"制度为明代以来近600年的官场所沿用,成为封建等级制度最突出的代表之一。

表 7-2　明代各品级补子绣纹

品级	补子绣纹	
	文官	武官
一品	仙鹤	狮子
二品	锦鸡	
三品	孔雀	虎豹
四品	云雁	
五品	白鹇（xián）	熊罴（pí）
六品	鹭鸶	彪（一种小型猫科猛兽）
七品	鸂鶒（xī chī）	
八品	黄鹂	犀牛
九品	鹌鹑	海马
未入流	练鹊（蓝雀）	

　　上海松江吕冈泾许乐善墓，墓主身穿白布服装，其中一件外套为圆领袍服，前胸后背各缝白布补子一块，长方形，长 36 厘米，宽 31 厘米。上绘黑色孔雀两只，黑云数朵，孔雀一上一下，展翅翱翔在祥云中，构图简洁明朗（见图 7-24）。许乐善生前曾官至南京通政司通政使，正三品，补子图案对应的正是孔雀。明代诸纯臣墓，墓主的一件外套袍服上有两方刺绣补子，中部绣两只凌空飞翔的鹭鸶。根据明代官员死后皆封赠一品

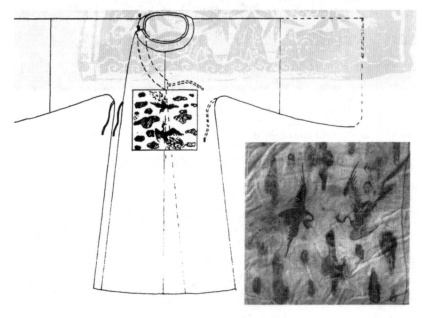

图 7-24　上海松江明许乐善墓出土补服

图片来源：何继英.上海明墓出土补子[J].上海文博论丛，2002(2):38-41。

的定制,诸纯臣生前官位正七品,死后追赠为六品,所以使用鹭鸶补服(见图 7-25)。

图 7-25　上海松江明诸纯臣墓出土补子

图片来源:何继英.上海明墓出土补子[J].上海文博论丛,2002(2):38-41.

　　由于制度腐败,在明代中、后期也出现了一些滥用高级补子的现象。1988 年江苏泰州鲍家坝明代刘湘墓中出土了两件补服,着于刘湘夫人丘氏身上,分别为狮子补服和麒麟补服。而据墓志记载,刘湘为处士,其夫人为孺人。处士即为无官职者,其妻子却穿着一品以上大员才可以使用的麒麟和狮子补服,足见明代中后期补服攀比滥用之风(见图 7-26)。

图 7-26　江苏泰州明刘湘夫妇合葬墓出土狮子补服

图片来源:叶定一.江苏泰州明代刘湘夫妇合葬墓清理简报[J].文物,1992(8):66-77.

　　明代的补子为清代继续沿用,图案内容大体一致,各品级略有区别(见表 7-3)。明代补子施于袍,清代补子用于褂。由于清朝补子缝在对襟褂上,与明朝织在大襟袍上有所不同,所以明朝补子前后都是整块,而清朝补子的前片于中间剖开,分成两个半块。

表 7-3　清代各品级帽顶和补子绣纹

品级	文官		武官	
	帽顶	补子绣纹	帽顶	补子绣纹
一品	红宝石	仙鹤	红宝石	麒麟
二品	珊瑚	锦鸡	珊瑚	狮
三品	蓝宝石	孔雀	蓝宝石	豹
四品	青金石	雁	青金石	虎
五品	水晶	白鹇	水晶	熊
六品	砗磲	鹭鸶	砗磲	彪
七品	素金	鸂鶒	素金	犀牛
八品	阴文镂金花	鹌鹑	阴文镂金花	
九品		练鹊（蓝雀）		海马
从九品		练鹊（蓝雀）		

除了补子以外，服饰上还有其他的纹样图案。龙袍是皇帝的御用之服，蟒袍则是诸侯士大夫等人的官服礼服。《万历野获编》记载说："蟒衣为象龙之服，与至尊（即皇帝）所御（龙）袍相肖，但减一爪。"《大清会典》记载清朝在服用蟒服上的一条禁例，说："凡五爪龙缎立龙缎团补服……官民不得穿用。若颁赐五爪龙缎立龙缎，应挑去一爪穿用。"根据这两条记载，一般认为五爪为龙，四爪为蟒（见图 7-27），但偶有区分不明确的现象。

图 7-27　清代的龙纹夹褂（左）与蟒袍（右）

配饰方面也有诸项规定，以体现等级之分。例如，冠上梁（冠上凸起的脊）的多少成为区分等级的基本标识。明代官员的官帽分为梁冠和乌纱帽，《明史·舆服志》记载："一品冠，七梁；二品冠，六梁；三品冠，五梁；四品冠，四梁；五品冠，三梁；六品、七品冠，二梁；八品、九品冠，一梁。"（见图 7-28）

图 7-28　孔府旧藏明衍圣公朝服及其梁冠

清朝官员的朝冠,冠上的宝石称为顶珠,和冠后的花翎一样,是官位高低的象征。花翎是孔雀翎,有单眼、双眼、三眼之分。五品以上官员赏给单眼花翎,双眼花翎赏给级别较高的官员,三眼花翎则是赏给亲王、贝勒等皇族和有特殊功勋的大臣。

腰带上的配饰组合更有讲究。汉代确立组绶制度作为区分官阶的标识。"组"是用丝带编成的饰物,用来系腰;"绶"是用来系玉佩或印纽的绦带,用彩色丝线编结而成,也有用玉佩、珠饰串联而成的。绶带和官印一样,由朝廷统一发放,由于是系在官印之纽上的,所以也称"印绶"或"玺绶"。绶的织纹、色彩及宽窄长短需与官阶相对应。按照规定,汉代官员外出时必须将官印装在腰间的囊里,并将绶带垂在腰旁,以示其官阶。山东沂南汉墓出土画像石中有一个头戴武冠、腰配虎头绶囊的将军画像,是当时官员组绶制度的真实反映。

思考题:

1. 如何看待关于服饰的起源这个问题?
2. 春秋战国时期,服饰上发生了什么重大改革?
3. 我国新石器时代遗址中出土过哪些与史前纺织有关的遗物?

参考文献:

[1] 北京大学历史系考古教研室殷周组.商周考古[M].北京:文物出版社,1979:84-85.

［2］戴亚东.长沙仰天湖第25号木椁墓［J］.考古学报,1957(2)：85-94,118-123.

［3］韩炳华,李勇.长治分水岭东周墓地［M］.北京：文物出版社,2010：316.

［4］何继英.上海明墓出土补子［J］.上海文博论丛,2002(2)：36-39.

［5］何介钧,张维明.马王堆汉墓［M］.北京：文物出版社,1982：63.

［6］何介钧.马王堆汉墓［M］.北京：文物出版社,1982：51.

［7］湖北省荆州地区博物馆.江陵马山一号楚墓［M］.北京：文物出版社,1985：23.

［8］黄修明.传统服饰文化变革中的社会政治因素［J］.西南民族学院学报(哲学社会科学版),1999(S6)：81-88.

［9］南京博物院.江苏吴县草鞋山遗址,文物资料丛刊(3)［M］.北京：文物出版社,1980：1-24.

［10］裴文中.周口店山顶洞之文化(中文节略)［J］.文物春秋,2002(2)：1-7.

［11］秦始皇帝陵博物院.K9901陪葬坑(百戏俑坑)［EB/OL］.(2019-12-12)［2020-11-30］http://www.bmy.com.cn/html/public/zl/jbcl/5a93306da295407dbd660b4e65144a90.html.

［12］山东省博物馆.沂南北寨汉墓画像［M］.北京：文物出版社,2015：68-69.

［13］陕西省博物馆乾县文教局唐墓发掘组.唐懿德太子墓发掘简报［J］.文物,1972(7)：26-32,70-71,75-76.

［14］陕西始皇陵秦俑抗考古发掘队,秦始皇兵马俑博物馆.秦始皇陵兵马俑［M］.北京：文物出版社,1983.

［15］沈从文.中国古代服饰研究［M］.上海：上海书店出版社,2011：32.

［16］宋濂.元史·舆服志一［M］.北京：中华书局,1976：1939.

［17］宋兆麟.考古发现的打纬刀——我国机杼出现的重要见证［J］.中国历史博物馆馆刊,1985(0)：15-23,71.

［18］夏征农.大辞海·化工轻工纺织卷［M］.上海：上海辞书出版社,2009：249-250.

［19］叶宝一.江苏泰州明代刘湘夫妇合葬墓清理简报［J］.文物,1992(8)：66-77.

［20］张增祺.晋宁石寨山［M］.昆明：云南美术出版社,1998：202.

［21］赵超.云想衣裳——中国服饰的考古文物研究［M］.成都：四川人民出版社,2004：52.

［22］浙江省文物管理委员会,浙江省博物馆.河姆渡遗址第一期发掘报告［J］.考古学报,1978(1)：39-94,140-155.

［23］浙江省文物管理委员会.吴兴钱山漾遗址第一、二次发掘报告［J］.考古学报,1960(2)：73-91,149-158.

［24］中国社会科学院考古研究所.殷墟妇好墓［M］.北京：文物出版社,1980：151.

第八章

考古发现
与造船技术

本章结合我国的相关考古发现讲述了古代造船的发展历史,并介绍了多种最新科技手段在古船研究上的应用案例。本章共分两节:第一节是我国古代造船史综述,讲述了舟船的起源、造船技术的发展和我国古代水上交通的发展,并介绍了我国古代三大主要船型;第二节是古船的科技考古案例简介,通过年代测定、无损探测、本体保护、数字化以及整体打捞等科技手段的应用,我们能够更加深入提取考古出土古船的各类有价值信息,并为古船文物的保护提供适用的手段。

第一节　中国古代造船史综述

一、舟船的起源

当我们远古的祖先走出洞穴、开始在旷野定居生活的时候,广袤的江河湖海就成了他们下一个要征服的对象。在真正的船出现之前,也许有的人水性了得,渡江过河都不在话下,也许有的人头脑聪明,会利用各种浮具来渡水,比如葫芦、漂浮的木头、吹气的动物皮囊乃至捆扎的竹筏和木筏等等。正如我们在图 8-1 中所见的这几个例子。

图 8-1　良渚遗址公园内竹筏渡河场景复原(左图)　黄河流域近代仍在使用的羊皮筏和葫芦舟(右图)

但是以上这些渡水器具都还算不上是真正的船,船真正出现的标志是船舷的出现,也就是说船体要具有一定的容积。最早的船是以独木舟的形式出现的。

在我国古书《易经》上有"刳(kū)木为舟剡(yǎn)木为楫"的记载,意思就是把木材中间挖空做成船,再把木头削成船桨的形状,这句话比较真实地反映了古代独木舟和船桨的制作过程。当然《易经》的成书年代最早也不会超过西周,也就是距今 3000 年左右,而从考古发现上看,目前最早的独木舟距今已有 8000 年的历史了,出土于浙江萧山的跨湖桥遗址。现在这艘独木舟也是跨湖桥遗址博物馆的镇馆之宝。跨湖桥遗址博物馆的建筑外形也采用了独木舟的形状(见图 8-2)。

图 8-2　跨湖桥遗址博物馆外观与馆内的独木舟展陈

跨湖桥遗址独木舟是 2002 年发掘出土的(见图 8-3),独木舟由整根松木制作而成,船体残长 5.6 米,最宽处约 0.5 米,从船体多处遗留的黑色烧焦面来看,应该是采用了火焦法挖凿船体,简单说就是用火烘烤需要挖凿掉的船体,需要保留的部分可能采用湿泥覆盖的方式,接着就能比较轻松地用石器工具把炭化的部分砍凿下来。

图 8-3　跨湖桥遗址独木舟出土时场景

资料来源:浙江省文物考古研究所.跨湖桥(浦阳江流域考古报告之一)[M].北京:文物出版社,2004,彩版九.

跨湖桥出土的独木舟证明了我国东南沿海地区在 8000 年前就已经开始制造并使用独木舟穿行于江河湖海。跨湖桥文化之后的河姆渡文化和良渚文化也一直传承并发展了造船的技术。

河姆渡文化是距今约 7000 年前长江流域下游以南地区的新石器时代文化,主要分布在杭州湾南岸的宁绍平原及舟山岛等地区。图 8-4 是河姆渡文化遗址中出土的木船模型和船桨。这只独木舟模型表现出了一种更加进步的形制,船体呈尖头、船底为 V 字形,船体中段挖凿出了椭圆形的船舱体,尾端近方形。虽然河姆渡文化目前还没有发现独木舟实体,但是已经出土了大量的木桨以及各类海洋生物的遗骨,因此我们可以推断当时必然是有船只存在的。

图 8-4　河姆渡文化遗址中出土的木船模型和船桨

　　河姆渡文化在东南沿海一带分布较广,在舟山群岛的岱山、嵊泗等岛上也发现了多处当时的遗址,说明了当时河姆渡文化先人的活动范围已经扩展到了海洋。尤其是河姆渡文化出土的一种有段石锛,与普通石锛不同的是在背部中间隆起一条横脊把石锛分成前后两段,后部较薄,所以叫有段石锛。这种有段石锛在东南亚及南太平洋诸岛也多有发现,由于形制比较复杂,在当地起源的可能性很小,极有可能是随着古代先民的海上活动而传播过去的。

　　良渚文化距今约 5300—4300 年,主要分别在钱塘江流域和太湖流域,近年来良渚古城及相关遗址的发现和研究实证了中华五千年的文明史,是我国新石器时代重要的考古学文化。2019 年,良渚古城遗址被列入世界文化遗产名录。

　　2009 年,在位于杭州市余杭区临平镇的良渚文化茅山遗址发掘出土了一艘完整的独木舟。独木舟全长 7.35 米,最宽处约 0.45 米,是我国目前出土的最长的史前独木舟。这条独木舟在发掘时已经被整体套箱提取,目前正在进行室内的保护修复工作(见图 8-5),待保护工作完成后也将向大众开放展示。

图 8-5 良渚文化茅山遗址出土的独木舟整体提取与保护

二、造船技术的发展

随着社会与生产力的发展,独木舟已经不能满足人们日常生活的需求了,人们希望船只能够运送更多的人和货物,并且更加安全快捷。

从考古发现上来看,我们能看到从独木舟向木板船发展的几种不同的形式。

图 8-6 是 1975 年在江苏武进县(今武进区)出土的西汉木船,它的两舷具有独木舟的形态,但底部是一块厚重的底板,通过榫卯结构与船舷板相连,是一艘典型的复合舟。

 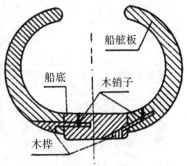

图 8-6 江苏武进县(今武进区)出土的西汉木船

图 8-7 是 1976 年在山东平度县(今平度市)出土的隋代沉船,是由两条独木舟用 20 余根横木贯穿连接而成,独木舟舟身由三段粗大的树木制成,总长度约为 23 米。在浙江温州的西山遗址也发现过两艘类似的唐代双体独木船。

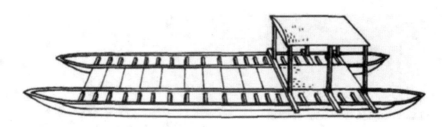

图 8-7　山东平度县(今平度市)出土的隋代双体船

资料来源:毕宝启.山东平度隋船清理简报[J].考古,1979(2):147.

1979 年在上海川扬河出土了一条隋唐时期的古船(见图 8-8),是一条独木舟加装两舷侧板的形制。船底由三段独木衔接,分船头、船尾和中段三部分,总长度可达 18 米。

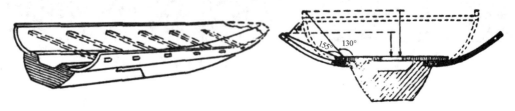

图 8-8　上海川扬河出土的隋唐古船

资料来源:王正书.川扬河古船发掘简报[J].文物,1983(7):51.

以上这些船表现了从独木舟向木板船发展的几种过渡类型,这些出土古船的制造年代都比较晚,大多在汉唐之际,但是根据文献记载,早在我国的夏商周时期,木板船就已经被广泛使用了。尤其是到了春秋战国时代,由于大国之间的争霸战争以及贸易、运输等需求的刺激,加上当时铁制工具的发展,造船业得到了极大的发展。从出土的战国铜鉴上我们也能看到当时战船大致的形态(见图 8-9)。比如当时造船技术较高的吴国,光战船的类型就可以分为大翼、中翼、小翼,还有楼船、突冒、桥船等类别。大翼战船的长度可以达到近 30 米。

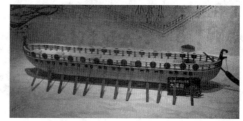

图 8-9　战国铜鉴上的战船纹饰和战国时期吴国大翼战船复原模型

资料来源:左图:郭宝均.山彪镇与琉璃阁[M].北京:科学出版社,1959:18;右图:江苏常熟尚湖景区木船博物馆展品。

　　到了汉代,我国的造船技术已经相当成熟了,能够建造种类繁多的各种船只,甚至制造三层楼高的楼船,船的各种属具如风帆、船舵、船锚等的使用也日益完善(见图 8-10)。

图 8-10　汉代楼船复原模型

　　船舶的属具除了比较简单的船桨、船篙等之外,船橹的发明是一个比较重要的突破(见图 8-11)。船橹可以连续地摇动产生向前的推动力,使工作效率大幅提高。而风帆的出现则是船舶发展史上的重要里程碑,汉代的时候风帆已经得到了广泛的应用,并且有了成熟的控制风帆的技术。在西方,风帆出现的时间也很早,但是缺少船舵的配合,主要还是使用木桨,而我国在汉代已经使用船舵了,我们知道"见风使舵"这个成语指的就是风帆与船舵配合使用,就能够乘风破浪了。还有装在船头起固定船只作用的船锚也在汉代得到了应用,这些属具的发展与完善推动了中国航海业的发展,从此中国的帆船跨海越洋,勇敢地探索着新世界。

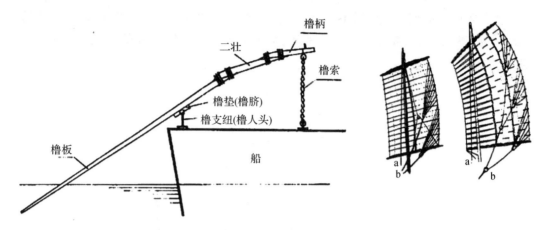

图 8-11 船橹的结构示意图及风帆的升降与转向示意

资料来源:席龙飞.中国古代造船史[M].武汉:武汉大学出版社,2015:106,444.

到了三国两晋时期,由于北方的连年战乱,大批民众迁徙到了政局相对稳定的南方,并带来了先进的生产技术与工具,使原来落后于北方的南方地区的生产力得到了迅速的提高。经济的繁荣和社会的相对稳定为南方造船业的发展提供了重要的物质基础。在秦汉造船业的基础上,三国时期的造船业得到了进一步发展,尤其是吴国,在历史上就是造船业比较发达的吴越之地,在孙吴政权建立之初便能够建造巨大的楼船和能载三千士兵的战舰。吴国高超的造船技术也为在赤壁之战中的胜利打下了基础。

赤壁之战是三国时期最著名的战役之一,也是中国历史上第一次在长江流域进行的大规模江河作战。这场战役以曹操的失败而告终,并奠定了三国鼎立的基础。"火烧赤壁"的故事大家都知道,在这场战役中肩负火烧曹操船队重任的斗舰则早已久负盛名。斗舰是东汉时新出现的船型,根据研究,斗舰总长可达 37 米,宽 9 米,甲板上的上层建筑有 7 米多高。在甲板上设有可以供士兵藏身防御的女墙和射箭的垛口,船上立有两根桅杆和风帆以及 30 把木桨,并有石锚、尾舵等装置(见图 8-12、图 8-13)。

图 8-12 船头的锚与绞车及船尾的船舵

图 8-13　赤壁之战中的斗舰模型

　　唐宋时期是我国古代造船史上的一个高峰。这一时期海外贸易的发展进一步促进了造船技术的提高,唐宋时的造船技术在世界上遥遥领先,当时重大的技术进步是水密隔舱的发明和指南针的应用。水密隔舱是指以船的龙骨和底板为基础,将船舱分成互不相通的多个隔间,平时主要用来分类摆放货物,在航行期间万一个别船舱意外破损,在隔舱板的阻止下,海水只会进入受损的舱室,船员可以进行紧急抢修,有效提高了船舶航海的安全性。1973 年在江苏如皋发掘出土的唐代木船上已有清楚的水密隔舱构造(见图 8-14)。欧洲直到 18 世纪末才出现这种先进的船舶结构(见图 8-15)。

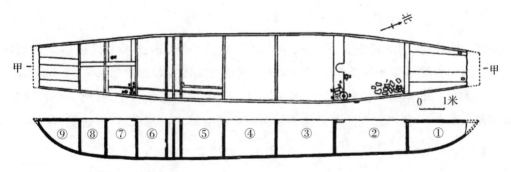

图 8-14　江苏如皋发现的唐代木船的水密隔舱

资料来源:南京博物院.如皋发现的唐代木船[J].文物,1974(5):85.

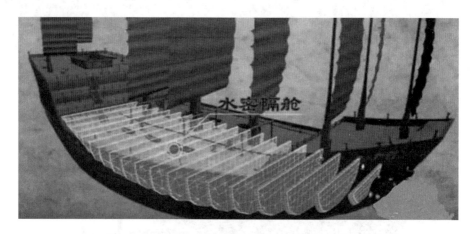

图 8-15 水密隔舱示意图

宋代的时候,指南针(见图 8-16)也开始应用于航海,使船只的航海能力跨上了一个新的台阶。

图 8-16 宋代应用于航海的指南针

到了明代,我国的造船工艺和技术出现了新的飞跃,达到了古代造船业的顶峰。最典型的代表是郑和下西洋船队里的宝船。据文献记载,郑和宝船共 62 艘,最大的长 148 米,宽 60 米,是当时世界上最大的木帆船。大家可以想象一下,这比一个标准足球场还大。图 8-17 是郑和宝船与哥伦布航海时旗舰的对比示意图,可以感受到郑和宝船的巨大尺寸。

图 8-17　郑和宝船与哥伦布航海船队的旗舰对比示意

南京宝船厂遗址公园内复制了郑和船队一艘中等尺寸的宝船,该船长约 63 米,宽 13.8 米,总桅高 38 米,排水量达到了 1300 吨(见图 8-18)。

图 8-18　南京宝船厂遗址公园内复原的宝船

也有研究者认为郑和的船队中并没有那种超过百米的巨舰,但对于明代有能力制造这种大船,大家还是持比较一致的肯定意见的。

明代后期以及清朝的海禁政策使得中国的造船技术迅速衰落,失去了在世界上的领先地位。

三、我国古代水上交通的发展

随着舟船的出现,古人们也同时开始了水上交通的开拓,前面我们已经提到河姆渡文化时期的先人已经在海洋上有了很大的活动范围。在很多沿海的考古学文化中,我们经常能看到互相之间文化因素的交流,这也从侧面反映了史前海上交通的发展。

到了夏商周时期,在一些古代文献上开始出现了与水上交通相关的记载,比如我国第一部古史书《竹书纪年》上就有夏代帝王"东狩于海,获大鱼"的记载;《诗经》中则在提及商代的祖先相土时有"相土烈烈,海外有截"的记载。周代时我国的造船技术已经有了很大的发展,尤其是春秋战国时期,文献上有大量与造船和水上交通相关的记录。

1957年在安徽寿县出土的鄂君启节上铸有详细的错金铭文,生动地反映了当时水运行业的活跃。

秦始皇统一全国后,非常注重发展水上交通,比如在西南地区修建了33公里长的灵渠,连通了长江水系的湘江和珠江水系的漓江,打通了南北水上的通道。而秦始皇六次南巡中也有大量的时间是在滨海地区度过,既乘船航行于长江,也航行于黄海、渤海,还环绕了山东半岛,说明秦统一后的航海能力已经非常可观了。

秦代时航海的代表则是徐福的东渡,开辟了从山东半岛出发经朝鲜半岛通向日本的航线。

汉武帝派遣了张骞出使西域,开启了著名的丝绸之路,但是这条通路经常受到匈奴的骚扰而中断,于是汉武帝开始计划开辟海上的航路,通过征服南方的百越开通了南方的水上航路,征服百越后又派军队出征朝鲜,打通了北方的航路。通过这几次战争,汉帝国东部北起渤海,南到今天越南沿岸的整个海上交通线都畅通无阻了。

西汉在开通沿海航路之后,沿海航运的发展也促进了通向印度洋的海上丝绸之路的开拓。当时的船队从广西合浦出发,最远已经可以航行到印度东部的斯里兰卡等地,海外的物产也开始源源不断地进入中国。

唐代经济文化繁荣发达,国力之强盛在当时的世界处于领先的地位。根据文献记载,当时对外的主要交通路线共有七条,其中两条是海上的交通线,即南方的"广州通海夷道"和北方的"登州海行入高丽、渤海道"。

广州通海夷道在唐代已经可以沿着现在的阿拉伯东岸一直驶入波斯湾,到达今天的阿拉伯河下游和阿巴丹港口一带。而北方航线则是从登州,也就是今天的山东蓬莱出发,向东北航行到辽宁半岛,继而沿着海岸线航行到鸭绿江口,在鸭绿江口则分为向北去往渤海国和向南去往新罗国两条航线。从新罗继续向南航行可以到达日本。

日本在长期遣唐的过程中开辟了一条从日本直接到达我国扬州港或宁波港的南部航线。这条航路的开辟也是充满了艰难险阻,据史书记载,日本遣唐使能够完成遣唐任务并安全返回日本的还不到半数。

日本遣唐使当时乘坐的遣唐船是在日本各地建造的,但明显吸取了中国的造船经验,日本史书记载说遣唐船的建造者和驾驶者大都是唐人,因此在形制上与唐代的中国船只基本上类似。

黑石号沉船是1998年德国打捞公司在印尼海域发现并打捞的一艘唐代沉船,该船的结构为阿拉伯的缝合商船,满载着从中国出发经由东南亚运往西亚、北非的中国货物,仅中国制造的瓷器就达到67000多件。出水的文物中包括长沙窑、越窑、邢窑、巩县(今巩义市)窑制造的瓷器,还包括许多金银器和铜镜;出水的长沙窑瓷碗上带有唐代宝历二年(826)铭文,为这艘沉船年代的确定提供了明确的证据(见图8-19)。黑石号沉船的发现与打捞证明了唐朝时与阿拉伯地区交流的频繁以及海上贸易的发达。

图 8-19 黑石号沉船复原模型和黑石号上的唐代文物

中国古代的海外贸易经过秦汉、三国和隋唐时期的发展,已经取得了很高的成就,到了宋代,尤其是南宋以后,随着经济中心的南移,农业、手工业的发展以及指南针的应用,东南沿海的外贸达到了空前的繁荣。

2007年"南海Ⅰ号"(见图8-20)的整体打捞与发掘为南宋时的海外贸易提供了鲜明的例证。"南海Ⅰ号"是迄今为止世界上发现的海上沉船中船体最大、保存最完整的远洋贸易商船,它沉没的地点,正是处于宋代海上丝绸之路的航线上。由沉船的海域向东北,可以到达广州、泉州、厦门等港口,向西则可到雷州半岛、琼州海峡以至广西,然后穿过南海到达更加遥远的目的地。从沉船船头位置朝向西南240度来看,应该是正从中国港口出发,驶向外洋的货船。它将为复原海上丝绸之路的历史、陶瓷史提供极为难得的实物资料。

元代时继续发展对外贸易,也取得了巨大成就,主要表现在:一是规模庞大,与元

图 8-20 "南海 I 号"在广东海上丝绸博物馆内的发掘与展示

代通商的国家地区达到了 200 多个;二是贸易路线更长,中国商船最远到达了今天的埃及地区。

1976 年,在韩国新安海底发现了一艘元代的沉船(见图 8-21),在整体打捞过程中,

图 8-21 韩国新安沉船及出水的龙泉窑瓷器

仅瓷器就发现了 2 万多件，其中大部分是龙泉窑的产品，有 1 万多件，另外还发现了 2000 多件金属制品、石制品和紫檀木，以及 800 万件重达 28 吨的中国铜钱。据推断，这艘船应是从中国出发经朝鲜半岛南端，前往日本的海船。沉船上层建筑已无存，仅剩底部的残体，现存龙骨长 24.6 米，全船由七道隔舱板分为八个舱区，其结构是典型的泉州制造海船。

郑和下西洋首次航行开始于 1405 年，最后一次航行结束于 1433 年，共计七次。在七次航行中，郑和率领船队从南京出发，在江苏太仓的刘家港集结后，远航西太平洋和印度洋，到达了 30 多个国家和地区，已知最远到达了东非和红海地区。

郑和下西洋是中国古代规模最大、船只和海员最多、时间最久的海上航行，也是 15 世纪末欧洲的地理大发现的航行以前世界历史上规模最大的一系列海上探险。

《郑和航海图》载于明代的《武备志》，代表了我国古代航海图的最高水平。

这张航海图有三个特点：一是图形一字排开，便于航行时使用。二是采取对景图形式，将所见的山脉、海岛、礁石等地名都详细记录在图上。图上总共列有 500 多个地名，其中外的地名占了五分之三，说明当时对南洋、印度洋、西亚等地已经比较熟悉了。三是在许多航线上标注了方位与里程。《郑和航海图》比欧洲人绘制的航海图早了 100 多年，并且信息完备，具有很高的历史价值。

四、我国古代三大主要船型

中国古代船型的发展到了明代已经可以梳理出比较清晰的发展脉络，主要可以分为三大类，即沙船、福船和广船。有人认为浙江沿海的鸟船也应该划分为一个大类，但由于鸟船和福船在形制上有较多的共同点，在这里我们还是先将其归入福船的范畴。

1. 沙船

沙船是发源于我国长江口及江苏、上海崇明一带的浅吃水型船只，作为中国传统船舶中三大海船船型之一，沙船的历史悠久，在我国航运史上占有重要地位，它的前身可上溯到春秋战国时期，到了宋代已经成型，成为我国北方海区航行的主要海船。

沙船结构独特，造型为方头方尾，平底，吃水浅，长宽比大。这种船型不怕沙滩，可以在沙质海底的海域航行，也可以在江河湖泊中航行，抗风浪能力也比较强。沙船多桅多帆，可以逆风驶帆，也就是逆风斜行，轮流换方向，走之字形的路线，因此在近海航行上性能表现优越，除了北方海域以及长江、内河等主要航行区域外，也能航行至福建、广东及东南亚等地区。早在宋代以前公元 10 世纪初，就有中国沙船到爪哇的记载。在印度和印度尼西亚都有沙船类型的壁画。郑和下西洋期间，郑和船队中的宝船就有沙船船型。据文献记载，清代道光年间沙船数量有 10000 余艘，仅上海一地就有沙船5000 余艘。一般认为沙船载重量为 2000 石到 3000 石（约合 250 吨到 400 吨），也有认为沙船载重量可以达到 4000 石到 6000 石（约合 500 吨到 800 吨）。目前太湖水域仍有一些沙船在使用（见图 8-22）。

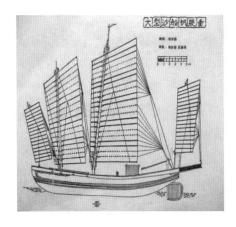

图 8-22　沙船帆装图与沙船模型

2. 福船

福船（见图 8-23）是我国福建、浙江沿海一带尖底海船的通称，是中国古代著名海船船型，其主要特点一是船头尖，尾部宽，首尾两头上翘，舷两侧有护板，并往往刻画一对船眼。二是船体高大，甲板宽平，船底尖，吃水深，适合于海上航行。福船的上述特点使其适合作为远洋运输船和战船。据文献记载，明代水师战船的主要类型就是福船。福建是当时全国著名的造船中心，明朝廷派出的出国使臣乘坐的官船大多为福船型海船。郑和下西洋的船队也主要由福船船型组成。

图 8-23　福船模型

3.广船

广船是我国广东各地大型木帆船的总称。广船的基本特点是头尖体长,用材多为铁犁木等热带硬木,结构坚固,十分耐用。在海上航行时虽然摇摆较快,但不易翻沉,有较好的适航性能和续航能力。广船的一个显著特点是帆的面积非常大,比船只的宽度更宽阔,尤其适合于远航。广船船型与福船相近,大小也与福船相当,上宽下窄,适合作为战船使用。

全国迄今发现的造型最大、保存最为完整的木制帆船——"金华兴"号(见图 8-24)被专家认定为是整个中国海岸线上最后一艘保存下来的三桅古帆船。"金华兴"号长28.5米,宽8.2米,主桅杆高23.5米,排水量约200吨。该船船体庞大,船首尖平,船尾高翘,保留有8个舱房。"金华兴"号对于中国近代航海史、传统木制帆船研究和海上交通研究等具有重要的价值和意义,不幸的是,2008年7月,"金华兴"号在珠海的一个港口突然沉入海底,实在是令人惋惜。

图 8-24　我国最后一艘广船——"金华兴号"

第二节　古船的科技考古案例简介

一、年代的确定——以跨湖桥遗址出土的独木舟为例

目前国内发现的最早的独木舟出土于浙江萧山跨湖桥遗址。那么这个最早的年

代是如何得出来的呢？考古学家能够通过多种方法的互相印证来确定独木舟的年代。首先是考古地层学的依据，由于考古发掘时的地层从地面到地下的时间关系是从晚到早依次叠压，一般来说越接近地面的考古遗存年代越晚，埋藏越深的考古遗存年代越早。图 8-25 是考古地层关系示意图，当然在实际的考古发掘中，地层线不会那么平直，是需要根据实际情况来划分的，有时候由于地质变化的关系，甚至会出现地层反向叠压的特殊情况。

图 8-25　考古地层关系示意

资料来源：浙江省文物考古研究所.跨湖桥（浦阳江流域考古报告之一）［M］.北京：文物出版社，2004：彩版九截图。

　　根据跨湖桥独木舟出土的地层以及共同出土的器物，就能够判断它大致的年代早晚关系了，比如根据和独木舟同一个地层出土的陶片，考古学家可以推断出跨湖桥文化的年代应该介于上山文化和河姆渡文化之间，在距今 8000 年左右，然后再与科学的测年方法相结合推断独木舟比较准确的绝对年代。

　　跨湖桥独木舟采用了热释光测年和碳 14 测年（见图 8-26）等断代方法。热释光测年法主要应用于烧制文物的测年，其原理是利用热释光效应测量烧制的文物自加热或烧制后所经历时间的一种方法。利用热释光效应，可以根据样本所释放光子的能量判断出样本自从上一次被加热后至今所接受的环境背景辐射能量之和，从而估算自加热时间点至今所经过的时间。跨湖桥遗址检测了和独木舟一起出土的陶片的年代，得出的年代区间是 7900 年至 8100 年。热释光测年法结果的准确度大约为 80%，由于跨湖桥遗址年代比较久远，因此存在着几百年的误差值。目前更为常用和准确的是碳 14 测年法。

　　碳 14 测年又称为放射性碳定年法,是根据有机物中放射性碳 14 的衰变程度来计算样品的年代。碳 14 由于受到宇宙射线对碳 14 原子的作用,不断地形成于大气上层,它在空气中被迅速氧化,并形成二氧化碳进入全球碳循环。而地球上绝大多数动植物的一生都在通过呼吸从二氧化碳中吸收碳 14。当生物死亡后,它们就立即停止了与生物圈的碳交换,它们体内碳 14 的含量开始减少,而减少的速度由碳 14 的放射性衰变决定,通过了解样品中残留的碳 14 含量,就可以知道有机物死亡的年龄。需要注意的是放射性碳定年结果表明的是有机物死亡的时间,而不是该有机物作为材料的使用时间。例如一棵树木的死亡时间和它被作为木材用来盖房子的时间点之间可能会有很长的时间跨度。

　　通过对独木舟舟体以及共同出土的木材样品的检测,再结合考古学研究,考古学家基本能够将独木舟的年代确定在距今 8000 年左右。

图 8-26　热释光测年实验室和碳 14 测年实验室

二、物探与文物保护技术的应用——以茅山遗址出土独木舟为例

　　2010 年在杭州茅山遗址的考古发掘中,发现了良渚文化时期的独木舟,独木舟保存基本完整,全长 7.35 米,最宽处 0.45 米,由整段树木凿成。这是良渚文化首次发现的独木舟,也是国内考古发掘出土的最长、最完整的史前独木舟。在发掘前,为了预先了解船体的保存状况与完整性等信息,考古学家采用了物探技术中的探地雷达方法进行无损探测。

　　探地雷达是利用天线发射和接收高频电磁波来探测介质内部物质特性与分布规律的一种地球物理方法,是一种无损探测技术,与其他常规的地下探测方法相比,具有探测速度快、探测过程连续、分辨率高、操作方便灵活、探测费用低等优点,在工程勘察领域有着广泛的应用。近年来也开始应用到考古勘探领域。

　　通过探测发现独木舟船体基本完整,图 8-27 中除了 A、B 两处的干扰,白色箭头所指的船底位置整体呈连续分布形态。基于这个探测结果,文物部门最终决定在不破坏船体的前提下对独木舟进行整体提取,并移入实验室进行发掘和保护修复。

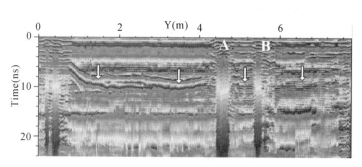

图 8-27　探地雷达无损探测和探地雷达探测结果
资料来源:浙江大学文化遗产研究院团队。

　　考古现场的文物整体提取是近年来在考古发掘工地发现珍贵文物遗迹时常用的一种方法。整体提取后工作人员可以在实验室内对文物进行细致的发掘和及时的保护,既能更好地保护珍贵文物,提取更多的文物信息,也体现了我国考古发掘技术的进步。早期的文物整体提取往往采用石膏浇筑后木板套箱截取的方法,随着文物保护水平的提高以及文物遗迹体量的增大,目前大型文物套箱大多采用较轻的聚氨酯发泡材料填充、钢条加固,并充分利用各类起重、运输等机械设备(见图 8-28)。

图 8-28　独木舟的整体提取
资料来源:浙江大学文化遗产研究院团队。

　　在独木舟进入实验室以后,工作人员为独木舟安装了各类监测仪器用来监测独木舟在保护过程中温湿度、盐碱度、船体变形等数值的变化,用科学数据为独木舟的保护修复工作保驾护航。

出土的木船一般都是饱水木质文物,需要经过几年的时间进行脱盐、脱水保护才能够基本定型,并开展进一步的保护修复工作。茅山独木舟的船体很薄,厚度只有2—2.5厘米,而含水率达300％以上,船体糟朽断裂较多,处理难度极大。2018年,经过几年的脱盐脱水过程,文物保护专家结合国内外饱水木质文物的保护经验,采用真空冷冻方法对独木舟进行升华脱水定形,经过20多天的真空冷冻处理使独木舟达到了脱水定形,并且外观的质感优良(见图8-29)。相信在不久的将来我们就能在博物馆中一睹这艘独木舟的真容了。

图 8-29　安装监测仪器、浸泡清洗、船体脱盐

三、数字化技术应用——以泉州湾宋代海船为例

泉州湾宋代海船于1974年出土于福建省泉州市的后渚港区,现藏于泉州海外交通史博物馆(见图8-30),这是一艘宋代泉州造的中型远洋贸易木帆船,属于高尾尖底的福船类型,复原后长34米,宽11米,排水量近400吨,是我国考古发现的体量较

图 8-30　泉州湾宋代海船考古发掘现场及修复后在博物馆中的展示

资料来源:泉州湾宋代海船发掘报告编写组.泉州湾宋代海船发掘简报[J].文物,1975(10):图版六.

大、年代较早且保存相对完整的古代沉船。随船出土的还有舱内的香料药物、陶瓷器、铜铁器等珍贵文物。

泉州位于我国东南沿海,水陆交通便利,是我国古代海外交通重要港口之一。宋元时期,泉州港对外通商贸易十分繁盛,曾以"刺桐港"驰名,当时港内来往于亚非间的中外商舶数以百计,为国际性贸易大港之一。泉州也是我国古代南方重要的造船基地,所造船舶以结构坚固、抗风力强、适航性好而著称。

泉州湾宋代海船的发现被列为"1974年度全国十大考古发现"之一,甚至被英国著名科学史专家李约瑟博士誉为"中国自然科学最重要的发现之一",确立了泉州在宋元时期作为我国海船制造中心的地位。对这艘船的保护工作40多年来从未间断,目前船体结构基本稳定,但由于出土时保护技术的局限,船体并未经过脱盐处理,复原安装时使用的大量铁钉逐渐锈蚀渗透船体,展厅空气中的有害气体等都给古船的稳定保存带来了极大的隐患,船体已存在糟朽断裂、变形变色、生物损害等多种类型的病害。因此在加强本体保护的基础上,该船开展了文物数字化的工作。

目前比较热门的文物数字化是一项对文物进行全方位记录和数字转化的工作。一来能够进行抢救性数字化记录,保全文物的全面信息,为长期的文物保护研究夯实基础;二来能够实现文物资源由本体向数字化资源的转化,使其成为能够在数字时代不断增值与转化利用的文化资源。

泉州湾宋代海船通过三维数字化重建,得到了比此前现场普通测量更加准确的数据,研究人员可以通过软件测量得出船体各个局部区域精确到毫米级的数据,对泉州宋船的研究有望在此基础上更加深入地开展。数字化成果也是后续进行古船虚拟展示和信息利用的数据基础,使观众不在现场就能体验身临其境的观感成为可能,为文物的保护与利用提供了重要的技术支撑(见图8-31)。

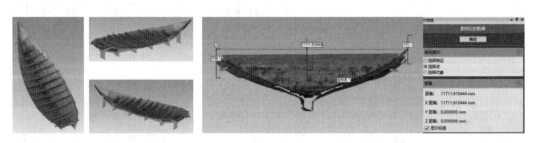

图 8-31　海船完整三维模型与任意位置 1∶1 真实测量数据

四、水下考古的典范——以"南海Ⅰ号"的发掘为例

1."南海Ⅰ号"概述

"南海Ⅰ号"(见图8-32)是南宋时一艘在海上丝绸之路上向外运送瓷器时失事沉

没的木质古沉船,沉没地点位于中国广东省阳江海域,1987年被发现,是国内发现的第一个沉船遗址。2007年采用沉箱方法对沉船进行了整体打捞,并移入位于阳江的广东海上丝绸之路博物馆进行现场的发掘清理保护与展示。

"南海Ⅰ号"船体残长约22米,宽约9.35米。截至2019年总共出土了瓷器、金银器、铜铁器等18万余件文物精品,对研究我国乃至整个东亚、东南亚的古代造船史、陶瓷史、航运史、贸易史等都有着重要的意义。

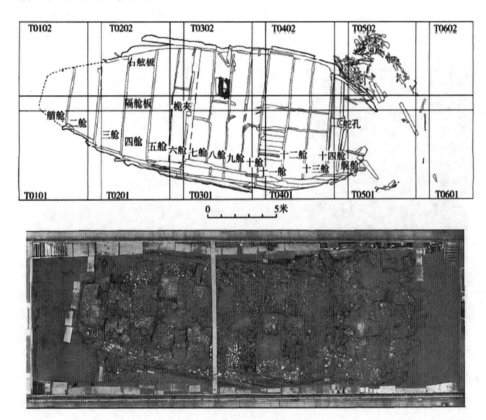

图8-32　"南海Ⅰ号"平面图

2."南海Ⅰ号"的整体打捞

1989年冬,中国历史博物馆开始对"南海Ⅰ号"进行水下考古调查,这也是中国水下考古队成立之后在中国海域进行的第一次水下考古调查,这次调查被视为中国水下考古的起点。2001年4月,中国历史博物馆水下考古研究中心联合广东省文物考古研究所等单位的水下考古专业队员共12人对沉船遗址进行了水下搜寻。在这次水下调查中,考古队对这艘沉船进行了精确的定位。

2007年之前,水下考古队已经对这艘宋代商船进行了小规模试掘,打捞出金、银、铜、铁、瓷类文物4000余件,多数都是罕见的文物珍品,这些文物以瓷器为主,包括福建德化窑、磁灶窑、景德镇窑系及龙泉窑系的高质量精品,绝大多数文物完好无损。当时根据探测情况估计整船文物超过 8 万件。

由于"南海Ⅰ号"沉船环境的限制,如果采用传统水下考古方法将会对文物造成难以估计的破坏,并损失大量珍贵的考古信息。因此文物部门决定对"南海Ⅰ号"进行整体打捞,采用的方案是将沉船船体和船载文物与周围的泥沙按照原状固定在特殊的钢制沉箱内,将分散易碎的文物一体化、一次性吊浮起运,然后移到博物馆中进行科学的水下考古发掘。

2007 年 12 月 22 日,有着亚洲第一吊称号的"华天龙"号起重船将在海底沉睡了800 多年的"南海Ⅰ号"成功起吊,创造了世界考古史上的一大奇迹(见图 8-33)。

图 8-33　装载"南海Ⅰ号"的钢沉箱和"华天龙"号起重船起吊沉箱

3.遗址博物馆的建设

广东海上丝绸之路博物馆是以"南海Ⅰ号"宋代古沉船发掘、保护、展示与研究为主题,展现水下考古现场发掘动态过程的中国首个水下考古专题博物馆,博物馆总建设面积约 1.75 万平方米,馆内基本陈列分为扬帆、沉没、探秘、出水、价值、遗珍、成果等七大主题展区,主要展出"南海Ⅰ号"出水的文物。博物馆建筑特色鲜明,设计创意独特,立面由五个大小不一的椭圆体连环相扣组成,整体如起伏的波浪,整个建筑使用层数为地上三层,地下一层。五个椭圆体包括了博物馆的陈列展示及办公区域,中间最大的椭圆体就是为沉船量身定做的"水晶宫"。用于船体保护和展览的水晶宫是整个建筑的核心,是一个模拟海底环境安置"南海Ⅰ号"的大水池。右侧两拱为文物展示厅,主要展示"南海Ⅰ号"打捞出水的文物,左侧两拱为办公区域。这种边展览边发掘的工作模式,一方面能够使博物馆观众目睹考古发掘的过程,加深对考古工作的感性认知;另一方面能够使考古工作开展得更加细致,出土文物可以得到更加妥善的保护(见图 8-34)。

图 8-34　广东海上丝绸之路博物馆外观和博物馆内的"南海Ⅰ号"

4. 现场发掘与保护

"南海Ⅰ号"顺利移入博物馆的水晶宫后,对它的水下考古工作也按照计划的步骤逐步展开,水下考古发掘的全过程向观众开放和演示,这种水下考古工作方式也是世界水下考古的首创,对于考古队员的要求较高,既要符合水下考古的专业要求与工作流程,同时也要满足观众的观展要求。

水晶宫里分为三大部分,一是水下考古观光廊,二是考古观光平台,三是水下考古工作平台。观众通过玻璃观光窗口可以看到水下考古队员在水下工作的状态;在三楼的考古观光平台上,观众可以居高临下看到水下考古队员的工作全景;水下考古工作平台是考古工作开展的区域,水下考古队员在此装卸潜水装备,提取、搬运和清洗整理文物等。

在现场发掘过程中针对船体、瓷器、漆器、铁器等不同材质的出水文物都建立了各自的保护修复方法,在发掘的同时就开展了文物的保护,也为之后的展览展示打下了良好的基础。

如图 8-35 所示,例如对于木质文物保护,会在考古发掘过程中对木船的状况进行动态监测,并实时进行动态保护,对于脱落的木构件以及其他单体木质文物采用套箱法提取后在实验室内进行保护修复。瓷器、铁器等文物也都有各自的清洗、脱盐、实验室保护等流程(见图 8-36)。

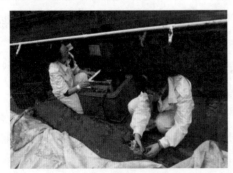

图 8-35　木船状况的动态监测和木质文物套箱提取

图 8-36　瓷器凝块现场处理出土铁器现场保护

5.出土文物精品举例

2019 年 8 月,"南海Ⅰ号"宋代沉船船舱内货物已清理完毕,出水文物总数超过 18 万件,堪称中国水下考古之最,其中尤以瓷器、铁器为大宗,具有重要的文物价值与研究价值。

图 8-37 是"南海Ⅰ号"出土文物中的一些精品,有金制的腰带、手环及精美的瓷器等。

图 8-37　金腰带和金虬龙环

左图中的金腰带于 1987 年出水,腰带全长 1.72 米,工艺精良,带体呈麻花状,带扣装饰细腻浮点状纹饰,这种腰带形制不见于国内,推测为中东地区的器物样式,这也是海上丝绸之路的实物见证。右图为金虬龙环,两头饰虬龙头,龙头上刻画龙眼、龙须、龙角各一对,两龙头对接处留有空隙,龙身由三条阴刻线分成五段,龙身饰珍珠地纹及山水形纹饰。

"南海Ⅰ号"出水文物以瓷器为主,这些南宋外销瓷主要由江西景德镇窑系、浙江龙泉窑系、福建德化窑系、福建闽清义窑系和福建磁灶窑系等五大民窑瓷器构成(见图 8-38),大多数瓷器保存完好,其中包括一些具有阿拉伯风格的瓷碗、瓷酒壶等。

图 8-38　"南海 I 号"出水瓷器举例

思考题：

1.请你谈谈对我国古代造船技术发展历程的认识。

2.请问当前开展海上丝绸之路研究有什么现实意义？

3.请谈谈科技与造船史研究之间的关系。

参考文献：

[1] 毕宝启.山东平度隋船清理简报[J].考古,1979(2):51-54.

[2] 陈晶.江苏武进县出土汉代木船[J].考古,1982(4):373-376.

[3] 杜瑜.海上丝路史话[M].北京:社会科学文献出版社,2011.

[4] 何继英.上海考古出土古船[J].航海,2016(3):28-32.

[5] 金柏东.浙江温州市西山出土的唐代独木舟[J].考古,1990(12):1138-1139.

[6] 卢茂村.福建连江发掘西汉独木舟[J].文物,1979(2):95.

[7] "南海I号"考古队."南海I号"宋代沉船 2014 年的发掘[J].考古,2016(12):2,56-83.

[8] 南京博物院.如皋发现的唐代木船[J].文物,1974(5):84-90.

[9] 泉州湾宋代海船发掘报告编写组.泉州湾宋代海船发掘简报[J].文物,1975(10):
    1-18.

[10] 王正书.川扬河古船发掘简报[J].文物,1983(7):50-53.

[11] 吴春明.中国东南与太平洋的史前交通工具[J].南方文物,2008(2):53,99-108.

[12] 吴汝祚.中国沿海史前文化的交往和海上交通[J].东南文化,1993(2):43-49.

[13] 席龙飞.中国古代造船史[M].武汉:武汉大学出版社,2015.

[14] 浙江省文物考古研究所.跨湖桥(浦阳江流域考古报告之一)[M].北京:文物出版
    社,2004.

第九章

考古发现
与古代冶金技术

冶金是从矿石中提取金属,并用各种加工方法制成具有一定性能的金属材料。冶金考古是研究古代金属材料的考古学分支学科,冶金技术是冶金考古的主要研究内容。冶金技术使得人类极大地扩展了适应与利用自然的能力,提高了整个社会的生产力,是古代社会重要的组成部分。

人类对于冶金技术的探索由来已久,随着人类冶金技术的不断进步,人们耳熟能详的金沙遗址出土的金面具、曾侯乙墓出土的青铜器、越王勾践剑等都是人类冶金史上的重要成果,也是冶金考古的重要对象。青铜、铜、金、银、铁、铅、锡等金属逐步被人类所利用,构成了人类灿烂的冶金文化。

本章分为冶金考古的内容与研究方法、古代冶金遗址与金属遗存、中国古代冶金工艺三个小节,由浅入深地从冶金考古的概念出发,逐步了解冶金考古的具体情况,最后将中国古代的冶金工艺贯通起来,探讨冶金技术与人类文明的密切联系。

第一节　冶金考古的内容与研究方法

关于冶金考古有着诸多疑问,我们一直非常关心的,也是冶金考古最大的问题,就是：人类冶金的起源是在何时何地？到现在这依然是一个具有争议的话题，但我们能从一些考古发现的金属遗存中推测冶金的起源，不断接近真相。在公元前40000年一个旧石器时代末期的西班牙洞穴里就已经发现了少量的元素态金，是人类早期使用金属的证据。在巴尔干半岛发现了公元前5500年温查文明的铜斧，是人类早期冶金与使用金属生产工具的实证。在中国的考古发现中，也有一些早期冶金的证据，例如陕西临潼姜寨遗址的"黄铜片和黄铜管状物"，陕西西安半坡遗址的"黄铜片"，甘肃东乡林家马家窑遗址的"青铜刀"，等等。这些考古发现都表明，人类冶金有着久远的历史并随着文明的诞生、发展而成熟。

而冶金起源的地点问题，不同地区有着不同的解答。西亚地区在较早的时间掌握了冶铜技术，并向周围传播。而中国，尤其是西北和北方地区，受到了西亚地区的影响。这种影响似乎与早期丝绸之路、欧亚草原文化带上的传播相关。中国冶金的起源，也就有了"本土说"与"西来说"的争论，不管如何，中国早期的冶铜技术在东西方交流后形成了成熟的青铜技术。在历史时期，中国又成了生铁冶炼的发源地，同样是东西方的交流将这项技术传播开来。

冶金起源的时间与地点无不说明冶金与人类文明、社会发展息息相关。克里斯蒂安·汤姆森的三期论将人类的历史分为石器时代、青铜时代和铁器时代三个时期。青铜与铁的大范围冶炼在历史上改变了人类社会的生产情况，赋予了人类社会鲜明的时代特征。戈登·柴尔德认为青铜冶炼技术是早期文明起源的主要因素之一，这些都表明了冶金技术对人类发展的重要性。可以说冶金技术的发明是人类历史的丰碑，而冶金考古为我们更好地探讨古代社会提供了良好的方法与视角。

冶金考古是考古学的重要分支，是以冶金为对象、涵盖方方面面的考古研究方法。关于如何区分冶金考古与其他专门的考古方向，最直接的方法是明确冶金考古的研究对象、研究方法及其研究重心。

冶金最重要的是冶金技术。冶金技术（见图9-1、图9-2）包括找矿、开采、选矿、冶炼、铸造、锻造、热处理、加工等一系列过程。而冶金考古是以研究古代冶金为主体，兼以探讨冶金对社会产生的影响。冶金技术的讨论是冶金考古的主要内容。

冶金考古的其他重要内容包括古代采矿遗址和冶铸遗址的考察发掘，以及对各类遗址中出土的金属器物的分析和研究。当然，也涉及技术思想、传统工艺等非物质文化遗产，涉及人与自然的关系、社会生产组织、社会结构等多方面的问题。现今的冶金考古有一系列重要的热点问题，比如，冶金起源，青铜器产地和矿料来源探索，青铜器、铁器等的制作工艺等等。

冶金考古的研究方法多样且全面，田野考古与科技考古相互结合，组成了较为成熟的研究系统。冶金考古的研究方法包括但不限于田野调查、考古发掘、资料整理、科技考古方法检测分析、数理统计分析等。

图 9-1　战国齐三字刀陶范

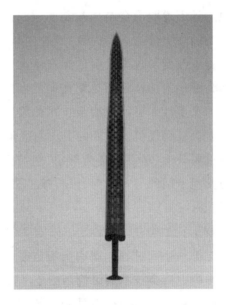

图 9-2　越王勾践剑

　　冶金考古的研究材料一部分来自传世品,但大部分来自田野考古发现,而田野考古中与冶金相关的对象包括采矿遗址、冶炼遗址、铸造遗址、金属遗存等一系列与冶金相关的遗物与遗迹。这些研究对象能够单独存在,也能够相互依存,构成较为复杂的研究对象,代表性的如铜绿山矿冶遗址,是我国科学发掘的第一个矿冶遗址,也是至今世界铜矿冶遗址中开采规模最大、采冶时间最长、冶炼水平最高、文化内涵最丰富的一处文化遗产。是采矿遗址、冶炼遗址、铸造遗址、金属遗存等研究对象的复合体。其他如北京延庆大庄科矿冶遗址群、湖南省桂阳县桐木岭遗址等冶金遗址都属于这一类，这些遗址及其研究对象启示我们,冶金考古的研究并不只是对单一冶金对象的研究,而是关于冶金这一操作链本身及其影响的研究。联系密切的研究对象促使多元化研究方法的出现。

历史时期冶金考古的内容也包括文献史料的整理。历史文献中偶尔能发现与冶金相关的证据。它们包括对矿产地、冶金工艺、金属制品的记载,与考古资料相结合能够进一步了解古代冶金技术的全貌,对冶金考古的田野发掘及科学研究有着重要意义。文献整理的参考资料种类繁多、数量较大,例如《山海经》《盐铁论》《古矿录》及各地方志、各类史籍、文人笔记等等都有可能涉及。

基于田野考古发现的材料,我们可以通过科技考古手段了解金属遗存中的隐含信息。常用于冶金考古中矿料来源示踪,也就是产地分析的科技考古方法,主要有铅同位素示踪法和微量元素示踪法等等。

同位素示踪法是利用特定的同位素作为示踪剂,从而研究示踪对象物理、化学、生物、环境等一系列问题的技术,而铅同位素示踪法就是其中一种重要方法。众所周知,铅有四种同位素 ^{208}Pb、^{207}Pb、^{206}Pb、^{204}Pb。前三种都由放射性元素衰变而成,^{204}Pb 为原始铅。铅矿内含有这四种铅同位素,在矿物形成后就不会有新的放射性成因铅进入了。因此铅矿内既有不同铅同位素组成的差异性,在同一铅矿内也有铅同位素组成的均一性。

通过原始铅同位素和放射性铅同位素能得到一个比值,这个值对于矿体本身是稳定的,但不同矿床的铅同位素比值特征不同。而铅同位素在矿石冶炼和金属熔铸的过程中一般认为是不发生分馏的,因此不会影响这个比值。利用成矿铅同位素的比值进行不同矿床的对比,结合铅矿年龄的分析就能够有效地进行产地的示踪,因此,这一方法被广泛运用于分析青铜器的产地,通过对大量青铜器内铅同位素的比值进行测定,从而推测青铜器的矿料来源。

除了铅同位素示踪法之外,另一种常用的方法是微量元素示踪法。一般来说,地质作用过程中,岩石(矿石、矿物)中微量元素的地球化学行为通常受到物理化学中的亨利定律制约,不参与岩石的化学平衡反应,一般不受主量(常量)元素含量约束和习性影响。在地质作用及岩浆分异作用过程中,其地球化学性质一般比较稳定,因此,岩石的微量元素地球化学特征往往忠实地保存着成岩(或成矿)物质及其形成时地质构造环境的信息。在冶炼过程中,微量元素会按照地球化学亲和性在不同物相之间重新组合。因此不是所有的微量元素都有指示矿料来源的作用,只有那些冶炼过程中富集于金属铜内的元素,才可能具有指示矿料来源的意义。

在这里举一个产地分析案例,它能够直观说明科学技术在冶金考古中的作用。对秦始皇帝陵园出土彩绘青铜水禽(见图 9-3),利用铅同位素示踪法探索铜矿料来源,结

考古发现与中华文化

果显示秦人使用的铜矿与秦岭山区现代铜矿较为接近,表明秦人的铜矿来源可能与秦岭山区有关。青铜水禽所使用的矿料与西周晚期以及春秋时期早期秦文化铜器所使用的矿料基本相同,说明尽管秦人从春秋时期立国并进入关中地区,但其使用的铜矿可能仍然沿用了秦人西周时期的铜矿。这反映了与政治实体相比生产生活上的滞后。科技考古正是通过蛛丝马迹发现考古信息、社会文化信息的手段。

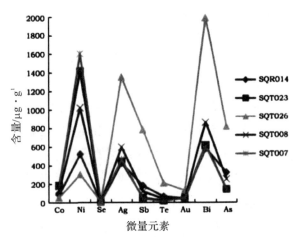

图 9-3　秦始皇帝陵园出土彩绘青铜水禽

第二节　古代冶金遗址与金属遗存

冶金考古中最为人所熟知的是冶金考古案例或者大型的冶金考古遗址,或者是依托于重要遗址的冶金区块,抑或是重要的金属器物。这些案例包含了两个重要的冶金考古对象:冶金遗址与金属遗存。

在冶金考古的研究对象中最复杂也最重要的是冶金遗址。冶金遗址通常是通过冶炼金属的属性及本身的功能、年代来分类的。但由于冶金遗址的功能往往是复合型的,因此通过冶炼的金属属性能够更直观地对这些冶金遗址进行区分。这里选取了湖北铜绿山冶铜遗址、北京延庆大庄科辽代矿冶遗址群和湖南桂阳桐木岭矿冶遗址,它们是不同冶炼金属的矿冶遗址,可为大家提供较为全面的信息。

第一个是湖北铜绿山冶铜遗址(见图9-4)。铜绿山是我国科学发掘的第一个矿冶遗址,也是至今世界铜矿冶遗址中开采规模最大、采冶时间最长、冶炼水平最高、文化内涵最丰富的一处文化遗产。铜绿山古铜矿遗址位于湖北省大冶市城区东南约3公里处,现遗址区保护范围面积约为555.7公顷。1974年至今,铜绿山古铜矿遗址先后进

172

行了两个阶段较大规模的多学科合作考古发掘。古矿区的范围,南北长约 2 公里,东西宽约 1 公里。经考古调查,现已发现古代露天采场 7 处,地下采区 18 个,古冶炼场地 50 余处,地表遗留的古代炼渣占地面积 14 万平方米,40 余万吨,据此推算累计产铜约在 10 万吨左右。

图 9-4　湖北铜绿山冶铜遗址

在考古发掘的过程中,除了炼炉等主要生产工具之外还有大量用于采矿和冶炼的铜、铁、竹、木、石制生产工具以及一批生活用具。根据对出土文物的考证及碳 14 年代测定,遗址的年代至迟开始于西周,经春秋战国一直延续到西汉,其间历经 1000 余年,其后的宋代在此也进行过冶炼生产。它是我国迄今已发掘的古矿遗址中年代最早,生产时间最长、规模最大的一处。2014 年 11 月—2015 年 11 月,湖北省文物考古研究所等单位对铜绿山四方塘遗址墓葬区进行了两次科学发掘,揭露面积 2275 平方米,清理墓葬 135 座。其中,西周晚期 3 座、春秋时期 120 座,共出土铜、陶、玉、铜铁矿石等文物 170 余件。这些墓葬,从规格到随葬品,都存在一定的差别,有些有棺椁,有些有青铜器、玉器随葬的,可能为矿区较低层次的生产管理者或高等级矿师,有些随葬铜兵器的可能是保安,有些随葬铜斧、铜凿、铜刮刀等的可能与矿区采冶、竹木管理和制作有关,有些墓葬很小而且没有随葬品,可能是矿冶生产底层的技工或工人;从这些信息我们可以推测,这里已经存在了人力分工和不同的技术工种,为我们揭示了矿冶生产的生产者和管理者的相关信息。墓葬区与近几年发现的洗矿尾矿堆积场、选矿场、35 枚矿工脚印、四方塘遗址冶铜场以及多处古代采矿遗址等,共同组成了一个同时代同地区的较为完整的矿冶产业链,为研究东周时期铜绿山铜矿采冶空间分布、生产规模、技术流程等提供了难得的资料,在古代冶金的研究中具有重要意义。

北京延庆大庄科辽代矿冶遗址群(见图9-5)主要由矿山、冶炼、居住及作坊遗址等构成,分布区域主要位于水泉沟、铁炉村、汉家川、慈母川等地。考古调查、勘探及发掘取得了重要成果,发现了从采矿到冶炼的遗迹,并且找到了冶铁工匠工作、生活、居住的地方,遗址类型比较系统、丰富。生活区与冶炼区共同构成了当时冶铁工作的完整画面。

图 9-5　北京延庆大庄科辽代矿冶遗址群

大庄科矿冶遗址群是目前国内发现的辽代矿冶遗存中保存冶铁炉最多,且炉体保存相对完好的冶铁场所,其基本形貌清晰可见。炉内结构完好,鼓风口也保存较好。发掘所揭示的炉型结构为正确认识中国古代冶铁高炉的炉型结构演变提供了弥足珍贵的资料。同时大庄科矿冶遗址群反映了北京地区在辽代接收、运用中原生铁冶金技术的情况,是这一时期生铁冶金技术传播的重要环节,体现了辽王朝物质文化的发展水平。

大庄科矿冶遗址群不是仅仅发掘了几座冶铁炉,而是发现了从采矿到冶炼的一整套遗迹,并且找到了冶铁工匠工作、生活、居住的地方。拥有如此之大的规模而冶铁炉保存较好的辽代矿冶遗址群,是我国迄今为止第一次发现。它为我们了解辽代铁器产业的各个流程、各个环节都能提供证据。辽金两朝都极其重视冶铁业,铁冶的设置以及不断跟中原技术发达区的交流,促进其生产力的发展和军备力量的提高。大庄科矿冶遗址群位于辽南京附近,历史上是宋辽之间的战场前沿地带。它既可能是生产兵器等军用产品的"兵工厂",也是冶铁技术自中原地区向北方地区传播的枢纽之一。关于国家间的冶金技术传播的研究对于我国冶金史和科技史的研究具有重大意义。

湖南桂阳桐木岭矿冶遗址（见图 9-6）是另一处重要的矿冶遗址。2016 年 7—12 月，湖南省文物考古研究所联合北京大学、中国科学院自然科学史研究所、郴州市文物管理处、桂阳县文物管理所对湖南省桂阳县桐木岭遗址进行了主动性考古发掘，发现了较为完整的以炼锌为主的多金属冶炼作坊遗存。

图 9-6　湖南桂阳桐木岭矿冶遗址

桐木岭矿冶遗址是目前国内已知保存状况最好、遗迹结构功能最清楚、出土冶炼遗物最丰富的古代炼锌遗址之一。该遗址的发掘为研究古代冶炼场址的分布规律、功能布局、冶炼技术流程等提供了重要资料。

遗址出土了一系列较为完整的冶炼工具，并出土青花瓷器、陶器、钱币等生活用品。综合发掘情况并通过检测分析，推断这是一处以炼锌为主，兼炼铅、铜、银的多金属冶炼遗址。在遗址内分布有精炼灶、储料坑、搅拌坑、和泥坑、堆料区、碎料区、环形护围、柱洞、房址等遗迹，形成一个单独的炼锌作坊。通过对各种遗迹、遗物的研究，当时的炼锌工艺流程可基本复原，大致有以下几个步骤。将焙烧后的锌矿运送至冶炼作坊，将锌矿拌以还原煤作为冶炼原料。冶炼罐上部套结冷凝器，在冶炼罐和冷凝器结合部位放置冷凝兜，再在冷凝器上盖冷凝盖。装有冶炼原料的冶炼罐置于冶炼炉的炉栅上，以煤为燃料进行冶炼。锌矿在 1000℃ 以上被还原成金属锌，锌的沸点较低，约为 907℃。锌成为蒸汽上升至冷凝器内，遇到铁盖冷凝成液态。锌液便被收集在冷凝兜内，再舀出，在精炼锅内精炼，铸成锌锭。

初步推测遗址使用开始于明末清初，废弃于清代中晚期。中国是最早掌握炼锌技术的国家之一，此次发现的炼锌遗存代表当时最先进的炼锌技术。发掘出土的多个成排圆形焙烧炉填补了我国炼锌技术史研究的一项空白，槽形冶炼炉是国内迄今保存最为完整的古代炼锌炉遗存,对于完整复原古代炼锌术将起到非常关键的作用,对研究我国古代炼锌技术的起源、发展和传播具有重要意义。

除了以上介绍的遗址之外,中国境内较为重要的冶金遗址还有江西瑞昌铜陵铜矿遗址、新疆奴拉塞东周铜矿遗址、安徽铜陵金牛洞铜矿遗址、河南巩县(今巩义市)铁生沟铁矿遗址、山西临汾二峰山铁矿遗址等等。

此外,除了直接发现的冶金遗址外,一些遗址中发现的冶金要素同样是冶金考古的重要内容。如:二里头早商遗址出土的陶范、化铜炉残壁、铜渣;安阳殷墟大规模的铸铜作坊遗址;湖北盘龙城出土的熔炉;各个遗址中出土的陶范、残渣、坩埚等一系列包含冶金要素的遗存。这些冶金遗存不仅是出土地冶金属性的明证,更说明了遗址与冶金的密切联系。

冶金遗址是社会集中生产的体现。更多时候对于一个文化或一个地区冶金技术的研究是从其中出土的冶金遗存——包括金属制成的礼器、兵器、乐器、生产工具和生活用品——出发的。一些金属遗存代表了一部分文化的特征,反映出那个时代节点特有的属性。以属性来分有铜器、铁器、金器、银器、铅锌器等。不同金属代表了不同的冶金对象,也有着不同的文化含义。

同样重要的还有金属遗存的功能。以功能来分有礼器、兵器、乐器、生产工具、生活用品等。尤其是礼器与兵器,所谓"国之大事,唯祀与戎"。金属资源作为社会掌控的重要资源,最先要满足的也是这两种器具。矿产资源的开发是促进文明产生、早期发展和帝国形成与壮大的重要因素,冶金考古,正是从技术的角度阐释科技发展对人类社会发展的推动作用,为"科技是第一生产力"提供了很好的注脚。

第三节　中国古代冶金工艺

冶金工艺包括冶金及围绕冶金形成的一系列技术,它所涉及的每一个环节都是冶金考古的良好切入点。我们将通过考古发现探索中国冶金工艺的起源、发展与其成就。通过概览中国冶金工艺的历史,进一步了解冶金考古的研究角度,了解璀璨的中华文明。

要想探讨中国古代的冶金工艺必先要探寻它的源头,其中有关中国早期冶铜术的起源始终是学界关注的热点问题。对此问题的研究,主要有两种不同的观点:西来说和本土说。西来说认为中国的冶金技术传自西亚及其邻近地区,主要依据是:西亚地区人工冶炼青铜的起源时间早,比中国至少要早 1000 年;且近些年的考古发现表明,在中国西北如新疆、甘肃、青海等地,部分青铜器的形制包含有西亚文化的因素。据此似可推断中国的冶铜术源自西亚。本土说认为中国古代的冶金技术为独立起源，首先产生于中原地区，然后向周边地区传播，偏晚时段可能与来自西亚地区的冶金技术互为影响。姜寨等遗址出土的早期黄铜件，明显不同于西亚的锻制红铜和砷铜，这一事实似乎暗示着中国古代冶金的独立起源。经中科院王昌燧教授等进行 X 射线荧光面扫描对比分析，显示姜寨黄铜采用固体还原工艺制成，而非天然铜，同时其年代与西亚出土黄铜时间相近，提高了中国冶金独立起源的可信度。同时，西方最早人工合金为砷铜、锑铜，中国为黄铜；东西方之间有着本质不同。

　　能用于冶炼的矿石有多种，不同地区的人有着不同的偏好选择。不同种类的混合矿石，所在的地区、冶炼所需的技术及得到的提纯金属都有一定的差异。常见的混合矿石包括硫砷铜矿、块硫锑铜矿、黄铜矿、赤铜矿、赤铁矿等等。早期冶金都是使用热锻法或固体还原工艺来得到较纯的铜，而后东西方都开始冶炼青铜。这四种矿石是不同地区冶金独立起源的证明，而青铜是地区间相互交流影响的证明。从赤铜、砷铜、锑铜、黄铜转向青铜，是冶金工艺发展、交流、传播共同作用的结果。东西方冶金之间的相互影响与传播共同促进了冶金工艺的发展。

　　在中国古代最重要的铜合金是青铜。青铜为铜和锡、铅的合金，因为其氧化物颜色青灰，故名青铜。其中锡和铅的成分都必须大于 2％。铜的熔点为 1084℃，以当时的高温技术，冶炼起来较为困难，在加入锡、铅等金属后能使熔点降低，同时提高合金的硬度与韧性。在冶金技术发展后，其他铜迅速被青铜技术替代。随着锡含量增加，青铜的熔点不断降低，其中含 18％锡的青铜熔点为 900℃，熔点大大下降。

　　青铜也因为加入铅、锡的量不同有着多种配方。《考工记》所载"六齐"法则就是青铜的不同配方。虽然经过实际分析，发现商周青铜器的铜、锡比例与《考工记》所记载并不一致，并且多数含有一定数量的铅。但不同功用的青铜器如刀剑、铜镜等锡、铅的比例都控制在一个区间内，相对稳定，彼此间也有一定的差异。因此，《考工记》是商周时期合金配置的概括，反映当时的工匠已经了解了青铜性能随锡含量变化的规律。

　　有关青铜与青铜器是冶金考古最重要的问题之一。由于青铜的特殊性与重要性，与统治阶级的控制相关，因此青铜的生产相较于其他矿料要考虑更多的社会因素。产地与矿源是青铜器生产链条中非常重要的两个环节。一件青铜器所用金属原料来自不同的矿源产区，可能经过冶炼遗址，而现已发现的铸铜作坊遗址古矿冶遗址相较更接近于城市遗址。青铜器的产地与原料来源往往不同步，因此我们常用铅同位素溯源与微量元素分析的方法对其进行鉴别。

　　尽管古代中国使用青铜的时间较西亚地区晚，但古代冶金工匠通过独特的方法改进了青铜冶金技术，使之极快地发展，最终创造了灿烂的青铜文明。中国古代冶铜技术除了热锻法与固态还原工艺外，还掌握了先进的"液态冶炼、液态铸造成型"的方法。

铸造工艺有范铸法、分铸法、镶铸法、失蜡法等。铸造模具有石范、陶范、泥范、金属范等（见图9-7）。

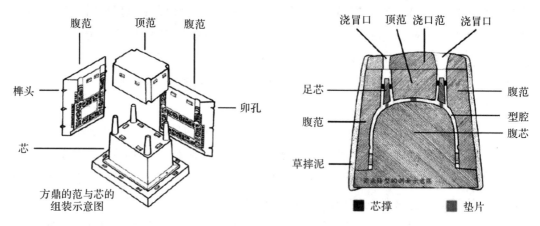

图 9-7　陶范制作工艺

资料来源：董亚巍.范铸青铜［M］.北京：北京艺术与科学电子出版社，2006.

最早出现的铸造工艺是范铸法。范铸法又称模铸法，首先制作范（以模制范，也可直接制范），再熔化金属，将金属液浇注入范腔里成型，冷却、脱范后再经清理、打磨、加工，最后制成金属铸品。根据制范的材质不同，中国古代青铜器的范铸法分为石范铸造、陶（泥）范铸造、金属范铸造等。根据不同的铸造过程又可分为整铸、分铸与叠铸。其中陶范合范整铸是利用最多的技术。

范铸的主要流程为：首先雕塑待铸造的泥模，经过烘培泥模变硬，在泥模上分块用以制作外范；之后在外范上补刻纹饰，形成空腔；随后制作陶范的铭文部分，制作铭文泥模，嵌入泥芯；陶范组件完成后，通过合范，将外范与泥芯组合到一起；阴干陶范后，加热到 600—900℃，到这里泥范就制作完成了；最后浇注青铜液，冷却后清除外范和泥芯，精整并抛光。

与范铸法相辅相成的是分铸法。分铸法是指青铜器物的器体与其附件如耳、足、柱等分开铸造，或一件青铜器物整体经先后两次以上铸造而成的一种铸造工艺。分铸法又可分为分铸嵌入法、分铸铆接式铸法、分铸铆接法、分铸铸接法、分铸焊接法等。我们所熟知的后母戊鼎，其立耳就是先铸好，然后嵌入鼎范的。

除却这两种铸造方法外，还有一种失蜡法，又称脱蜡法。失蜡法在中国的历史要追溯到春秋战国时期，用失蜡法制造的中国古代青铜器数量很少。淅川下寺透空云纹铜禁（春秋晚期）、曾侯乙尊盘（战国早期）和云南晋宁石寨山祭祀贮贝器（西汉）都是用失蜡法铸造的实例。失蜡法首先用蜂蜡、松香和牛油混合的蜡料雕出要铸的产品（蜡型），然后往蜡型上浇黏土澄洗出的泥浆，撒石英砂、碎植物纤维、锯末（木屑渣子）等。待干后再浇黏土和黄泥混合澄洗出的泥浆，再撒砂子。反复多次在蜡型外制好型壳后,将型壳拿到火上加热。蜡遇热融化成液态,从型壳中流失。此后将型壳烧结(不能陶化,故而烧结温度一般不超过 800℃),再向型壳内倒入融化的金属液体进行铸造。冷却后敲掉型壳,就得到了和蜡型形状一模一样的铸造产品。

也有学者在失蜡法工艺铸造的部件上发现有范缝和其他范铸工艺的特征。因此,认为一部分被认为是失蜡法制作的青铜器不应该是用失蜡法工艺铸造的。不同学者的观点也有不同之处,等待进一步的发现。

以上几种范铸方法代表了古代冶金技术的发展。而以范铸工艺的发展为代表的冶金技术发展过程大致划分为三个阶段。

第一阶段为先商时期,其青铜器铸造技术自发轫至基本成熟。

第二阶段为早商至西周晚期,其青铜器范铸技术基本以分型制模、分模制范、活块造型及特制芯盒为特征,绝大多数青铜器皆为整体铸造。

第三个阶段为春秋战国时期,其青铜器范铸技术除了继承前者之外,又发展了纹饰范拼兑技术与分型铸造及铜焊焊接技术。这一时期,大多数青铜器的制作,皆为先分体铸造,再组成整器。

除青铜工艺外,另一项推进文明发展的重要的冶金技术——冶铁技术同样是冶金考古的热门话题。人们最开始使用类似陨铁之类天然的单质铁,而后开始人工冶铁。目前世界上发现的最早的铁器出现在公元前 2500 年左右的两河流域北部和小亚细亚地区。公元前 1500 年以后,除安纳托里亚高原外,美索不达米亚和埃及出土的铁制品数量逐渐增加。公元前 1500 年至前 1000 年间,冶铁技术通过欧洲、亚洲和北非的部分地区向外传播。近年来的发现与研究表明,恒河平原中部的居民在公元前 2000 年左右掌握了冶炼、制作和使用铁器的技术。关于中国最早人工冶铁的时间和地点尚有争议。在新疆曾发现公元前 1000 年的铁器,而中原地区最早的铁质实物为河南三门峡虢国墓地出土的三件铁刃兵器,时代为西周晚期(900BC),属于块炼铁和块炼渗碳钢。这证明至少在西周晚期,在东西方文化的交流碰撞中,中原地区已有了冶铁技术。

比较普遍的冶铁技术是块炼铁法。块炼铁是在较低温度下(800—1000℃),用木炭还原铁矿石所得铁料,其成分接近于纯铁,这种铁为海绵状固体,杂质较多,含碳量低,质软,只能锻,不能铸。经加热锻打,挤出杂质,改善机械性能而制成的铁器称为块炼铁锻件。如在反复加热过程中,块炼铁同炭火接触,碳渗入而增碳变硬,则成为块炼渗碳钢。

中国春秋和战国早期的铁器如江苏六合程桥春秋楚墓出土的铁条和湖南长沙杨家山 65 号墓出土的钢剑,经鉴定分别是块炼铁、块炼渗碳钢制品。这时的铁器形制简单,形体小,表明人工冶铁技术尚处于初始阶段。战国中期以后,锻铁器已普遍使用,但其中大多数仍为块炼铁或块炼渗碳钢锻制品,直到西汉中期以后才为生铁炼钢法所取代。

除了冶炼,要想得到钢铁还需要铸铁柔化。早期的铸铁都是白口铸铁,碳以化合碳的形式存在于铁中,导致生铁脆硬,不耐碰击。这样的铁普遍用作生产工具显然是有困难的,而这个难题是由铸铁柔化技术的发明解决的。铸铁柔化技术是铸铁生产工具得以在战国就广泛应用的技术前提,对于中国当时社会生产力的发展有着巨大的推动作用。同时生铁技术也随着丝绸之路、东西方的传播影响了周边地区。《汉书·西域传》记载:"自宛以西至安息国……其地皆无丝漆,不知铸铁器。及汉使亡卒降,教铸作它兵器。"考古资料显示在新疆等丝绸之路沿线地区出土的战国秦汉时期铁器中,已出现生铁脱碳技术。

冶铁技术进入汉代以后飞速地发展。在西汉早期发明了炒钢冶金技术,将含碳量过高的可锻铸铁加热到半流体状态,再加入铁矿石粉不断翻炒,让铸铁中的碳元素不断渗出、氧化,从而得到中碳钢或低碳钢。继续这一过程可以得到熟铁,是一种简便的锻铁方式。

大约在东汉末,可能出现炼钢新工艺灌钢法的初始形式。南北朝时,綦毋怀文对这一炼钢工艺进行了重大改进和完善,制成十分锋利的"宿铁刀"。南朝齐、梁时的陶弘景首先记载了灌钢法。灌钢法是中国古代炼钢技术上一个了不起的成就,同百炼法或炒炼法比较有多个优点,比如说缩短冶炼时间,提高生产率,增加产量,提高性能,等等。灌钢法进一步推进了冶铁技术的发展,为其广泛利用提供了技术基础。

除了铸造技术外还有镶嵌、淬火、纹饰等等与冶金密切相关的技术,这些技术都与社会发展、生产力发展相辅相成。通过冶金考古的研究,我们能够探寻器物与技术背后的社会信息,进一步了解厚重的历史。

思考题:

1.冶金考古未来将会向哪些方向发展?

2.冶金遗址中的衍生品如炼渣与陶范,对冶金考古研究有意义吗?能提供哪些信息?

3.中外冶铁技术发展各有什么特点?

参考文献:

[1] 董亚巍.范铸青铜[M].北京:北京艺术与科学电子出版社,2006.

[2] 凡小盼,赵雄伟,高强.同步辐射微束 X 射线荧光技术在早期黄铜研究中的应用[J].电子显微学报,2014(4):349-356.

［3］庚晋,白杉.中国古代灌钢法冶炼技术[J].铸造技术,2003(4):349-350.

［4］韩汝玢,柯俊.中国科学技术史(矿冶卷)(精)[M].北京:科学出版社,2007.

［5］何堂坤.我国古代的钢铁热处理技术[J].金属热处理,1981(3):3-6.

［6］华觉明,郭德维.曾侯乙墓青铜器群的铸焊技术和失蜡法[J].文物,1979(7):46-48.

［7］黄石市博物馆.铜绿山古矿冶遗址[M].北京:文物出版社,1999.

［8］李京华.冶金考古[M].北京:文物出版社,2007.

［9］李京华.中原古代冶金技术研究[M].郑州:中州古籍出版社,2003.

［10］李清临,朱君孝,秦颖,等.微量元素示踪古代青铜器铜矿料来源的可行性[J].文物保护与考古科学,2004(3):13-17.

［11］廉海萍,熊樱菲.铜-铁复合兵器铁刃的分析[J].文物保护与考古科学,1995(2):46-52.

［12］刘乃涛.北京市延庆区大庄科辽代矿冶遗址群水泉沟冶铁遗址[J].考古,2018(6):41-53.

［13］邵安定,梅建军,杨军昌,等.秦始皇帝陵园出土彩绘青铜水禽铜矿料来源探索[J].文物保护与考古科学,2015,27(S1):1-8.

［14］谭德睿,徐惠康,黄龙.中国青铜时代陶范铸造技术研究[J].考古学报,1999(2):211-250.

［15］王建平,王志强,胥谓.关于中国早期冶铜术起源的探讨[J].中原文化研究,2014(2):41-49.

［16］吴开兴,胡瑞忠,毕献武,等.矿石铅同位素示踪成矿物质来源综述[J].地质地球化学,2002(3):73-81.

［17］赵志强,肖亚,周文丽,等.湖南桂阳桐木岭遗址[J].大众考古,2017(5):16-17.

［18］周卫荣,董亚巍,万全文,等.中国青铜时代不存在失蜡法铸造工艺[J].江汉考古,2006(2):80-85.

第十章

考古发现
与古代文字

　　文字,是将语言书面化的一种记录符号,是人类凝固的语言。古文字,顾名思义,即古代通用的文字。中国古文字的雏形最早可以追溯到新石器时代。在商周时期,出现了最早的成熟文字——甲骨文和金文。春秋战国时期,因为地域分化出不同的文字类型。秦朝统一了文字,将小篆推行为官方文字。为了书写便利,篆书又被人们演化成隶书。随后的汉代,人们又发明了楷书。到此为止,汉字发展的脉络基本已经完成。

　　对中国古文字的研究,自古有之。先秦时期的先人们就追溯过字源。两汉时期,经学研究的盛行,诞生了古文字巨著——《说文解字》。宋代金石学的复兴、清代考据学的兴盛、近现代大量文物的出土,每每都掀起了古文字的研究热潮。随着时代与科技的不断发展,人们对古文字的认知也在逐渐增加。

　　本章分为三节,分别是古文字发展史、走进甲骨文、打开文物的钥匙——古文字,先介绍古文字的整体发展史,对其中的甲骨文重点展开,并通过两个案例叙述古文字认知对于了解文物的重要性,探讨古文字研究未来的发展方向。

第一节　古文字发展史

在世界范围内,很多古文明都发展出了独特的文字体系,例如众所周知的埃及象形文字、两河流域的楔形文字、美洲的玛雅文字等。作为四大文明古国之一,中华文明也发展出了属于自己的独特文字。

由于中华文化兼容并蓄、海纳百川的特征,中国古文字实际上包含了古代汉字和其他少数民族的古代文字,例如西夏党项文、蒙古八思巴文、女真文等。在这些文字中,由于古汉字的发展历史最悠久,使用的时间最长,应用的范围最广泛,使用的人数最多,古汉字已经成为中华民族的通用文字。因此,中国的古文字研究,主要任务是探索汉字的产生,阐明古汉字发展与演变过程。

一、汉字的发展过程

(一)汉字的起源

任何一种文字都有其渊源,有从萌芽到成熟的发展过程。在中国,对于汉字的起源,存在以下几种假说:结绳说、河图洛书说、仓颉造字、八卦说。

1.结绳说。《周易·系辞下传》:"上古结绳而治,后世圣人易之以书契。"《周易注》:"古者无文字,结绳为约,事大,大结其绳;事小,小结其绳。"

2.河图洛书说。《易·系辞上》:"河出图,洛出书,圣人则之。"

3.仓颉造字。《淮南子》:"昔者苍颉作书,而天雨粟,鬼夜哭。"《荀子·解蔽》:"好书者众矣,而仓颉独传者壹也。"《吕氏春秋》:"奚仲作车,仓颉作书。"

4.八卦说。八卦即乾、坤、震、巽、坎、离、艮、兑。《尚书》序:"古者庖牺氏之王天下也,始画八卦,造书契,以代结绳之政,由是文籍生焉。"

(二)汉字的萌芽

汉字的起源到底还只是人们的推测。对于汉字的萌芽,学界就有了相对确凿的证据。根据现有的考古出土资料证明,汉字的萌芽可以往前推至新石器时代。在这一时期,考古学家发现的"汉字"主要有两种类型——象形图绘和刻划符号(见图 10-1、图 10-2)。

考古实物中,象形图绘和刻划符号并不少见。在陕西半坡遗址出土的彩陶盆中的人面鱼纹就是人们根据事物的形状模仿的彩绘图案。同样在半坡遗址中,考古学家也发现了陶器上的刻划符号。考古学家无法解读这些符号的具体含义,但将这些符号与后世的成熟文字进行对比,不难发现,这些刻划符号应当属于早期文字的雏形。

图 10-1　人面鱼纹彩陶盆

资料来源:李荆林.半坡姜寨遗址"人面鱼纹"新考[J].江汉考古,1989(3):59-63,77.

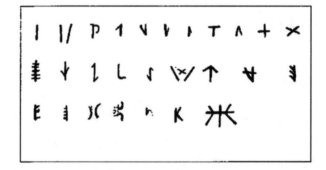

图 10-2　西安半坡陶器符号

资料来源:中国科学院考古研究所,陕西省西安半坡博物馆.西安半坡——原始氏族公社聚落遗址[M].北京:文物出版社,1963:197.

(三)汉字的发展与成熟

随后便是汉字的发展阶段。遗憾的是,由于并没有夏时期的文字出土,因此人们难以探究在这一时期汉字经历了怎样的演变过程。进入商周之后,有了出土实物的支撑,人们可以窥见汉字已经成为一种相对成熟的文字,甲骨文、金文就是商周最早的成熟文字。进入战国之后,由于不同国家间使用的文字不尽相同,"战国文字"就成为对这一时期各国不同的文字的统称。

秦始皇统一六国之后,出于统治的需要,推行了统一文字的举措。他令丞相李斯、中书府令赵高和太史令胡毋敬等人对文字进行整理。李斯以秦国文字为基础,参照六国文字,创造出一种形体匀圆齐整、笔画简略的新文字,称为"秦篆",又称"小篆",作为官方规范文字,同时废除其他异体字。同样在秦朝,还诞生了另一种通行文字——隶书。隶书也叫"隶字""古书"。隶书是在篆书基础上,为适应书写便捷的需要产生的字体。传说隶书的发明与秦人程邈有关,在当时他的官职属于"隶",因此他所改造的这种文字也被称为"隶书"。

进入汉代,人们不满足于隶书自身的发展,又在此基础上创造出真书,也就是楷书。楷书更趋简化,横平竖直,相比隶书更受到书写者们的青睐,逐渐盛行(见图10-3)。

| 甲骨文 | 金文 | 小篆 | 隶书 | 楷书 |

图 10-3　"人"字的字源演变

至此,古文字发展脉络已经基本完成,汉字已然成为一个完整的体系。以图中所示的人字为例,中国古文字从商周的甲骨文、金文(籀文、大篆),到秦代的小篆、隶书,发展到汉代的楷书。整体而言,中国古代汉字经历了篆体、隶体、楷体三个阶段。随后出现的草书、行书是在楷书基础上的风格演变。

二、古文字的构型及发展规律

知其然,也要知其所以然。因此,对于汉字,我们不仅要了解汉字的发展脉络,也要知道汉字是怎么形成的,即古文字的构型及发展规律。

(一)六书理论

世界上的文字大体上可分为表意文字和表音文字两大类。汉字是当今世界上唯一仍被广泛采用的意音文字。中国古文字的基础是象形,所以古人常根据字形来解说字义。象形的理论后来也被纳入研究古文字的六书理论。

"六书"是古代教育中的"六艺"之一。在《周礼·地官·保氏》中有记载:"保氏掌谏王恶,而养国子以道,乃教之六艺:一曰五礼;二曰六乐;三曰五射;四曰五驭;五曰六书;六曰九数。"

《汉书·艺文志》小学家下云:"古者八岁入小学,《周官》保氏掌养国子,教之六书、九数。六书者,象形、象事、象意、象声、转注、假借,造字之本也。"

《周礼》注引郑众注云:"六书,象形、会意、转注、处事、假借、谐声也。"

因此,六书理论并不罕见,而运用这一理论解释汉字的著作中,最广为人知的就是许慎的《说文解字》。

许慎,字叔重,东汉时豫州汝南郡召陵县(今河南漯河市吕陵区)人,是当时著名的古文经学家,号称"五经无双"。《说文解字》中包含小篆、古文、籀文、重文等多种文字,是中国第一部系统地分析汉字字形和考究字源的字书。此书首次建立部首,以六书理论分析汉字,训释字的本义,对汉字的字形、字音、字义都进行了分析。因此,《说文解字》一书是后人释读古文字的重要桥梁。

在《说文解字·叙》篇中,对六书理论有比较详尽的解释。"《周礼》八岁入小学,保氏教国子,先以六书。一曰指事。指事者,视而可识,察而可见,上下是也。二曰象形。象形者,画成其物,随体诘诎,日月是也。三曰形声。形声者,以事为名,取譬相成,江河是也。四曰会意。会意者,比类合谊,以见指撝,武信是也。五曰转注。转注者,建类一首,同意相受,考老是也。六曰假借。假借者,本无其字,依声托事,令长是也。"

因此,根据《说文解字》中的叙述,我们可以这么解读六书理论。

1.象形

即用摹形的方法将有形之物描画下来,笔触圆转,随物体的外形而起伏转折。其特点是直观性。古书中有不少人们根据象形推测文字的例子。例如"乏"字,伯宗说:"故文反正为乏。"(见图10-4)

图 10-4 "乏"字

2.指事

所谓指事,是用一定的指示符号来表达一种抽象的含义,看起来可以识别,细审起来也能体会其意义。它是象抽象之物,而不是象具体之形。它既不是独体字,也不是合体字。

3.形声

是用形符为其字的类属标志,选取声音相同的字作为声符,与形符相配成字。形旁表示意思或类属,声旁表示相同或相近的发音。形声字是最能产的造字形式。意符一般由象形字或指事字充当,声符可以由象形字、指事字、会意字充当。到现在,形声字已经占据了汉字中的主流。

4. 会意

用两个及以上的部件合成一个字,把这些部件的意义合成新字的意义,这种造字法叫会意。即会意字是根据事物间的某种关系而组合两个或两个以上的文来示意的新字。

5. 转注

转注就是互训,即两个字同一部首、声音相近、可以互相解释。从语言的角度上来说,它增加了人们的负担。例如"老"字(见图 10-5)和"考"字(见图 10-6),本为一组转注字。在商周文字中,这两个字都像老人举杖的形状。在先秦时期,"考"字曾有年老的含义,一直沿用至春秋战国时代。"先考""如丧考妣"等词中,"考"均表现出父亲的含义。而到了现代,"考"则多用于考察、考核,又表示研究、推求,失去了本义。

图 10-5　"老"字　　　　　　　　　图 10-6　"考"字

6. 假借

早期,人们在口语中已有某个字,但未有相应的书写文字,于是便借同音的已有之字来记录这个字。由于早期文字不多,人们只能通过假借旧字来创造新字。例如:"难"字,从字形中可看出与鸟有关,本义是鸟名,被假借为"艰难"之难;"长"本义是长发,被假借为长久之长;"久"是"从后灸之",被假借为"久远"之久。假借的现象根本原因是文字发展速度不及语言,而只能先借已有文字表达,久而久之,很多被假借的文字反而失去了本义,只剩下了假借的意义,例如方位词"东南西北"(见图 10-7),实际上都是假借字转化而来。"东"字是一只两头扎紧绳子的大口袋,是"橐"的本字;"南"原本是一种乐器的象形;"西"的形状酷似鸟巢,原义是鸟回巢栖息,也就是"栖"的本字;"北"原本指两人相背,是"背"的本字。

图 10-7　"东""南""西""北"四字

关于六书理论,清代学者王筠在《说文释例》中也曾做过如下评价:"象形、指事、会意、形声,四者为经,造字之本也;转注、假借为纬,用字之法也。"从中可以看出,象形、指事、会意、形声是造字的基本方法;而转注和假借,则已经是使用字的范畴,扩大了字的使用范围。

(二)古文字的发展规律

六书理论囊括了汉字的构型原则。而随着社会的发展,古文字也在不断发生变化。这些变化,并不是无端产生的,而是存在着重要的发展规律。

古文字的发展规律包含以下几种:简化(含繁化)、声化、分化、规范化、讹化。这些规律不仅标志着古文字的发展方向,也极大地丰富了古文字的数量,使得古文字逐渐发展演变成现代汉字。

1.简化

顾名思义,就是减省古文字中的笔画(但存在部分字有繁化,即复杂化的过程)。古文字的简化途径又分为以下几种。

(1)图绘性的减弱,变图形为符号。这一类属于比较典型的从象形图案到文字符号的逐渐过渡。例如,象、家、天等字。其中,"家"(见图10-8)字的简化主要是"豕"部分的符号化。

图 10-8 "家"字的简化

(2)减省笔画,删去重复的笔画和偏旁。例如,围、鱼、教、曹、集。其中,"曹"字(见图10-9)主要是简化了上部的"东"字数量。

图 10-9 "曹"字的简化

(3)并划性简化。这种简化是把每个字中一些相同结构的部分合成一体。

(4)截除性简化。这种简化将字的部分结构截除,只保留了一部分。例如"车"字(见图10-10)的简化,就将重复的车轮截除。

图 10-10 "车"字的简化

(5)替换偏旁或改变构字方式,用简单的形体取代复杂的形体。

2.繁化

随着经济社会的发展,应用文字的范围越来越广,人们使用的频次也越来越高。早期的图画文字、象形文字,书写麻烦,越来越不适应人们的生活节奏。因此古文字往往都是朝着更加简单、便捷的方向发展。但在古文字发展的道路中,其实也存在部分古文字繁化的现象。

繁化的现象分为两大类:笔画的增加、新部件的增添。

(1)笔画的增加

①垂直长画中加"·",又引为"-"。典型的例子就是辛、十(见图 10-11)。

图 10-11 "十"字的繁化

②字的上下加横画。例如齐、帝、酉。

③在字下加"一","一"下又加"——"或"八"。例如其、册、典(见图 10-12)。

图 10-12 "典"字的繁化

④在字的空隙中增"·"。

(2)新部件的增添

①增加义(形)符。例如"也"字,加入不同偏旁成为别的字,如匜等,这是从假借字变成形声字的典型。

②加上声符。例如,藉、宝(见图10-13)。有些字就从会意字变成了形声字。

图10-13 "宝"字的繁化

③增繁同形偏旁。例如"易"字。

④增繁无义偏旁。中山国的部分字中就存在这种现象,例如,法、念等。

(3)分化

为保证在记录语言上的精确性并不断提高这种精确性,古文字在发展过程中一方面在简化时要力图保持不同符号之间的区别,另一方面则要使原来承担不止一音一意的同一符号在形体上增加新的区别符号,使之分别承担原有音义的一部分——分化。即从母字中分出不同的新字。

其中,比较典型的就是"女"字,女的母字为一个跪着的女人形象。这个字,除了有"女"字的女人意思之外,还有母亲、毋(否定副词)、你(你的)、如同等多种含义。因此,这个字同样也是母、毋、如、汝等的母字。但承载了太多的含义,会让人难以区分。因此,对于"女"字的分化,是在其母字笔画上加入了新的笔画,造成细微的差别。给女添上两点为母,后期将两点连成一笔区分出母和毋。给女添上口则为如,添上水则为汝(见图10-14)。

图10-14 "女""母""毋"字

因此,分化也遵守一定的规律。

第一类,增加偏旁的分化。偏旁的出现或是功能的分化,或是词性的改变,或是种类的细化,代表了字的使用范围越来越精细。例如,气、忾/禽、擒/取、娶/奉、俸、捧/它、蛇/解、懈等六组分化字。

第二类,附加区别符号的分化。例如"月"字,一开始只有弯弯的月亮外形,后来在月亮中间填了一点,表示这个字专属为月。还有一个典型的例子是"七"字(见图10-15)和"十"字的区别。一开始,"十"字只是一竖,后来在竖上加点,慢慢地,这一点越来越长，就成了现在的十字。但巧合的是，"七"字早期的形状也是"十"，为了和发展后的"十"字区分，"七"字的"十"那一竖底端便只能越来越弯。

图 10-15　"七"字的演变

从分化的角度来看，由于文字是不断创造出来的，早期社会中的文字远不如现在丰富。今天的许多字，原来都只有一个共同的祖先：

"不"与"丕"；"派"与"永"；"茶"与"荼"；"小"与"少"（见图 10-16）；"无"与"舞"；"它"与"也""巳"；"生"与"性""姓""甥"；等等。如"小"与"少"，原本只有"小"字，在"小"上再添加一点，就成了"少"字。

图 10-16　"小"字与"少"字

（4）规范化

规范化（整化）是指规范文字的写法。上古文字最初创造时并没有规定统一的写法，一个字可能有很多种形状，会造成交流上的不便。因此，人们迫切地希望文字的规范化。

规范化的主要途径有三种。

①固定各种偏旁符号的形体。

②确定每个偏旁在字体中的位置。如"钟"字（见图 10-17），它的金字旁原先位置不定，既可以在左边，也可以在右边。但在规范化之后，金字旁便只能固定在左边。

③每个字所用的偏旁固定为一种，不得用其他偏旁代替。

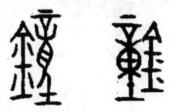

图 10-17　"钟"字

（5）声化

声化是指给部分古文字加上声旁，使其成为形声字。声化的途径有。

①在原有的表意字上加注声符，如裘、齿、灾、星。如"星"字（图 10-18），从"晶"字假借而来，之后加上了声旁"生"成为"星"字。

图 10-18 "星"字的演变

②在原字上另加形符，以原字为声符，组成新的形声字。例如，祖、国、唯。

③另造新的形声字以取代原来的会意字、象形字。例如，沉、圃。"沉"字与"沈"字本为一个字，表示将牛、羊等沉入水中的一种祭祀。后来，这种祭祀的祭品变成了戴着枷锁的人，即"尢"字，"沈"字的结构就基本确定下来（见图 10-19）。而"沉"作为"沉没""沉重"的意思就逐渐从"沈"字中脱离使用。

图 10-19 "沈"字的演变

（6）讹化

讹化是指在缺乏正确理解的情况下，错误地破坏了原构造或改变了原偏旁。文字的形体发展脱离了造字本义。其中，偏旁的讹化往往是由于形近或形混造成的，如"周"字；另一类常见的讹化是独体字解散为几个偏旁，以及合体字偏旁的错误合并。如"龙"字（见图 10-20）、"丰"字等。

图 10-20 "龙"字的演变

三、关于古文字的研究

关于古文字的研究从很早就开始了。

早在西周,就有周宣王大史作《史籀篇》的蒙学字书。在春秋战国时期,楚庄王曾言:夫文止戈为武。韩非子的《五蠹》说:"仓颉之作书也,自环为私,背私为公。"这些都是时人对古文字的字源猜测与解释。著名的辞书之祖《尔雅》可能就成书于战国时期,上限不会早于战国。

秦朝由于焚毁了众多古籍,而导致相当一部分先秦古籍及重要思想难以传承下来,并间接引发了汉代的古文经学和今文经学的斗争。

两汉时期,经学研究盛行一时。汉初高祖刘邦并不重视这些儒家经典,从文景时期开始展开了大量的献书和古籍收集工作,部分年长的秦博士和其他儒生,或以口述方式默诵已遭焚毁的经典,或把秦时冒险隐藏的典籍重新拿出,使之传世。因为文字、传述体系的不同,产生了不同的学派,后来统称为今文经。

汉景帝末年鲁恭王兴建王府,坏孔子宅,从旧宅墙中发现一批经典;汉武帝时,河间献王刘德从民间收集了大批的古典文献,其中最重要的就是《周官》,皆收入秘府(即官方皇家图书馆);汉宣帝时又有河内得几篇《尚书》。这些出土的文献都是用战国古文字书写的,与通行的五经相比,不仅篇数、字数不同,而且内容上也有相当差异,此后即统称为古文经。

古文经不仅经文与今文经互异,而且篇章也多,便聚集了一批拥趸。两方在学术上据理力争,也促进了古文字研究的发展。有汉一代,涌现出孔安国、张敞、扬雄、许慎等著名学者。尤为引人瞩目的就是东汉许慎所著的《说文解字》。

一个有趣的例子是,张敞为汉宣帝辨认铜器铭文。在汉代,先秦时期的青铜器已经成为比较稀有的宝物。西汉宣帝时美阳(今陕西扶风)出土古铜鼎,大臣们将其献给汉宣帝,汉宣帝本想将其珍藏于宗庙。张敞释读铭文,发现是周代赏赐大臣,大臣子孙用来铭刻祖先功绩的周鼎,不适合藏在宗庙之中。宣帝便放弃了这个想法。

到了宋代,金石学兴盛。金石学是中国考古学的前身。它是以古代青铜器和石刻碑碣为主要研究对象的一门学科,偏重于著录和考证文字资料,以达到证经补史的目的。广义上还包括竹简、甲骨、玉器、砖瓦、封泥、兵符、明器等一般文物。北宋统治者奖励经学,提倡恢复礼制,对古物的收集、整理和研究出现热潮。同时,这一时期的科技有了很大的进步,墨拓术及印刷术的发展,为金石文字流传提供了条件。

这一时期古文字的研究也随之发展旺盛,出现了众多名人名著。例如刘敞的《先秦古器图碑》、欧阳修的《集古录》、吕大临的《考古图》、赵明诚的《金石录》。宋徽宗时期,王黼将徽宗所得器物进行考订编纂,分成20类,共800多件北宋金石文物的精品,编撰了著名的《宣和博古图》。

到了清代，考据学空前发展。清朝统治阶层对文人采取了严酷的统治政策。尤其是乾隆时期，屡次禁毁书籍，大兴"文字狱"。文人学士不敢议论时政，只能把时间和精力用在古代典籍的整理上，寻章摘句，逃避现实。这一时期出现了段玉裁、王念孙、王引之等考据大家，并形成了乾嘉学派。乾嘉学派学术的发展，其主要基础之一，就是对《说文解字》的深入研究。通过考据学的不断发展，不仅经学学术研究兴旺，服务于经学的辅助学科，如文字学、音韵学、训诂学、历史学、地理学、历算学、目录学、版本学、校勘学、辨伪学、辑佚学等传统学术都得到了空前的发展。

进入近现代，由于众多遗址和文物的不断涌现，又引发了一波学者研究古文字的高潮。1899年王懿荣发现甲骨及其上的文字之后，刘鹗、孙诒让、罗振玉、王国维、董作宾、郭沫若（见图 10-21）、唐兰、胡厚宣、陈梦家等诸多古文字学家都开始致力于甲骨文的研究与释读。

图 10-21　甲骨四堂
（从左上到右下为董作宾、罗振玉、王国维、郭沫若）

同样在 20 世纪初，马尔克·奥莱尔·斯坦因（Marc Aurel Stein）、斯文·赫定（Sven Hedin）等外国考古学者进入我国西北地区，对新疆、甘肃等地的诸多遗址进行考察,并发现了诸多简牍、古文书,开启了后世学者对于丝绸之路一带上的河西走廊、西域文化的研究。

四、古文字的种类

古文字种类繁多,分类方法也各异。根据载体的不同,古文字又可以分为以下八类:甲骨文、金文、石器文字、玺印文字、简帛文字、陶器文字、货币文字、兵器文字。这些古文字中,甲骨文和金文引起了众多学者的研究狂潮。以下简单介绍这些古文字中的一部分。

(一)甲骨文

甲骨文,它是一种刻在龟甲或兽骨上的文字。盛行于商代、西周初期。

1899 年,王懿荣首先发现商代甲骨文。其后众多名家都对其展开了研究。至今为止,甲骨文字约有 4500 多个,可识的约有 1500 个。

甲骨的使用有着严格的规范,需要经过整治才能用于占卜。整个流程包含。

1. 整治:取材、锯削、刮磨。

2. 占卜:钻凿(见图 10-22)、灼兆、刻辞、涂饰和刻兆、埋藏。

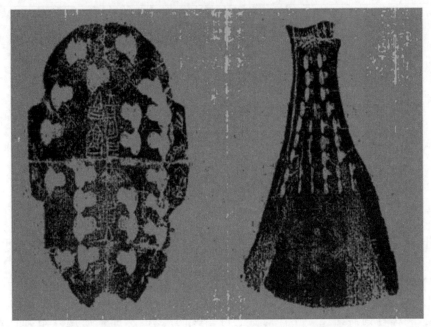

a. 龟腹甲　　　　　　　　　　　　　b. 牛胛骨

图 10-22　甲骨上的钻凿

甲骨文中包含大量占卜辞。一条完整的卜辞往往包含前辞、贞辞、占辞、验辞。前辞是用于记录干支日期和主持占卜的人名;贞辞是用于记录贞人问的问题;占辞是用于记录根据兆象做出判断;验辞是用于记录占卜后是否应验。

甲骨文(见图 10-23)的具体内容十分丰富,主要有国家的年岁收成、对风雨天象的预测、对旬夕吉凶的占卜、对祖先鬼神的祭祀、对周边方国的战争与征伐、贵族田猎游玩的生活情景、对疾病与医学传统的记载、政治上的遣使施令、商王的出入往来、后妃们的生育等等。

图 10-23　甲骨文

资料来源:郭沫若主编,胡厚宣总主编.甲骨文合集[M].北京:中华书局.1978—1983:3958。

(二)金文

金文,又称青铜器铭文。在青铜器上铸铭文的风气,从商代后期开始流行,因此它的上限和甲骨文大致相同,到周代则达到顶峰,春秋战国时期,金文呈现出浓厚的地域性,各国文字风格不一。青铜器铭文上承甲骨文,下启秦代小篆。较甲骨文更能保存书写原迹,具有古朴之风。

　　金文的内容主要包含分封、记功、战争、祭祀、册命与赏赐、土地约剂、法律、媵词等。西周的分封或改封诸侯必有鬯瓒、弓矢、土地和百姓四项赏赐;战争主要涉及商、淮夷、玁狁等国。如"小克鼎"(见图10-24),就是主人受到赏赐而铸造的器物。一位名叫"克"的膳夫在得到周王赏赐后铸造了这座鼎,用来祭享祖先,也表达了对周王恩赐的感谢。

图10-24　小克鼎铭文

　　资料来源:中国社会科学院考古研究所.殷周金文集成(修订增补本)[M].北京:中华书局,2007(二):1468.

(三)石器文字

　　以石鼓文(见图10-25)为重要代表。石鼓文是我国最早的石刻文字,世称"石刻之祖"。因为文字是刻在鼓形的石头上,故称"石鼓文",是战国时代秦国的遗物。石鼓文的字体,上承金文,下启小篆。集大篆之成,开小篆之先河,是由大篆向小篆衍变而又尚未定型的过渡性字体。

图 10-25　石鼓文

资料来源:本刊编辑部.镇馆之宝[J].国家人文历史,2013(1):26-27.

(四)玺印文字

玺印是政治活动和个人交往中昭明信用的凭证。其产生年代很难考证,根据文献记载及出土实物,比较可信的观点是约出现于春秋中叶。当时称金余。

(五)简帛文字

可以分为竹简文字(见图 10-26)和丝帛文字(见图 10-27)。

1.竹简文字

商代就已经出现。《尚书》:"惟殷先人,有册有典。"目前出土最早的简来自战国时期的长江流域,相当一部分为楚简。内容多为遣策、古书和卜筮。其中遣策是死者入葬时亲友送礼和用于葬仪的物品清单。

简文中的文字变化特点。

①简文中的部分字形和偏旁与《说文解字》的古文有密切的关系。同时,楚简的文字与周代金文一脉相承,保留了许多与金文相同或相近的字形。

②笔画和字形的简省。这是大量使用文字,要求简便迅速而产生的现象。

③笔画和字形的增繁。由于竹简文字的书写有随意性,或为强调某种含义而增加新的笔画和偏旁,构成新的字形。

④异形。有更换偏旁或更换偏旁位置而产生的字形变异,如左右上下位置、正侧

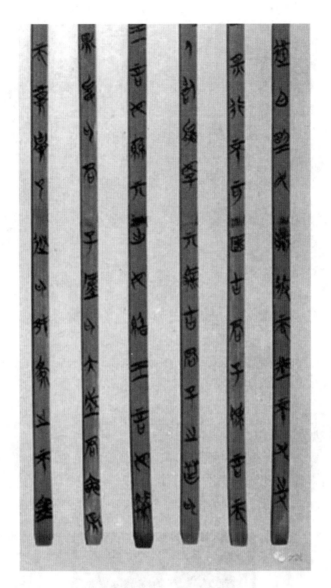

图 10-26　竹简文字

资料来源:荆门市博物馆.郭店楚墓竹简[M].北京:文物出版社,1998:17.

互置等。也有因偏旁意义相近而互代,如口与言、石与土等。

2.丝帛文字

典型的代表是楚帛书。楚帛书不是书籍,而应是一幅按某种特定图式结构抄写的数术类帛图。

在楚帛书中,主要记述天象、四时、月忌和有关的神话,文字为墨书,内容丰富庞杂,不仅载录了楚地的神话传说和相关风俗,而且还包含阴阳五行、天人感应等方面的思想。

图 10-27　丝帛文字

(六)陶器文字(见图 10-28)

文字的格式大多如印章,文字的内容大都偏于程式化。

根据内容可分三类。

1.私名陶文:多为制造者的姓名。

2.官器陶文:多为使用的单位名。

3.记事陶文:在私名和官器前冠以时间及各级职官名。

图 10-28　陶器文字

资料来源:河南省文物考古研究所,中国历史博物馆考古部编.登封王城岗与阳城[M].北京:文物出版社,1992:220.

第二节 走进甲骨文

甲骨文，顾名思义，是一种契刻在龟甲或兽骨之上的文字。主要应用于商代及西周初期，是目前中国能见到的最早的成熟汉字。这一节的内容共分为以下几个部分：甲骨文的发现、甲骨文的研究、走向科技的甲骨文、对甲骨文的评价。

一、甲骨文的发现

中国历史悠久，早在新石器时代就已经出现了文字的萌芽，而成熟的文字在商周时期出现。文字的产生是文明时代开始的重要标志之一。在夏商周时期，以甲骨文、金文为代表的文字已经是一种相当成熟的文字体系。也正是因为甲骨文的大量出现，商朝也就成为我国首个有文字可考的历史阶段。

甲骨文在我国文字发展史上有着举足轻重的地位。它的发现就是一个颇具传奇色彩的故事。一种说法是，光绪二十五年(1899)，时任国子监祭酒的王懿荣偶然发现一味中药叫龙骨，上有刻字。经过长时间的研究后，他确信这是一种商代的文字。后来，人们找到了龙骨出土的地方——河南安阳小屯村。

河南安阳小屯村即商都城殷的所在。经过王国维甲骨卜辞的考证，小屯村及其附近地区是商代后期都城遗址。小屯村是其中心地带。安阳也因此被列入中国八大古都。为了纪念甲骨文在这里出土，现在的中国文字博物馆就坐落在安阳。

（一）殷墟的发现

甲骨文的发现，引出了一个震惊世界的遗址——殷墟。殷墟，顾名思义是商都城殷的废墟。殷墟，原称"北蒙"，是中国商朝后期都城遗址。盘庚十四年，迁都于此并命名为"殷"。次年开始营建殷都。自盘庚迁殷，到公元前 1046 年帝辛亡国，经历了共 8 代 12 位国王 273 年的统治，殷一直是中国商代后期的政治、经济、文化、军事中心。因此在后世，商代也被人们称为殷商。

20 世纪初，殷墟首次因为出土甲骨文而闻名于世。1899—1928 年，多为民间滥掘甲骨文。1928 年，国民政府正式组织考古学家们对殷墟进行正式考古发掘。迄今为止，经历了 90 余年的殷墟发掘硕果累累，不仅发现了大量都城建筑遗址，还出土了以甲骨文、青铜器为代表的丰富的文化遗存，被评为 20 世纪中国"100 项重大考古发现"之首。

殷墟经历了多次发掘,按照时间序列,可以分为三个阶段。

第一阶段:1928 年 10 月—1937 年 6 月。前中央研究院历史语言研究所考古组在殷墟共组织了 15 次发掘。发掘总面积约 46000 余平方米。发掘地点共 11 处。在遗迹方面,在小屯东北地发现大型夯土基址 53 处。在墓葬方面,在西北岗和后岗共发掘了 8 座带 4 条墓道的殷代大墓,3 座带 2 条墓道的大墓,1 座未建成的大墓,1000 多座祭祀坑,数百座小型墓葬。出土甲骨文 24918 片。这一阶段,小屯宫殿宗庙区和西北冈王陵区的发现,证实了《竹书纪年》关于商代晚期都邑地望的记载,对推断安阳小屯村为殷地所在提供了重要依据。

第二阶段:1949—1979 年。这 30 年间,随着国家经济建设的发展,对文物保护工作的加强以及对科研工作的重视,殷墟的发掘工作又上了一个新的台阶。发掘共进行了 40 余次,发掘地点 20 余处,共发现铸铜作坊 2 处,制骨作坊 2 处,制玉石场所 1 处,烧陶窑址 5 处。还发现道路 2 条、陶排水管道 2 处以及大型防御沟 1 条。在居住遗迹方面,共发现殷代大中型夯土基址和小型房子共百余座,窖穴灰坑 600 余个,水井 3 眼。在墓葬方面,共发现带 2 条墓道的大墓 4 座,带 1 条墓道的大墓 16 座,中型墓近百座,小型墓 3000 余座,无墓穴的墓约 200 座,瓮棺葬 80 多座,祭祀坑 290 座,车马坑 11 座。并出土了大量的珍贵文物。其中有铜器、象牙雕刻器及甲骨文 5000 余片。此外还有大量的海贝、白陶残片、漆木残器及陶范、陶模等。

第三阶段:1980 年至今。随着国家经济建设的高速发展,配合基本建设的考古发掘工作频增。共进行了 100 多次的发掘。发掘区域扩展到殷墟南部,和洹北商城区域。这一时期发掘地点达到 50 余处。发掘遗址面积约 10 万平方米。其中发现大型商代城址 1 座,铸铜作坊遗址 5 处,制骨作坊遗址 4 处,制陶作坊遗址 1 处,制玉作坊遗址 1 处,夯土建筑基址 500 余座,半地穴式房基 100 余座,灰坑、窖穴近 4000 座,水井 50 多眼,大型道路 10 余条,祭祀遗存近 30 处,中字型大墓 5 座,甲字型大墓 14 座,中型墓 10 余座,小型墓 8000 余座,车马坑近 40 座。在这些遗迹中,出土了大量的珍贵文物。其中有铜器、陶器、玉石器、骨器及陶范、陶模等;甲骨文 1000 余片。

(二)殷墟甲骨文的三次重要发现

殷墟中甲骨文中,1936 年小屯北地 H127 坑、1973 年小屯南地甲骨、1991 年殷墟花园庄东地甲骨窖藏坑三处属于甲骨文的三次重大发现。

1936 年 3 月,一个完好的窖藏坑被发现,编号为 H127,一共出土龟甲 17088 片、牛骨 8 片,总计 17096 片。这一批甲骨记录着商王武丁时期的许多活动,这批甲骨片的出土和研究,为考证武丁时期的社会政治、文化、生活等情况,提供了丰富的资料。

1973 年小屯南地发掘出土卜骨、卜甲 7150 片。其中卜甲 110 片(有刻辞者 60 片),卜骨 7040 片(有刻辞者 4761 片),未加工的牛肩胛骨 106 片(有刻辞者四片),刻辞牛肋骨 4 片，并出土了陶器。这种甲骨与陶器共存的现象为甲骨文及殷墟文化分期提供了宝贵资料。

　　1991 年殷墟花园庄东地甲骨 H3 窖藏坑集中出土甲骨 1583 片（其中，腹甲 1468 片、背甲 90 片、卜骨 25 片）。H3 坑甲骨以大版和完整的龟甲居多（达 755 片）。其中有刻辞的卜甲 684 片（含腹甲 659 片）。记载内容十分丰富，而且问卜者都是武丁时期的王族成员和高级贵族。

二、甲骨文的研究

　　自从甲骨文出土之后，人们对于甲骨文的研究一直没有停止。甲骨文共出土总数约 15 万片，不重复的字有 4500 多个，可识的约有 1500 个。

　　对甲骨文深有研究的名人及著作有。

　　刘鹗的《铁云藏龟》（1903 年），是第一部著录甲骨文的书（见图 10-29）。

图 10-29　刘鹗及《铁云藏龟》

　　孙诒让的《契文举例》（1904 年），是甲骨文的第一部研究性著作；罗振玉对甲骨文的研究十分投入，前后著书《殷商贞卜文字考》（1910 年）、《殷虚书契考释》（1915 年）、《增订殷虚书契考释》（1927 年）、《殷虚书契前编》（1912 年）、《殷虚书契菁华》（1914 年）、《殷虚书契后编》（1916 年）、《殷虚书契续编》（1933 年）；王国维著有《殷卜辞中所见先公先王考》《殷卜辞中所见先公先王续考》《殷周制度论》《殷虚卜辞中所见地名考》《殷礼徵文》《古史新证》。郭沫若创作了《卜辞通纂》（1933 年）、《殷契粹编》及其《考释》（1937 年）；董作宾著有《卜辞中所见之殷历》（1931 年）、《大龟四板考释》(1931年)、《甲骨文断代研究例》(1932年)、《殷历谱》(1945年);陈梦家著有《殷虚卜辞综述》;胡厚宣著有《五十年甲骨发现的总结》等。

1978年,《甲骨文合集》始出版,收甲骨41956片。甲骨文从发现至今100多年的时间,发表和出版的甲骨文资料与研究文献达万余种(篇),中外学者先后从事甲骨文研究的有数千人。其中一项很重要的成果,就是肯定了《史记》中的商王世系(见图10-30)。

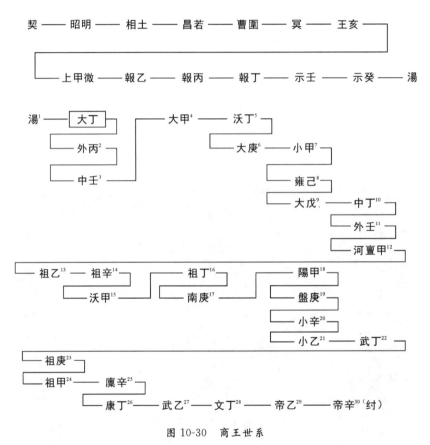

图 10-30 商王世系

资料来源:刘翔,陈抗,陈初生,等.商周古文字读本(增补本)[M].北京:商务印书馆,2017:5.

王国维在《殷卜辞中所见先王先公考》中结合地下出土文献来研究商代历史。在"二重证据法"的方法论指导下,王国维将相关的金文及古籍资料,与出土甲骨文中的卜辞相对照,综合考证了商代王族中先王先公的名字和重要事迹,并与司马迁所著《史记·殷本纪》中的商王世系进行对比,从而证明了《史记》中商王世系的可信性。

甲骨文中,一条完整的卜辞包括前辞、贞辞、占辞、验辞。具体内容涵盖了商代经济、政治、社会等诸多方面,可谓是了解商代历史的重要考古资料。如何给甲骨文分期断代,也需要考虑不同的因素。董作宾先生根据世系、称谓、贞人、坑位、方国、人物、事类、文法(辞例)、字型、书体等标准,在著作《甲骨文断代研究例》中,将自盘庚迁殷后甲骨文中所涉及的商王分成五期,每一期的甲骨文风格区别比较明显。

第一期:书法宏放雄伟,以甲骨大版大字为代表作。文字用大力刻凿而成,笔画粗壮,并填有朱墨。其中也有工整秀丽的小字,极为精彩。

第二期:书风较为谨饬。祖甲、祖庚是继承第一期武丁的守成贤君,所以当时的卜师,严守规则而少变化。

第三期:书风转变,陷于颓靡,前期老书家已经作古,豪放书风扫地,当时的书家,笔力多幼稚柔弱,甚至笔误颇多。

第四期:卜人,卜辞上不署书契者的名字,这一时期新兴的书家,尽去前期笔力幼弱之敝,作品生动、劲峭,时逞放逸不羁之趣。

第五期:书风,除少数兽头大字刻辞外,其余的都异常严肃工整。这一时期的占卜事项,王必躬亲,卜辞的段、行,字都很工整,如蝇头小楷,文风乍变,制作一新。

对于普通大众,通过将甲骨文编撰成字典来了解甲骨文是一种比较理想的方法。100多年来,中外学者在甲骨文的搜集辨伪、字形考释、甲骨缀合、分期断代等方面取得了巨大成就。从第一本甲骨文著录书《铁云藏龟》,到第一本真正意义上的《甲骨文字典》,学界对甲骨文的研究和推广可谓是不遗余力。

三、走向科技的甲骨文

面向大数据时代,学者们开始有意识地采用高科技手段研究甲骨文。对于研究者来说,获取甲骨文的照片,是研究甲骨文的重要途径。而如何将甲骨文拍摄下来,不伤害文物,又能获得比较好的拍摄效果,成了一项技术难题。故宫博物院就此问题展开了研究,试图通过数字化手段拍摄甲骨。

在前人的研究专著中,容易出现一些拍摄问题。例如:文字的字口清晰度欠缺;表面用光不均匀,存在明显的明暗区别;反面钻探表现不充分;甲骨的弧度也没有得到很好的体现,立体感不强;等等。

因此,针对这些问题,故宫博物院采取了以下方法:首先,在墨拓之前进行拍摄,避免了墨拓之后对甲骨的损伤,保存了甲骨的原始状态。其次,对甲骨进行试拍,拍摄时根据甲骨的特点,结合当下影像技术,反复测试不同器材的配置及参数。最后,试拍出影像后,再反复论证和对比,最终挑选出最好的影像配置及参数进行拍摄(见图 10-31)。

数字化的文物摄影手段,对于文物拍摄有许多优点,比如说高效、易于保存、易于检索、有利于文物保护和学术研究等。其中,易于保存、易于检索,更是其他图像拍摄方法难以超越的优点。

传统拍摄照片　　　　　　　　故宫拍摄照片

图 10-31　甲骨照片

资料来源:李凡.数字化时代甲骨摄影的技巧与方法[J].故宫博物院院刊,2016(3):27-31,160.

除了数字化拍摄之外,人们也开始尝试如何将甲骨文进行信息化。

甲骨文的信息化处理研究范围较为广泛,包括破碎甲骨的计算机辅助拼接,甲骨文字形的复原、数字化、输入编码、艺术变形、计算机识别、计算机辅助断代分期等诸多领域。

甲骨文字形复原是基础性工作。在字形特征提取方面,通过对原始甲骨文图形进行预处理,可准确地把甲骨文从背景噪声中分离出来,应用数学形态学方法对甲骨文进行图像处理和分析,提取表现甲骨文字形特征的主要指标,进而构造基于数学形态学方法的甲骨文字形特征提取系统,提取出反映甲骨文笔画形态和结构的字形特征;在分期断代方面,可采用数学形态学图像处理方法提取甲骨文图像的特征向量,基于已有的人工断代的甲骨文样本,实现并训练贝叶斯分类器,从而获取待分期断代甲骨文与“五期”分法的映射关系。

对于如何实现甲骨文的信息化,江苏师范大学语言能力协同创新中心主任杨亦鸣表示,作为工程语言学的一个研究领域,甲骨文字形复原研究涉及语言学、文字学、计算机科学、数学等学科,需要具有不同专业背景的研究人员进行协作研究。甲骨文研究则涉及更多学科,字形复原只是为甲骨文研究做了重要的基础工作。此外,如果甲骨文信息化技术手段能够应用成熟,除了现阶段正在进行的甲骨文信息化处理工作,它还可以扩展运用到其他古文字研究中。

四、对甲骨文的评价

2017 年 11 月 24 日,甲骨文顺利通过联合国教科文组织世界记忆工程国际咨询委员会的评审,成功入选《世界记忆名录》。甲骨文的成功入选,表明了它所代表的重要文物价值受到了世界主流的广泛认可。

作为文物,甲骨文最受人关注的就是它的历史价值。《史记·殷本纪》详细记载了商王朝的世系和历史。过去史学界许多人对这些记载将信将疑。21 世纪初,罗振玉在他搜集的甲骨中,发现了刻有商王朝先公、先王的名字,证实了小屯村就是《史记》中所说的殷墟所在地。此后,学者王国维对甲骨卜辞中所见的商代诸先王、先公进行考证,证实了《史记·殷本纪》的可信性。这些研究成果,把中国可信的历史提早了 1000 年。

此外,甲骨文的艺术价值也是不容忽视的。作为一门书法艺术,甲骨文囊括了诸多书法风格。劲健雄浑型、秀丽轻巧型、工整规矩型、疏朗清秀型、丰腴古拙型琳琅满目。它的发展为后世的书法艺术提供了丰富的审美趣味。

第三节　打开文物的钥匙——古文字

文字是在社会文明的共生与互动中产生和发展的。汉字的结构和形态反映了当时的社会文化。随着社会的改变,文字会根据人们的应用需求而改变。东汉学者许慎曾经说过,"盖文字者,经艺之本,王政之始,前人所以垂后,后人所以识古"。因此,了解了古文字,才能深刻发掘文物背后的故事,进而了解文物所代表的历史和社会。

在这一节中,主要介绍两个案例:越王勾践剑与山西定襄居士山摩崖碑。它们中的古文字,都在一定程度上揭露了文物本身的历史背景,带我们了解属于那个时代的故事。

一、越王勾践剑

越王勾践剑是春秋晚期越国青铜器,国家一级文物,1965 年湖北省荆州市江陵县望山楚墓群一号墓出土,现收藏于湖北省博物馆。剑长 55.7 厘米,宽 4.6 厘米。剑身中脊起棱,装饰黑色菱形花纹。正面近格处有"越王勾践,自作用剑"的鸟篆铭文。剑格正面嵌蓝色琉璃,背面装饰绿松石(见图 10-32)。

图 10-32　越王勾践剑

越王勾践剑的发现,不得不提望山楚墓的发掘。20 世纪 60 年代前期,湖北省政府决定从荆门漳河修一条水渠。1965 年末,当水渠延伸到纪南城西北 7000 米处时,人们发现这里的土层与众不同,土质疏松,好像曾经被挖动过。考古专家们闻讯赶来,并在现场成立了工作小组。经过勘测,发现这里的地下有古代墓穴,初步估计有 50 多座,专家们把这一片古墓群称为望山楚墓。

越王勾践剑的发现是在望山楚墓一号墓中。考古队员们在墓主人的内棺尸首骨架的左侧发现有一把装在漆木剑鞘内的青铜剑,茎身还缠扎着丝线。当考古工作人员将它从剑鞘中抽出来的时候,剑身依然寒光闪闪。当时有莽撞者伸手拿剑,不料被剑划出了一道口子,剑刃的锋利程度震惊了在场的所有人。

望山楚墓一号墓的清理工作,于 1966 年 1 月 3 日完成。出土文物 600 多件,其中铜器 245 件,陶器 69 件,漆木竹器 211 件,玉石骨角皮革丝麻等近 100 件。出土的文物数量和种类都很丰富。重要的文物有越王勾践自作用剑 1 具和铸有“王”字铭文的匕首 2 具。

由于越王勾践剑的特殊性和珍贵程度,它被列为国家一级文物。通过对越王勾践剑展开研究,后人或多或少能对越国政治、经济、文化面貌,以及当时社会大环境下的越国所经历的动荡起伏有所了解。研究方向包含以下几个方面。

(一)越王勾践剑的铭文

剑身上的八个鸟篆铭文中的六个“越王自作用剑”被考古学家当场认出,其中最重要的,代表越王名字的篆字却没能认出。方壮猷将剑上的文字拓片邮寄给古文字专家们,其中郭沫若认为这两个字是“邵滑”,但不肯定,而唐兰却认为这两个字是“鸠浅(勾践)”。后来专家们经过多次探讨之后,一致确定为“鸠浅(勾践)”。越王勾践剑的身份就这样大白于天下。

同时,除了了解越王勾践剑的身份,我们还可以欣赏越王勾践剑的铭文风格。越王勾践剑铭文通体错金,笔画作鸟形,这种风格被称为鸟虫书(见图 10-33)。这象征着春秋战国时期文字开始出现了明显的美术化倾向。从越王勾践剑铭文来看,鸟虫书作为一种特殊的图案化字体,常以错金形式出现,高贵而华丽,富有装饰效果,流行于春秋晚期至战国早期。

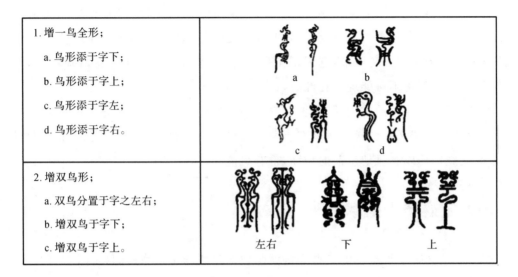

1. 增一鸟全形：	
a. 鸟形添于字下；	
b. 鸟形添于字上；	
c. 鸟形添于字左；	
d. 鸟形添于字右。	
2. 增双鸟形：	
a. 双鸟分置于字之左右；	
b. 增双鸟于字下；	
c. 增双鸟于字上。	

图 10-33　鸟虫书

资料来源：曹锦炎.鸟虫书通考[M].上海：上海书画出版社，1999(6)：16-17.

(二)越王勾践剑的剑身千年不朽之谜

"国家宝藏"曾经提到过越王勾践剑。1977 年此剑被送到上海接受 X 荧光无损检测。2017 年，湖北省博物馆启动了"越王勾践剑的二次科学研究"。之前人们认为是硫化处理保护了剑身，现代科学研究发现，硫反而加速了腐蚀。

研究人员总结了剑身不朽的原因：第一，是剑本身的选材合适，铅含量很少，因为同墓葬铅含量高的器物都腐蚀严重；第二，墓葬环境好，隔绝了空气；第三就是勾践剑带着剑鞘，对它是一个双重保护。

(三)越王勾践剑为何出土在江陵楚墓中

望山楚墓一号墓的主人是一名叫作"邵固"的楚国贵族。考证邵固的人物生平，不同学者也对越王勾践剑的来历提出了不同的说法。

1.楚越联姻说。这一点得到了不少学者的认同。陈振裕先生认为墓主邵固以悼为氏，是楚悼王之曾孙，生前只到大夫的地位，与楚王的关系非常密切。《渚宫旧事》记载，楚昭王与越王勾践之女所生的儿子章，就是楚惠王。因此，楚昭王娶越王勾践之女为妃，而勾践将他珍贵的青铜剑作为嫁女之器而流入楚，也并非不可能。那时楚越关系紧密，且存在两国之间的联姻行为。因此，这柄宝剑作为越国公主的嫁妆到了楚国，成为楚王珍藏。后来楚王为了表彰邵固忠心把越王勾践剑赐葬邵固墓中，不无可能。

2.楚国灭越说。部分学者猜测，墓主人邵固就是楚怀王时期人物邵滑。显赫一时的越王勾践死后，他的贴身用剑必定会作为国宝珍藏，不可能流于别国。只有待楚国灭越之后,才有可能落入楚国贵族手中。越王勾践剑流入楚地,势必和楚国灭越问题分不开。因此,这个墓葬的上限必然在楚国灭越以后,它的下限必然在楚顷襄王徙都于陈以前。因为楚国灭越以前,越国正在强盛时期,勾践宝剑不可能流落在国外;楚国徙陈以后,勾践剑也不可能埋葬在江陵。

楚怀王时期,灭越的主要手段,是以邵滑为主要人物的政治渗透。亡越之功当首举邵滑。楚怀王把从越国掠夺回来的越王勾践剑作为战利品而赏赐给邵滑。邵滑死后,把这把剑殉葬以彰显他生前的功绩,也有可能。

二、山西定襄居士山摩崖碑

第二个从文字了解文物的典型案例就是山西定襄居士山摩崖碑(见图 10-34)。

此碑位于山西省忻州市定襄县县城东南 1 万米的居士山半山脊,西南距南王乡尧头村 300 千米,北距南王乡茶房口村约 2000 米。地理坐标为北纬 38°24′42.9″,东经113°01′00.8″,海拔 1426 米。

碑体坐西向东,由凸出于岭脊的一块石灰岩质巨岩修整而成,碑面经凿刻打磨,凸出崖体 0.3 厘米—0.5 厘米,半圆形碑首,高 2.90 米,宽 1.28 米。

图 10-34　山西定襄居士山摩崖碑

关于这块摩崖碑的发现和研究在 20 世纪二三十年代就开始了。

1923 年，此碑由本地乡绅牛诚修首次发现；同年，搭架洗刷，拓碑两份。

1925 年，又拓两份，并作《北魏居士山摩崖碑考》，收入《定襄金石考》，考证此碑为北魏正光四年(523)尔朱荣登高碑。

1962 年，《柔然资料辑录》收录此碑文(见图 10-35)，认同为北魏时期柔然民族资料。

2003 年，忻州市文物管理处联合山西大学赵瑞民、郎保利教授对此碑刻及其周边文物遗存进行考古调查，搭架拓印并逐字识读碑文，在原基础上新识读 72 字，且据职官、郡望等推断此碑年代当为西晋，对立碑时间和碑主也有全新理解和认识，惜受当时技术条件所限，难以采集到碑文完整信息，且研究的新进展也未刊文发表。

2008 年，殷宪根据《七岩山志·补志》收录此碑文，并撰《山西定襄居士山曹魏监并州诸军事冠军将军碑考略》，认为其是曹魏青龙元年(233)秦朗碑。

2014 年，马新民、任补花等人再次进行考证，将碑名定为"定襄七岩山曹魏监并州诸军事冠军将军重阳登高颂德碑"。

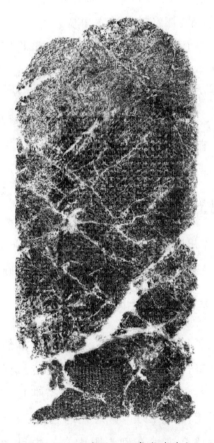

图 10-35　定襄居士山摩崖碑碑文

2015 年,忻州市文物管理处、定襄县文物管理所与浙江大学文化遗产研究院联合运用高保真三维数字技术,实施了数字化考古调查。

2016 年,忻州市文物管理处与浙江大学文化遗产研究院联合山西大学历史文化学院、山西博物院等,利用三维数字化成果,对碑文重新逐字识读与辨认。确认此碑为西晋使持节监并州诸军事冠军将军胡奋于泰始八年(272)讨平匈奴刘猛叛乱后的重阳登高纪功碑。

学界对于摩崖碑的认识迥异,甚至连年代都有诸多争议,问题的根本就在于对碑文的释读上。而今,学者们通过对已识读的铭文与西晋史书、职官等级等进行一一对应,最后确定了摩崖碑的真正主人为胡奋。证据如下。

(一)碑额题字与胡奋职官名号相合

1."使持节、监并州诸军事。"西晋武帝时期出任监并州诸军事职务的人见于史籍者有两人,一为胡奋,一为太原王司马辅。其中,泰始七年(271),胡奋在征讨匈奴刘猛的叛乱中出任监军、假节;咸宁二年(276),以监并州诸军事职务击破侵犯并州虏寇,咸宁三年(277)九月,转任左将军、都督江北诸军事。

2.冠军将军职官,始于三国。西晋武帝时期任冠军将军职官者只有胡奋和杨济。胡奋任冠军将军未见于《晋书》卷五七《胡奋传》,但《太平御览》卷二三九引《晋起居注》泰始七年《以胡奋为冠军将军诏》有载:"议郎胡奋开爽忠亮,有文武才干,历位外内,涉练戎事,威略之声着于方外,其以奋为冠军将军。"此碑额题职官正是胡奋泰始七年到咸宁三年的职官名号,与文献记载吻合。

结合以上两点不难发现,它们的共同点就是胡奋。

(二)碑文中碑主郡望、名字与文献相合

碑文第二行"持节、监并州诸军事"与额题职官名号相同,说明碑文中人名为碑主。碑文虽未见胡姓,然名奋、字玄威、郡望安定与记载相契合,确证碑主为胡奋。

(三)碑文记述胡奋丧子家事与文献相合

碑文第 9—10 行"君元子长融,年在弱冠,实乃颜子卓然之才……恤既葬,登高顾望,凄怆增伤",讲的就是胡奋丧子之事。《晋书·胡奋传》记载:"泰始末,武帝怠政事而耽于色,大采择公卿女以充六宫,奋女选入为贵人。奋唯有一子,为南阳王友,早亡。及闻女为贵人,哭曰:'老奴不死,唯有二儿,男入九地之下,女上九天之上。'"中年丧子成为胡奋一生痛事,以致重阳登高这种在别人眼中赏心悦目之事,在胡奋心中反而凄怆增伤,随行僚佐感同身受,在碑文中记述了此事。

(四)颂文内容与胡奋家世相合

颂文"牧彼徐凉,垂流惠勋",指的就是碑主胡奋及其家族亲属职官做过徐州和凉州的刺史,并建立过功勋。文献未记胡奋任职凉州刺史,但本传记述他的兄子胡喜官至凉州刺史,他的弟弟胡烈官至秦州刺史,于泰始六年(270)因讨伐凉州叛乱而战死于任上。

(五)碑文末行记述时事与胡奋征讨匈奴刘猛叛乱相合

匈奴中部帅刘猛叛乱一事,始于晋武帝泰始七年正月,终于晋武帝泰始八年正月。《晋书》卷五七《胡奋传》则记载骁骑将军路蕃为主帅,胡奋以监军职务平息了匈奴刘猛叛乱。路蕃的身份为骁骑将军,同样是"中军"下属职官,胡奋泰始七年由议郎任冠军将军、监军、假节参与骁骑将军路蕃征讨刘猛叛乱的时间当在泰始七年,当时的并州刺史是刘钦,胡奋本传只是择取了胡奋在泰始七年作为监军征讨刘猛的功绩。待到泰始八年正月,何桢继胡奋暂代监军平息了刘猛叛乱后,胡奋又恢复了监并州诸军事职务。

关于铭文所透露出来的信息,自然不仅仅是年代和碑主人的身份这么简单,后续历史信息还需要更多知悉这一历史的学者们继续研究。但通过居士山摩崖碑的铭文释读一事不难看出,如何正确释读铭文,是学术研究的第一步。

山西定襄居士山摩崖碑碑主身份的揭示,离不开三维扫描技术的大力帮助。在这次铭文释读中,浙江大学首先用 3D 激光扫描仪为碑体做精度 0.2 毫米的"全身"扫描;扫描图像导入合成,通过软件分析后,可以排除石头的质地纹理等因素,使得文字能被更清晰地辨认出来。通过软件分析,可以调整观察碑面的角度和光线,这一过程类似在实地用电筒照射碑面,并用肉眼观察辨认的过程,但效果更加清晰。

在现代考古中,高科技已经屡见不鲜。多视图三维重建、激光三维扫描、高分辨率摄影、正射影像图计算、计算机辅助手绘线描图、自动纹理映射、数字拓片合成、刻痕增强显示、数据库、网络展示等一系列技术都得到了综合运用。正是这些高科技的运用,使得学术研究越发精细化,对文物的认知也更加准确。

三、从案例中得到的启示

越王勾践剑和居士山摩崖碑的案例告诉我们:

文物本身是不会说话的,但刻写在文物上的古文字却是一把钥匙,是人们了解这件文物的重要媒介。古文字的存在有助于分期断代、了解文物源流,对现存史籍进行补充,甚至能从历史的迷雾中窥见某些被歪曲或掩盖的真相。正确认识古文字,才能了解文物背后所隐含的故事,包含文物所诞生的历史背景、政治环境、社会经济、文化习俗等。

文博领域越来越走向科学化,古文字的发展需要更多学科间的合作。学术不是孤岛,在大数据时代,古文字也在向着智能化、数字化的方向发展。科学技术的不断进步,也是对古文字本身研究的一种福音。

思考题:

1. 古汉字的发展经历了哪些阶段?

2. 前人对甲骨文进行了大量研究,请简要介绍一位学者及他的研究成果。

3. 越王勾践剑为什么会在湖北望山楚墓发现?对此你的看法是什么?

参考文献:

[1] 蔡连章.古文字基础[M].上海:百家出版社,2006.

[2] 陈世辉,汤余惠.古文字学概要[M].福州:福建人民出版社,2011.

[3] 陈炜湛,唐钰明.古文字学纲要[M].广州:中山大学出版社,2009.

[4] 陈振裕.望山一号墓的年代和墓主[C]//中国考古学会第一次年会论文集.北京:文物出版社,1979:229-236.

[5] 刁常宇,李志荣.石质文物高保真数字化技术与应用[J].中国文化遗产,2018(4):61-67.

[6] 方壮猷.初论江陵望山楚墓的年代与墓主[J].江汉考古,1980(1):59-62.

[7] 高明.古文字类编[M].北京:中华书局,1980.

[8] 姜亮夫.古文字学[M].杭州:浙江人民出版社,1984.

[9] 康殷.古文字学新论[M].北京:荣宝斋出版社,1983.

[10] 李凡.数字化时代甲骨摄影的技巧与方法[J].故宫博物院院刊,2016(3):27-31,160.

[11] 李晓阳,李贵昌,孟宪武.风雨历程90年——纪念殷墟科学发掘90周年[J].殷都学刊,2018,39(4):18-38,66.

[12] 李学勤.古文字学初阶[M].北京:中华书局,2006.

[13] 林沄.古文字研究简论[M].长春:吉林大学出版社,1986.

[14] 刘翔,陈抗,陈初生,等.商周古文字读本[M].北京:语文出版社,2004.

[15] 吕荣芳.望山一号墓与越王剑的关系[J].厦门大学学报(哲学社会科学版),1977(4):87-89,77.

[16] 裘锡圭.文字学概要[M].北京:商务印书馆,1988.

[17] 黄硕,冯建功,王刚,等.山西定襄居士山摩崖碑为西晋胡奋重阳登高纪功碑[J].文物,2017(5):85-96.

［18］唐兰.古文字学导论［M］.济南:齐鲁书社,1981.

［19］王广禄.工程语言学:现代科技手段助力甲骨文研究［N］.中国社会科学报,2014-01-22(A01).

［20］严红枫.浙大自主研发的高保真三维数字技术,让山西迄今发现的第一块西晋碑碑文内容得以辨识——三维"慧眼"揭秘千年摩崖碑［N］.光明日报,2016-05-14.

［21］于新鑫."前人所以垂后,后人所以识古"的汉语文字学——评《汉语文字学概要》［J］.语文建设,2020(2):87.

第十一章

考古发现
与古代造车技术

第一节　考古发现与古代造车总述

　　结合传世古典文献和考古发掘,中国古代车制从夏商至明清经历了漫长而曲折的发展历程。特别是系驾法的变迁,从轭靷式、胸带式到鞍套式不断演进;这是我国古代先民不断学习、融合、改进,才取得的突破性进展。本章通过对秦始皇陵彩绘铜车马及河西地区彩绘木轺车的介绍,从考古与科技两方面内容探讨中国古代造车工艺及相关问题。

一、中国车马器研究史

　　中国先秦时期有关车舆最为详细的记载可以追溯到《考工记》。历代学者对古代车舆制度、造车技术等也都非常关注。近现代的考古工作从 20 世纪二三十年代开始,以王振铎先生为代表的考古工作者先后在浚县、安阳等地发掘了车马实物,为车制复原提供了可能。

进入 20 世纪 70 年代以后，又陆续有一批杰出的专家学者发表了一系列研究论著。对古代车马器的结构、系驾、战车装备及作战形式、演变及发展等做出了详细的探讨。如石璋如《小屯第一本·遗址的发现与发掘·丙编，殷墟墓葬之一，北组墓葬》、张长寿等《殷周车制略说》等等。

20 世纪 80 年代以来，学者们将考古实物与古文献记载结合起来进行研究，在先秦车马器物、制度方面，也取得了不少令人瞩目的成绩，比如孙机先生的《始皇陵二号铜车对车制研究的新启示》《中国古代马车的系驾法》《中国古独𬨎马车的结构》《略论始皇陵一号铜车》等。

20 世纪 90 年代以后，考古技术水平不断提升，越来越多的遗址被发现，为车舆的研究提供了更好的条件，研究成果明显增多。如郭宝钧的《殷周车器研究》根据殷周车器的构造和功能，将车器划分为四部分即转动部分、曳引部分、乘载部分和系马部分，对殷周、春秋和战国的马车结构和车马器进行了深入的研究，具有重要的参考价值。彭卫、杨振红在《中国风俗通史·秦汉卷》第四章中从风俗的角度概述了秦汉时期各种类型的车辆，并指出此时拉车的牲畜主要是马和牛。朱凤瀚先生的《古代中国青铜器》则首先运用类型学对商周车器进行研究，开创了车马器研究的新局面。还有吴晓筠的《商周时期车马埋葬研究》，刘永华的《中国古代车舆马具》，这些都是非常有价值的研究成果。

二、车马具的发展变迁

(一)夏

我国的车相传是夏代奚仲创制，《左传》《墨子》等许多古书上都有记载。《尚书·甘誓》是夏朝初年夏后启讨伐有扈氏的誓师词，其为夏代之可信的史料，古今均无异说。《尚书·甘誓》中说"左不攻于左，汝不恭命；右不攻于右，汝不恭命；御非其马之正，汝不恭命"。这段话反映出当时不仅有车，而且能进行车战。一辆战车上配备了车左、车右、御手等三名甲士，组成一个战斗单位。可见夏代的战车兵已有明确分工，车战战术已经规范化。河南偃师二里头遗址 12 区之相当夏代(二里头三期)的地面上曾发现双轮车的辙痕，从考古学上证明夏代已经有车。

(二)商

殷墟考古发掘以来，商代的车马坑就不断地被发现。已出土的古车最早是商代晚期的(见图 11-1)。车型为双轮、独𬨎，马以颈部承轭，𫐉系在衡上，衡装在𬨎前端。在𬨎与轴的十字交叉部位安置车箱，面积一般为(0.75—0.8)米×(1—1.3)米。车箱虽然不大,车轮却较高,轮径平均约 1.35 米。两轮间的轨距在 2 米以上。

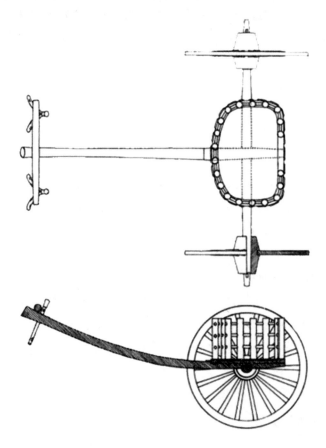

图 11-1　安阳小屯 40 号商墓出土车复原

资料来源:张长青,张孝光.殷周车制略说·中国考古学研究编委会:中国考古学研究——夏鼐先生考古五十年纪念论文集[G].北京:文物出版社,1986:139-162.

　　商代的车多驾两匹马,也有驾四匹马的,车体轻便,车速较快,车上的若干关键部位如踵、軎、辕、轭等处均装配铜质构件予以加固。此外,为了装饰的目的,铜锡等物也出现了。这些车马具,大都为周代所承袭。

(三)西周

　　西周的车在陕西长安张家坡、沣东花园村、岐山贺家村、宝鸡竹园沟、甘肃灵台白草坡、山西洪洞永凝堡、山东郊县西庵、北京昌平白浮、房山琉璃河等地出土。天马—曲村遗址的 M8 组晋侯及夫人的陪葬车马坑是迄今所见到的西周时期最大的车马坑(见图 11-2)。这时,驾四匹马的车增多,构造更加完善,出现了车盖、銮铃、笠毂等新部件。车辆奔驰之际,威风凛凛。

图 11-2　"天马——曲村遗址"出土的车马坑

(四)春秋

春秋的车在河南三门峡市上村岭、淅川下寺、洛阳中州路、新郑唐户、固始侯古堆、陕西户县宋村、陇县边家庄、山东淄博后李官庄、曲阜鲁故城、山西太原金胜村、侯马上马、临猗程村、湖北江陵九店等地出土。这时随着列国间争霸战争的加剧,战车的数量增加。商末,在武王伐纣的牧野之战中,仅动用战车 300 辆,而这时已出现"千乘之国"的称号,有些大国如齐国的战车达 3000 辆,晋国的战车达 4000 辆。战车的多少已成为衡量国力的标志(见图 11-3)。

图 11-3　春秋时期车战鱼丽阵形示意

(五)战国

战国的车轨距缩小,车辀减短,更具灵活性。有些战车在车舆四周装上大型铜甲

考古发现与中华文化

片,驾车之马则披挂革制马甲,防护也更加严密。这时一辆驾四匹马的战车所占面积约9平方米,这样一个奔驰而前的庞然大物,以它所携带的动能,可以使车上之战士的武器发挥更大的威力,造成如《诗·小雅·采芑》所描写的"啴啴焞焞,如霆如雷"之势,意思是战车很多,声音很响,勇猛直前,好似雷霆万钧。

1950年冬,河南辉县琉璃阁战国墓地的车马坑中,根据土色的不同,第一次剥剔出完整的古车遗存。

三、系驾法

在衡量古车的性能时,一个很关键的问题就是看它的系驾法。系驾法就是如何将牲畜拴在车上,让它充分发挥拉车的能力并易于接受驾车人控制的方法。

(一)中国系驾法发展史

1.轭靷式系驾法

我们的先祖,最早采用的是轭靷式系驾法。

1980年在陕西临潼秦始皇陵封土西侧出土了两辆铜马车,全副挽具包括像繁缨这类细节,都用金属逼真地复制了出来。这两辆车从驾车的两匹服马所负之轭的内靷上各引出一条靷绳来拉车,也就是《左传·哀公三年》里所提到的"两靷"。两靷的后端系在舆前的环上,再用一条粗绳将此环与轴的中心相连接。这就是轭靷式。

提取出马具的简化图(见图11-4),可以看到真正受力的部件是插在马肩胛前的轭,传力的则是靷;因而完全不影响马的呼吸。虽然在两个轭軥之间连以颈靼,但它只是为了防止服马脱轭而设置的,拉车并不靠它。由于轭承力大,为防止马被磨伤,铜车

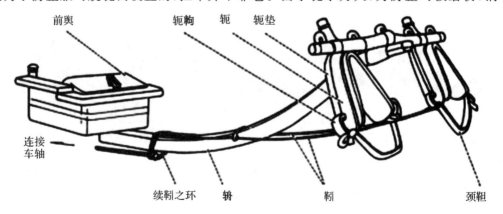

图11-4　轭靷式马具示意

图片来源:孙机.载驰载驱:中国古代车马文化[M].上海:上海古籍出版社,2016:82.

在轭下还铸出一层代表软垫之物。河南浚县辛村 1 号、北京房山琉璃河 202 号、陕西长安张家坡 170 号等西周墓出土的车上也都发现了它的痕迹。

以上的这些情况都意味着，秦始皇陵铜车所显示的"轭靷式系驾法"不是当时新出现的，它的渊源可以追溯到更久远的年代。

2. 胸带式系驾法

先秦时，驾马的战车只装独辀，而作为"平地载任"之具的牛车最先配备双辕。战国早期的陕西凤翔八旗屯 BM103 号墓曾出土陶双辕牛车。随着战场上形势的变化，步兵、骑兵重要性的增加，战车兵逐渐转变为辎重兵，车的主要功能由作战变为运输，从而对车速的要求降低，许多防护设施也无须做得那么严格了。在早期的战车上，为避免倾覆、加大支撑面而装长毂；为避免骖马内侵、服马外逸，不仅用各种革带约束，还加装带突棱的方銎。这些做法在作为运输工具的马车上已大都消失。

设双辕驾一马的车最早出现于战国晚期的河南淮阳马鞍冢 1 号车马坑和甘肃秦安秦墓中。它不像独辀车上每匹马可只用单靷，而必须在这一匹马上系双靷。最早的一马双靷车可能将靷系在辀的左右两軥上，如江苏扬州姚庄西汉"姜莫书"墓出土漆奁的彩绘中所见者。西汉空心砖上的车纹（见图 11-5），靷已与辀分离，两靷连接为一整条绕过马胸的胸带。东汉时，后一种方式已经推广开来。马拉车时，由这条带子受力，故称为"胸带式系驾法"。采用这种系驾法后，辀仅仅起着支撑衡、辕的作用。由于辀的作用已经改变，所以在汉代的马车上已经看不到铜辀套了。

图 11-5　出土汉代画像石

图片来源：孙机. 载驰载驱：中国古代车马文化［M］. 上海：上海古籍出版社，2016：8.

3. 鞍套式系驾法

胸带式系驾法向鞍套式系驾法过渡的历程相当漫长。最初采用胸带式系驾法的车刚刚出现时，虽然已经将车前部的支点和拉车的受力点分开，分别由马鬐甲前部和胸部承担,从而使马体局部所受之力减轻。但车辕的位置仍然偏高,车的重心也随之抬高,高速奔跑中转弯时由于离心力的作用,产生的倾覆力矩也就大,增加了翻车的概率。

所以从 2 世纪开始,马车的车辕逐渐降低变直,向《淮南子·主术训》所称"马体调于车"的目标前进。由于牛车粗大且弧度很小的车辕,能保证行车的稳定,于是马车也来仿效牛车。

到了西魏大统十七年,也就是公元 551 年,这时出土的石造像中的供养人的马车,就像牛车那样,将辕前之衡、轭合二为一直接搭在马肩上(见图 11-6)。

图 11-6　西魏大统十七年石造像

图片来源:孙机.载驰载驱:中国古代车马文化[M].上海:上海古籍出版社,2016:86.

晚唐时,在敦煌莫高窟 156 窟壁画上的一辆马车上,马颈部出现了用软材料填充起来的原始肩套,它增加了马鬐甲部位的高度,车子前行时使轭不易从马肩滑脱。但这种肩套只像一个起缓冲作用的软垫,还不是真正承力的部件。正式的肩套出现在宋代,《清明上河图》中有一辆由四头驴直接用肩套拖曳的车,完全淘汰了那件衡式轭,使拉车的挽具大大简化(见图 11-7)。不过它简化得有点过头,因为这辆车上没有小鞍(驮鞍),牲口身上没有为车辕安排支点,是由赶车人自行把驾,以保持车的平衡,成了人畜合作来驾驭的车。小鞍可能是南宋时发明的,纪年明确的例子没有找到,只在北京故宫博物院所藏一宋代錾花铅罐的纹饰中发现过配有小鞍的牛车(见图 11-8)。一直到了元代,肩套和小鞍从不同的方面汇集到马车上,形成了"鞍套式系驾法"。西安曲江段继荣墓(1265 年)出土的陶亭子车(见图 11-9),是我国已知最早采用鞍套式系驾法的车。

图 11-7 《清明上河图》中的车

图片来源:孙机.载驰载驱:中国古代车马文化[M].上海:上海古籍出版社,2016:86.

此法避免了木衡轭对马造成的磨伤,降低了支点,放平了车辕,马体承力的部位是垫着软套的肩胛两侧和备有小鞍的背部,这样不仅与用颈部受力不可同日而语,比胸带式系驾法也更加合理。也就是说,采用此法既可保持行车的稳定,又适应马体的特点,使马拉车的力量能够充分发挥。

图 11-8 北京故宫博物院藏宋代錾花铅罐纹饰

图片来源:孙机.载驰载驱:中国古代车马文化[M].上海:上海古籍出版社,2016:86.

至此,我国近代式的系驾法算是基本完成,并一直沿用到今天。总的来说,我国古代马车在系驾方面采用过轭靷式、胸带式和鞍套式三种方法,使用时间约相当于商周至秦,汉至宋以及元以后这三个时期,都是在不断提出问题和解决问题的过程中,当经验积累到一定程度时,才取得了突破性的进展。

图 11-9　段继荣墓出土的陶亭子车

图片来源:孙机.中国古代物质文化[M].北京:中华书局,2014:187.

(二)中外系驾法对比

西方的情况与我国不同,他们的古车起初是以小轮和颈带式系驾法为其特征的。颈带式系驾法是用颈带将牲畜的颈部固定在衡上。牲畜拉车时由颈部受力,通过衡和辕拖动车子前进。由于颈带压迫牲畜的气管,跑得愈快呼吸愈困难。直到 8 世纪才出现了采用颈带式系驾法的大轮车,比我国晚了约 1000 年。虽然如此,但胸带式系驾法仍继续使用。10 世纪时,传统的颈带才被颈圈所代替,车靷连接在颈圈上,仍在很大程度上保存着颈带式系驾法的体制。大约在 13 世纪初,欧洲挽具中出现了用软材料填充的肩套,但是也没有小鞍,其发展阶段约与《清明上河图》里的情况相当。在欧洲,小鞍可能是由驾几排马的四轮车之御者在后排马上置鞍乘骑以驱赶前排马的做法演进而来。不过将肩套与小鞍相结合的过程相当短,13 世纪中期,欧洲就出现了采用鞍套式系驾法的车。东西方通过各自不同的途径,却在基本相同的时期中,分别设计完成了基本相同的,对畜力车来说也是最合理的系驾方法(见图 11-10)。

不过,欧洲在远古时期就发明了四轮车上的前轮转向装置,瑞典南部公元前 2000 年的岩画中也出现了此种装置的图像。如果不采用类似的装置,只在二轮车上增加一对车轮,将由于转向困难而变得不切实用。但我国古代一直未发展出此项技术,所以

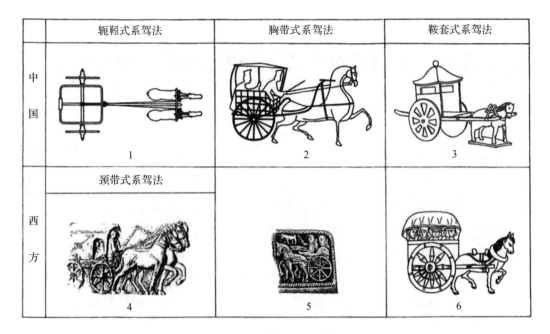

	轭靷式系驾法	胸带式系驾法	鞍套式系驾法
中国	1	2	3
	颈带式系驾法		
西方	4	5	6

图 11-10　中西方系驾法和车的发展过程对比

图片来源:孙机.载驰载驱:中国古代车马文化[M].上海:上海古籍出版社,2016:90.

四轮车未成为我国古车的主要车型。我国古代的特大型马车由于仅装二轮,在保持平衡方面多有不便。

宋代皇帝乘坐的大型马车——玉辂,其"辕木上策两横竿,在前者名曰凤辕,马负之以行。次曰推辕,班直推之,以助马力,横于辕后者曰压辕,以人压于后,欲取其平"。南宋的玉辂不仅用人推,还用铁压、用人拉。前拉后压,不胜其烦。而且压辕的情况是,"辂后四人攀行,如攀枝孩儿",实在有点煞风景。这都是因为过于沉重的二轮车不易保持平衡,要使它"不伏、不绋",不得不采用的补救之法。

至明代,官员多乘轿。明朝万历六年(1578),张居正自北京赴江陵,来回乘坐的是32人抬的大轿。清朝的将军福康安"出师督阵亦坐轿。轿夫每人须良马四匹,凡更役时,辄骑马以从"。对人力的滥用达到如此荒谬的程度,改进车型自然成了当务之急,所以欧洲从17世纪时发展起来的装车簧的大型四轮马车,在古代中国一直是一件陌生的东西。

结合上文所述,我们可以发现,中国古代马车在系驾方面采用过轭靷式、胸带式和鞍套式三种方法,这一套体系与西方的小轮车和颈带式系驾法完全不同,它们都是我国独立的发明创造,也是东西方系驾法分别独立起源的有力证据。

第二节 帝国遗辉·青铜之冠:秦始皇陵铜车马

一、考古发现与研究

前一节中对我国古代马车车制的发展及轭靷式、胸带式和鞍套式三种主要系驾方法的变迁进行了追溯。除此之外,结合重要案例从考古与科技两方面内容出发,探讨中国古代造车工艺及相关问题也是很有必要的。

目前来说,中国考古界已经发现了较多的古代马车,但由于木质构件多朽坏严重,阻碍了学界对车马问题的深入探讨,更遑论对《考工记》等传世文献所记载的中国古代车马制度加以辅证。

1980年12月,在秦始皇帝陵封土西侧的一处陪葬坑内出土了两乘保存完整的彩绘铜车马(见图11-11)。最初发现时一前一后置于一长方盒状的木椁内,因此由前向后分别编号为一号车(见图11-12)和二号车(见图11-13)。车马出土时均严重破损,但位置没有太大移动,且构建基本齐全,后经多次清理修复,已全部恢复原貌。研究者认为,这是继兵马俑坑之后,秦始皇陵考古的又一重大发现。为研究我国古代车制,提供了唯一完备的实物资料。

图11-11 秦始皇陵铜车马出土全景(南—北)

图片来源:秦始皇兵马俑博物馆,陕西省考古研究所.秦始皇陵铜车马发掘报告[M].北京:文物出版社,1998:彩版二.

（一）基本状况

复原后的铜车马，结构和系驾关系得以清楚展现。每乘车前有四马，车上有铜御官俑一件。铜车、铜马、铜驭官的大小为真车、真马、真人的一半。车马系驾齐全，通体彩绘，装饰豪华富丽，形象逼真。主要部件利用锡青铜制作，还有一些小部件采用金银制作。各部件分铸而成，然后组合套装。两车系驾方法和组成结构基本相同，但具体形制却完全不同。

图 11-12　秦陵一号铜车马复原

图片来源：秦始皇兵马俑博物馆，陕西省考古研究所.秦始皇陵铜车马发掘报告[M].北京：文物出版社，1998：彩版六.

图 11-13　秦陵二号铜车马复原

图片来源：秦始皇兵马俑博物馆，陕西省考古研究所.秦始皇陵铜车马发掘报告[M].北京：文物出版社，1998：彩版一九.

（二）立车与安车

具体形制的差异，造成了两乘彩绘铜车马功用和名称不同。结合古典文献的记载，考古学家推断一号车应是始皇乘舆中的"立车"。其辆偏低矮，四面敞露，伞盖高立，御者做站立姿势。而立车的最显著特征就是乘员站在车上（见图 11-14），即所谓立乘。

《晋书·舆服志》载："坐乘者谓之安车,倚乘者谓之立车。"东汉蔡邕著《独断》也说："有戎立车以征伐。"这说明了立车又名"戎车",其性质是兵车,在皇帝的车队中用以开导、警卫和征伐。

图 11-14　秦陵一号铜车御者立乘

图片来源:秦始皇兵马俑博物馆,陕西省考古研究所.秦始皇陵铜车马发掘报告[M].北京:文物出版社,1998:23.

与一号立车不同,二号车辔绳末端朱书"安车第一"字样。《周礼·春官·巾车》载："安车,坐乘车,凡妇人车皆坐乘。"秦陵二号铜车只能坐乘,且前舆内踞坐铜御官俑一件(见图 11-15),当是安车。从其制作的精细、用材的贵重、装饰的华贵、御者的身份及埋葬的地位来说,应是仿制秦宫室乘舆而作的陪葬安车。

(三)组成结构

在组成结构方面,一号铜车是由轮、轴、辀、衡、车舆及一些附件组成(见图 11-16)。其中车有双轮,独辀。辀的前端持衡,衡上缚有两轭。车前有四马,鞁具齐全。车舆前有轼,后有门,舆内竖一高杠铜伞,伞下站立铜御官俑一个。制作精致,与真车结构完全相同。

图 11-15　秦陵二号铜车御者踞坐

图片来源:秦始皇兵马俑博物馆,陕西省考古研究所.秦始皇陵铜车马发掘报告[M].北京:文物出版社,1998:191.

图 11-16　秦陵一号铜车马各部件名称

图片来源:秦始皇兵马俑博物馆,陕西省考古研究所.秦始皇陵铜车马发掘报告[M].北京:文物出版社,1998:328.

二号铜车与一号铜车结构基本一致。但由于两车形制不同,因而各部件的具体尺寸也就不同,尤其是两车车舆完全相异(见图 11-17)。二号车具有前后两舆,前舆内铜

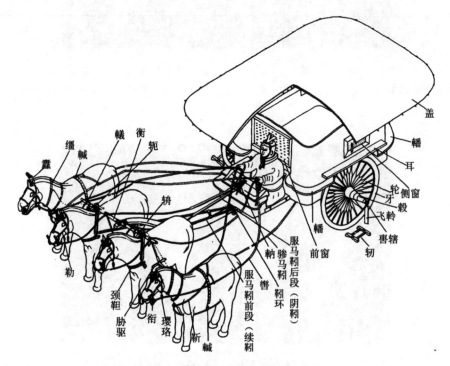

图 11-17　秦陵二号铜车马各部件名称

图片来源:秦始皇兵马俑博物馆,陕西省考古研究所.秦始皇陵铜车马发掘报告[M].北京:文物出版社,1998:337.

御官俑踞坐,后舆上端搭一龟甲形篷盖。造型准确,形象逼真,复杂精致。

(四)四马

两乘车前均驾有四匹铜马,即两骖、两服(见图 11-18、图 11-19)。各车四马造型及尺寸大体相似,但神态和细部装饰略有变化,尤其是马身上的装饰,骖马和服马各不相同。如两匹服马的颈上各负一轭,轭脚上连接一根单靷;而骖马胸前则括约着一根环套形的勒带,借以承力拽车(见图 11-20、图 11-21)。在种属上,各铜马体型不大,但四肢粗壮,头部较重,颈部稍短,脊部宽博,胸部广阔,类似于我国西北地区的河曲马种。

图 11-18 秦陵一号铜车四马图例

图片来源:秦始皇兵马俑博物馆,陕西省考古研究所.秦始皇铜车马发掘报告[M].北京:文物出版社,1998:彩版七.

图 11-19 秦陵二号铜车四马图例

图片来源:秦始皇兵马俑博物馆,陕西省考古研究所.秦始皇铜车马发掘报告[M].北京:文物出版社,1998:彩版二.

图 11-20　秦陵二号铜车左骖马　　　　图 11-21　秦陵二号铜车右骖马

图片来源：秦始皇兵马俑博物馆，陕西省考古研究所.秦始皇铜车马发掘报告[M].北京：文物出版社，1998：彩版二四.

(五)御官俑

作为车马的主要控驭者，一号铜车御官俑（见图 11-22）立于舆上伞盖之下，俑身前倾，双手执辔，神情恭谨。上衣两重，交领右衽，双襟博大，长及膝下，这就是古代的长襦。下衣为裤，上宽下窄，紧口束扎。头戴鹖冠，脑后绾髻，脚上穿着方口齐头翘尖履。腰上束带、佩剑，有剑带及佩环。二号铜车御官俑（见图 11-23）踞坐于前舆之上，六辔在手，面容丰腴，神韵生动。除姿态外，两车铜御官俑衣着及佩饰等方面基本相似。

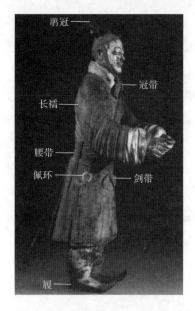

图 11-22　秦陵一号铜车御官俑　　　　图 11-23　秦陵二号铜车御官俑

图片来源：秦始皇兵马俑博物馆，陕西省考古研究所.秦始皇铜车马发掘报告[M].北京：文物出版社，1998：彩版一二，彩版二七.

(六)车舆

在车的基本构件中,车舆占有重要地位。一号铜车车舆(见图 11-24)呈横长方形,前有轼,后有门(见图 11-25),四周还装有轸、轓、軨等部件。舆前部为半封闭式空间,右悬铜方壶,内插铜箭。舆上竖一高杠铜伞,铜御官俑执辔站于伞下。

图 11-24　秦陵一号铜车车舆侧视　　　　　　图 11-25　秦陵一号铜车车舆后视

资料来源:秦始皇兵马俑博物馆,陕西省考古研究所.秦始皇铜车马发掘报告[M].北京:文物出版社,1998:彩版六,彩版一二.

有别于一号铜车车舆,二号铜车车舆(见图 11-26)呈"凸"字形,舆分前后两部分,即重舆。其中前舆中空,分上下两层,面积较小,为一次铸成,内踞坐铜御官俑。后舆也分上下两层,但两层分铸,然后套合。后舆面积较大,为车主人坐的地方,左右两侧各开有一窗,前后舆之间的隔板上也有一个窗户。舆内前有轼,后有门,门上装有门扉,窗上装有镂空的窗板,门、窗都可以自由开合。后舆内没有铜俑,只有铜方壶、铜折巾等杂器。有一个龟甲形的篷盖盖在车舆上部,四周有檐,前后舆均笼罩在篷盖之下。

车窗纹样

车门纹样

图 11-26　秦陵二号铜车后舆外侧局部

图片来源:秦始皇兵马俑博物馆,陕西省考古研究所.秦始皇铜车马发掘报告[M].北京:文物出版社,1998:彩版三.

（七）车盖（伞盖）

由于车的形制和功用不同,因此车盖的种类也具有多样性。一号铜车车舆内左侧立一高杠铜伞(见图 11-27),铜伞由伞盖和伞杠两部分组成,伞杠插于舆底座上,车舆全部罩于伞下。

图 11-27　秦陵一号铜车伞盖

图片来源:秦始皇兵马俑博物馆,陕西省考古研究所.秦始皇陵铜车马发掘报告[M].北京:文物出版社,1998:38.

二号铜车后舆(见图 11-28)比较大而且近似方形,舆上端搭一个龟甲形篷盖(见图 11-29),篷盖面积较大,四周有出檐,把前后两舆均罩于篷盖之下。篷盖由支撑骨架和一椭圆形铜片两部分组成。

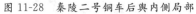

图 11-28　秦陵二号铜车后舆内侧局部　　　　图 11-29　秦陵二号铜车龟甲形篷盖

图片来源:秦始皇兵马俑博物馆,陕西省考古研究所.秦始皇铜车马发掘报告[M].北京:文物出版社,1998:彩版二九,彩版三〇.

(八)鞁具

两乘彩绘铜车马驾具齐全,所使用的鞁具也基本相同,都是由牵引、控御、止车以及马身上的装具等不同类别组成。以青铜构件为主,但也有少部分鞁具如勒、缰索等由金质、银质构件制成(见图 11-30、图 11-31)。各种鞁具的形象和实物极为相似,是研究古车珍贵的实物资料。

图 11-30　秦陵一号铜车马金银缰　　　　图 11-31　秦陵二号铜车马金银勒

图片来源:秦始皇兵马俑博物馆,陕西省考古研究所.秦始皇铜车马发掘报告[M].北京:文物出版社,1998:彩版一一,彩版二六.

二、制造工艺与科技

(一)制造材质

从科技研究的角度出发,对秦陵出土的两乘彩绘铜车马制造工艺及相关问题进行分析之前,首先我们最应该关注的是制造材质。在进行了光谱分析和化学分析之后,发现两乘铜车马各部件的主要合金成分为铜、锡、铅,另外还有微量的铁、铝、镁、砷等元素。虽然说主要的构成材质为锡和青铜,但因对各部件的机械强度要求不一,因而采用了不同的合金配比,这也是古代劳动人民长期实践的有效经验总结。

总而言之,秦陵两乘铜车马的铸造,反映了当时匠师的卓越技能。但也存在明显的不足之处,如冶炼金属的纯度不够,杂质较多。且没有像现代青铜的铸造,为了改善其铸造性能有意识地加入锌、磷等,这就造成了各部位的质地不均匀。

(二)铸造方法

两乘铜车马的众多构件,都是铸造成型(见图 11-32)。在铸造方法上,主要采用了空腔铸造、铸锻结合、嵌铸法及包铸法等不同方式。除此之外,各部位焊接的具体做法又可分为融化焊接法、榫卯结合加焊接及插接式焊接法等几种不同方式。

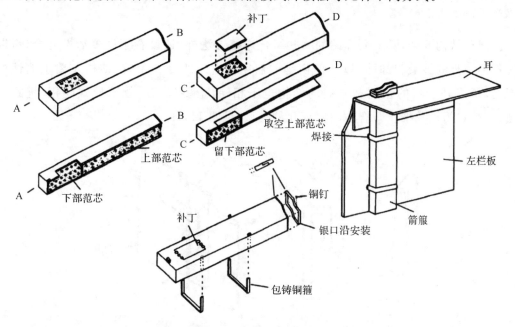

图 11-32　秦陵一号车铜箭箙制造工艺示意

图片来源:秦始皇兵马俑博物馆,陕西省考古研究所.秦始皇陵铜车马发掘报告[M].北京:文物出版社,1998:310.

（三）机械连接

由于铜车马是由众多零部件组装连接而成。因此除上面介绍的嵌铸、包铸及焊接等冶金的连接方法外，还大量采用了机械的活性连接，如子母扣加销钉连接、活铰连接、纽环扣接、套接及卡接等几种类型（见图 11-33）。

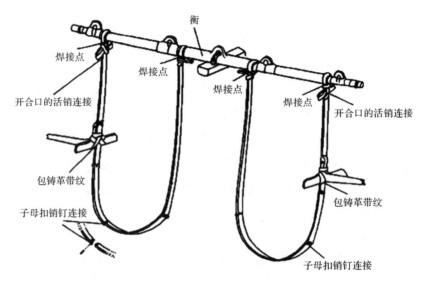

图 11-33　秦陵一号铜车马胁驱连接

图片来源：秦始皇兵马俑博物馆,陕西省考古研究所.秦始皇陵铜车马发掘报告[M].北京:文物出版社,1998:300.

铜车结构复杂，除上面介绍的一些组合连接方法外，还设置了许多活性开合口，以便各种鞍具的披戴与卸除，以及门窗等的启闭。由于所处的位置、结构及要求的性能不同，所以开合口的锁闭和开启的结构也不相同，主要包括了拐形栓式闭锁、键式闭锁、活销式闭锁及推拉开合式闭锁等几种类型（见图 11-34）。

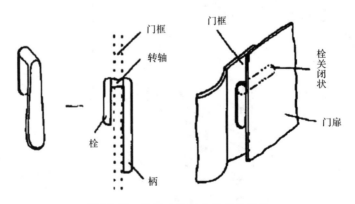

图 11-34　秦陵二号铜车银门键结构

图片来源：秦始皇兵马俑博物馆,陕西省考古研究所.秦始皇铜车马发掘报告[M].北京:文物出版社,1998:280.

在各种构件的连接处,还设计了一些固定连接的各种带结(见图 11-35、图 11-36),通常表现为用革带的捆扎或条带的绾结。带结的制作,形象逼真,形式多样,归纳起来约可分为两类:一是活性带结,一是死结。而每一类中又各有近十种不同的绾结方法。

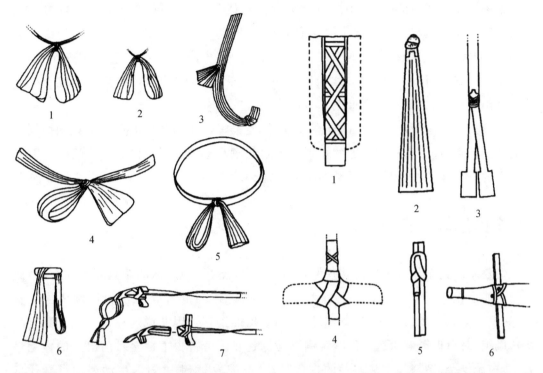

图 11-35　秦陵二号铜车马革带活结示例　　图 11-36　秦陵二号铜车马革带死结示例

图片来源:秦始皇兵马俑博物馆,陕西省考古研究所.秦始皇铜车马发掘报告[M].北京:文物出版社,1998:318,321。

(四)机械加工

拼装铜车马的零部件基本上都是铸造成型,铸后再经过修整、加工。加工的工艺方法众多,而秦陵铜车马的加工工艺主要包含了五种,分别为:锉磨、小孔加工、钳工装配、冲凿和錾刻。

总而言之,秦始皇陵铜车马的制作工艺复杂,正如《考工记》所说"故一器而工聚焉者,车为多"。《考工记》里讲的是木车,而纯用金属制作的车较之木车更加困难。它综合利用了铸造、嵌铸、包铸、焊接,以及各种各样的机械连接、机械加工等工艺技术,是我国两千多年前金属制造工艺的辉煌成就,在中国和世界冶金史及金属工艺史上占有重要地位。

三、车制变革背景下的保守代表

秦陵铜车马铸造的时代,中国古代车制正面临着一场变革,具体表现为轭靷式系驾法的独辀车正向胸带式系驾法的双辕车发展。而双辕车出现于战国早期,直到西汉后期,才彻底取代了独辀车。胸带式系驾法将承力部位降至马胸前,轭变成一个支点,只起支撑衡、辕的作用。此法较之轭靷法更为简便实用,它的出现在我国不晚于公元前2世纪,而在西方最早到8世纪才出现。

尽管处于中国车制大变革的社会背景下,但秦陵铜车马却仍旧保留了我国商周车制的许多特点,代表着一种古老的轭靷式系驾法驷马车形式。与同时期或略晚期墓葬中出土的马车相较,该组铜车马结构略显保守。

四、帝国遗辉·青铜之冠

秦陵彩绘铜车马所表现的某些保守性特征与《秦风》中所咏的车具颇为吻合,因此推测可能还包含了若干秦车的传统特点。汉承秦制,在山东洛庄汉代吕姓诸侯王墓中,就发现了和秦陵二号铜安车相似尺寸和结构的铜车。因此说这种秦文化所具有的特殊风貌,对后世影响深远。而秦陵铜车马也是我国考古史上截至目前出土的体型最大、结构最复杂、系驾关系最完整的古代马车,被誉为"青铜之冠",生动展现了秦代皇家属车的富贵华丽。

第三节　边陲汉韵·轻车壮马:汉代彩绘木轺车

一、双辕车

最晚在商代,我国先民已能熟练造车,但直到春秋末期,都只盛行独辀车,而战国时开始出现的双辕车到西汉中期才普遍流行。根据车辕的弯曲程度,双辕车又可分为曲辕和直辕两种,一般认为曲辕双辕车(见图11-37)出现较早,直辕双辕车到魏晋南北朝以后才开始流行。不同于秦始皇陵彩绘铜车马所使用的轭靷式系驾法,汉代彩绘木轺车作为曲辕双辕车的一种,车辕上扬与衡相连,并增设平衡杆以加固车辕,车辕与轭角相连,形成了胸带式系驾法。类似的车马形制在汉代画像石上也可以看到(见图11-38、图11-39)。

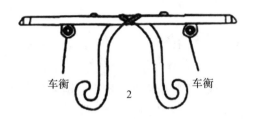

图 11-37　曲辕双辕车车衡位置

图片来源:孙璐.东北亚地区车马器的新认识[J].边疆考古研究,2014(2):125.

图 11-38　"π"形轭衡组合　　　　　图 11-39　"几"字形轭衡组合

二、胸带式系驾法

伴随着独辀车向双辕车的转变,胸带式系驾法也取代了轭靷式系驾法。秦陵彩绘铜车马的案例,正是独辀车上采用轭靷式系驾法的典型代表。相比于轭靷式系驾法,汉代彩绘木轺车采用的胸带式系驾法不仅简便,而且将支点与拽车的受力点分开,分别由马的颈部和胸部承担,使马体局部的受力相应减轻,而靷带也改成了宽胸带,并呈 U 形环围在马胸前,其中武威彩绘木轺车还采用了铜制胸带,这主要是为了防止细靷绳磨伤马胸(见图 11-40)。

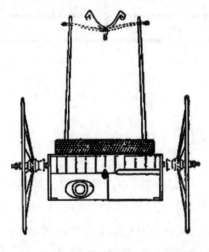

图 11-40　汉墓胸带式系驾法木轺车俯视

图片来源:甘肃省博物馆.武威磨咀子三座汉墓发掘简报[J].文物,1972(12):9-23.

三、车制变革的背景下的"轺车"

孙机先生认为在中国秦汉车制变革的背景下,出现在汉代的双辕车主要有轺车、輧车、轩车和安车四类(见图 11-41)。其中"轺车"的定义以《释车》之说最为可取:"轺,遥也;遥,远也。四向远望之车也。"即专指一种四面敞露之车,它既可坐乘,又可立乘。《史记·季布列传》又载:轺车"谓轻车,一马车也"。作为古代的一种交通工具,轺车专供上层贵族官吏乘坐。而汉墓出土的彩绘木质车马,装双辕,驾一马,舆上伞盖高耸,有的舆内还跪坐御车俑,四面敞露,视野广阔,正是轺车的典型代表。

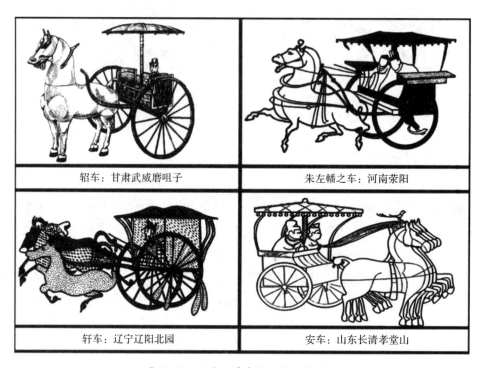

图 11-41　汉代双辕车的四种主要类别

图片来源:孙机.汉代物质文化资料图说[M].上海:上海古籍出版社,2008:112.

四、武威汉代彩绘木轺车

1972 年,甘肃省博物馆在清理武威市磨咀子西汉晚期墓葬时,在 48 号墓中发现了一组大型彩绘铜饰木质轺车马模型(见图 11-42)。木车马出土时保存完好,虽因腐朽有所残缺,但经过修补后都已复原,现陈列在甘肃省博物馆。研究者认为,该组木质轺车马的形制、构件,在长沙及洛阳烧沟西汉晚期墓葬中均有类似发现,但是这一辆是目前出土轺车中最精致、艺术价值最高的一乘。

图 11-42　武威磨咀子汉墓彩绘木轺车复原图

图片来源:刘永华.中国古代车舆马具[M].北京:清华大学出版社,2013:150.

(一)组成结构

在组成结构方面,武威汉墓彩绘木轺车主要由车、马、御奴三部分构成。车整体造型轻便简洁,包括舆、轮、辕、马、槽、伞盖等部分,舆的内侧底部有坐垫,上有伞盖。御奴跪坐于舆内左侧,做双手持缰状,眼、鼻及冠服均用黑、白两色勾勒,神态专注生动。车前立马显得雄壮刚健,拙朴浑厚,造型逼真(见图 11-43)。

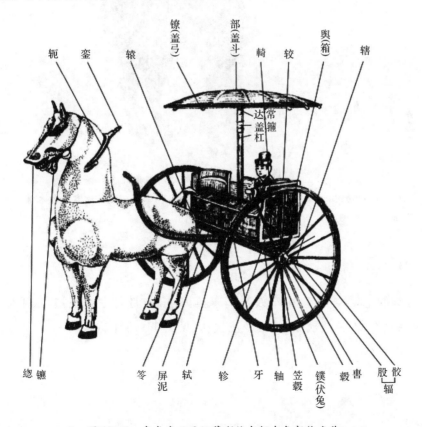

图 11-43　武威磨咀子汉墓彩绘木轺车各部位名称

(二)木马

木辒车前的立马是两汉之际木雕技法的重要体现,雕制时用刀简练,以突出外部轮廓为主,细部多用彩绘表达,棱线分明,仅头部稍作细致刻画,造型雄壮浑厚。(见图11-44)在头、颈、身、腿、尾等部分分别雕制后,粘合组装而成,以红、白、黑三色彩绘,做昂首嘶鸣凝视状,头部装饰铜当卢,兽面饰衔镳一副,颈上套轭。马头部塑造凹凸有致,双耳高竖,目若悬铃,神态生动。躯干为半圆形的体块,形成方圆相济之态,并雕有马鞍,刚劲柔美,庄重威严。汉武帝时,依大宛马铸"金马"为良马范式立于长安。研究者认为,该木马即是按照"良马式"的标准精心模制雕刻而成。

图 11-44　武威磨咀子汉墓彩绘木辒车前立马

图片来源:山西博物院,甘肃省博物馆,武威市博物馆,等.陇右遗珍:甘肃汉晋木雕艺术[M].太原:山西人民出版社,2013:77.

(三)御车奴

作为车马的主要控驭者,御车奴跪坐于舆内左侧,身着右衽长袍,双手做持缰状,用白、黑两色勾绘眼、鼻及冠服,神态专注生动(见图11-45)。

图 11-45 武威汉墓彩绘木轺车御车奴跪坐

(四)车舆

这组大型彩绘木轺车,车舆为横长方形,舆内布局阶层区分明显,右侧施红彩,右底部有专为车主设计的略高起座垫。而左侧施黑色,无幡,无巾幰,无坐垫,为御车奴跪坐之处。舆下垫伏兔两只,车毂为壶形,竹辐 16 根。辕后端连接舆底,前端翘曲如蛇首,中部各嵌一铜环。车舆的设计真实地再现了车构造复杂的形制和精巧的木工技艺。车的整体造型轻便简洁,与马的强壮雄健形成了鲜明对比(见图 11-46)。

图 11-46 武威汉墓彩绘木轺车车舆后视

(五)伞盖

伞盖插于舆内,覆在车上方。盖柄两截,有铜箍连接,柄端安盖斗,插16根弯曲的竹弓,上面有圆形盖顶。关于伞盖的等级制度,据《后汉书·舆服志》载:"二百石以下的官吏用白布盖;三百石以上为皂布盖;千石以上为皂缯覆盖。"而本组车马伞盖为皂缯,因此综合分析墓主可能为千石官吏(见图11-47)。

图 11-47　武威汉墓彩绘木轺车伞盖

(六)特殊构件

武威磨咀子48号汉墓的这组彩绘铜饰木轺车,是目前为止出土同类明器中较大而完整的一件,对研究汉代车舆和社会等级制度具有一定的参考价值。除上述几种主要组成部分外,还有一些特殊构件,之前从未发现或未被注意(见图11-48)。

如轼上的红彩瓦状覆木,代表蒙覆车轼的靭或幭,原物应系毛皮、巾垫之类。

车輢上的白色朱描纹饰,则是代表悬在较上的毛皮。据《通志》载,"公卿列侯的车是:倚鹿较,伏熊轼……",因此说较上毛皮的种类也能标志官僚统治者等级。

輢上矩形铜饰,过去称矩形器,实际也是一种车轼。车行很快,拉着可以保持平衡。

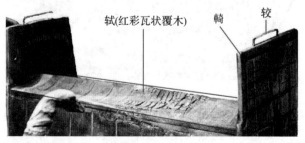

图 11-48　武威汉墓彩绘木轺车特殊构件

还有一种又称车耳,为坐乘而设,可凭倚,也可遮尘,类似今天的车瓦状。

两辕上的长方形竹槽,大约是喂马工具。汉画像石和汉墓壁画及武威雷台汉墓出土的铜制轺车(模型)上也存在此种镂空槽。

(七)边陲汉韵·陇右奇珍

衣食住行,应该说是人类生活中最基本的内容。无论是军事战争,还是生活交往需求,代步以行的工具对人类社会发展都有着至关重要的影响。武威磨咀子汉墓出土的这件彩绘铜饰木轺车,虽作为明器葬入墓中,却是迄今为止发现的最大汉代木雕作品。其结构复杂,器型宏大,精美壮观。轺车在构件和颜色上的不同处理,如车舆右边为官吏专设的坐垫及彩饰属于主人,而左边无巾幡,无坐垫、无蟠且饰黑色则属于御车奴跪坐之处,表明了汉代宗法制度的森严和不可逾越。因此这组大型彩绘铜饰木轺车的发现,为研究汉代舆服及社会等级制度提供了珍贵资料。

五、西宁汉代彩绘木轺车

因为制作的木材容易腐朽,因此在我国考古史上,很少能见到木轺车出土。除了甘肃武威木轺车的案例之外,1977年,青海西宁彭家寨 M1 汉墓中也出土了一套木轺车明器(见图 11-49),木车马出土时残损严重,现已修整复原,并珍藏于青海省博物馆中。研究者认为,该组木质轺车马的形制、构件与武威汉墓出土的彩绘铜饰木轺车马极为相似。结合墓葬中出土的陶器和其他模型明器综合判断,该墓葬相对年代应在东汉晚期。

图 11-49　西宁市彭家寨汉墓木轺车复原

（一）组成结构

在组成结构方面，不同于武威彩绘木轺车，西宁彭家寨木轺车主要由车和马两部分组成，未发现有御车奴出现。车整体造型同样轻便简洁，包括舆、轮、辕、马、槽、伞盖等部分，全为黑色，轮毂为壶形，有木辐 17 根，辕后端连舆底。车与马浑然一体，栩栩如生（见图 11-50）。

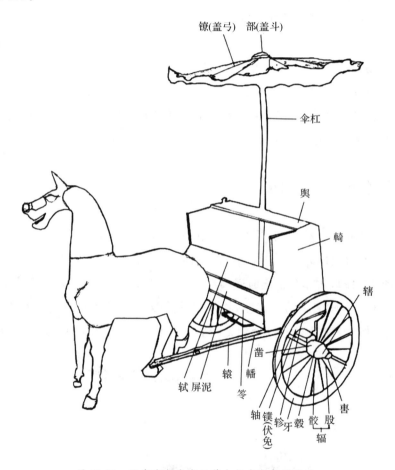

图 11-50　西宁市彭家寨汉墓木轺车各部位名称

（二）木马

木轺车前立马（见图 11-51）同样体现了两汉之际的木雕技法，棱线分明，以突出外部轮廓为主。马头、颈、身、尾、眼等分别雕刻后经过对接组装而成，细部轮廓清晰，富于质感，眼大口张，做昂首嘶鸣睨视状。马通身黑色，只有眼、鼻、口腔处被精心施以朱、白、黑三色彩绘。与武威木轺车前立马不同，本件马头颈部缺少饰件和鞍具。

图 11-51　西宁市彭家寨汉墓木辂车前立马

（三）伞盖

　　伞盖同样插于舆内，覆在车上方（见图 11-52）。盖柄为黑色，未发现明显分截，插 25 根木弓，上绷皂缯成圆形盖顶。《舆服制》中还有"除吏赤画杠其余皆青云"的记载，由此可知，两汉时期，只有官吏辂车可用红色盖柄，其余皆为青柄。据此，考古学家判断该组车马符合"皂缯盖、铜五末、朱一轓"等的规定，推测车主可能也是位千石官吏。

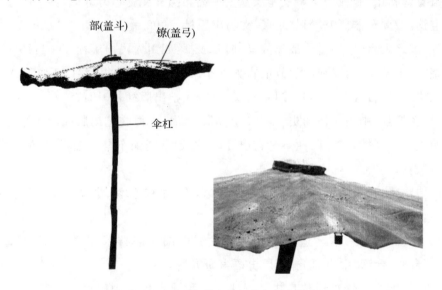

图 11-52　西宁彭家寨汉墓木辂车伞盖

（四）边陲汉韵·河湟瑰宝

　　西汉时期，汉武帝征伐匈奴，并建立西平亭，这也是历史上官方在西宁设立的最早建制。之后中原地区人口大量迁入,西平亭除了军事防御体系和邮传系统之外,还形成了地方基层政权,随着官僚体系的形成,社会分层也逐渐明显。彭家寨汉墓木轺车作为陪葬明器,与当地汉墓群出土的其他遗物,都或多或少地折射了当时的社会现状。

青海的湟水流域,在中国历史上长期被视为戎羌之地,而木轺车的出土也证明了汉王朝对当地的有效经营,以及汉文化对边陲地区的影响。与陇右地区出土的武威彩绘木轺车同样都是研究汉代舆服制度的珍贵资料。

思考题:

1. 从马车系驾法的演变历史中,我们可以看到古人是如何一步一步提出问题、积累经验、取得突破性发展的,结合系驾法,请谈谈你对这个过程的认识。

2. 秦陵铜车马在铸造过程中,为什么要采用不同的合金配比?

3. 结合所学知识,简述汉代流行于中原地区的双辕轺车,在河湟及陇右等边陲地区出现的意义?

参考文献:

[1] 甘肃省博物馆.武威磨咀子三座汉墓发掘简报[J].文物,1972(12):9-23.

[2] 郭宝钧.殷周车器研究[M].北京:文物出版社,1998.

[3] 郭物.国之大事:中国古代战车战马[M].成都:四川人民出版社,2004:108-113.

[4] 郭晓芸.木轺车:两汉河湟贵族的官方配车[N].西海都市报,2014-12-01(A17).

[5] 刘永华.中国古代车舆马具[M].北京:清华大学出版社,2013:150.

[6] 彭卫,杨振红.中国风俗通史·秦汉卷[M].上海:上海文艺出版社,2002.

[7] 秦始皇兵马俑博物馆,陕西省考古研究院.秦始皇陵铜车马发掘报告[M].北京:文物出版社,1998.

[8] 山西博物院,甘肃省博物馆,武威市博物馆,等.陇右遗珍:甘肃汉晋木雕艺术[M].太原:山西人民出版社,2013:77-80.

[9] 石璋如.小屯第一本·遗址的发现与发掘丙编·殷墟墓葬之一,北组墓葬(上)[M].台北:台湾"中央研究院"历史语言研究所,1970.

[10] 孙机.从胸式系驾法到鞍套式系驾法——我国古代车制略说[J].考古,1980(5):448-460.

[11] 孙机.汉代物质文化资料图说[M].上海:上海古籍出版社,2011:111,115.

[12] 孙机.中国古代马车的系驾法[J].自然科学史研究,1984(2):169-176.

[13] 孙机.中国古代物质文化[M].北京:中华书局,2016:28-194.

［14］孙机.中国古舆服论丛[M].北京:文物出版社,2001:28-58.

［15］孙璐.东北亚地区车马器的新认识[J].边疆考古研究,2014(2):123-141.

［16］王学理.秦始皇陵彩绘铜安车的科技成就漫议[J].北方文物,1988(4):9-17.

［17］王勇.汉代彩绘木轺车[J].文物天地,2015(4):29-31.

［18］刑成才.略论中原地区车与战车的出现[J].文史研究,2011(3):153-154.

［19］杨欢.秦始皇帝陵出土青铜马车铸造工艺新探[J].文物,2019(4):88-96.

［20］杨英杰.先秦战车形制考述[J].辽宁师范大学学报,1984(2):35-41.

［21］张文立.秦陵二号铜车马[J].人文杂志,1980(1):128.

［22］张长寿,张孝光.殷周车制略说[C]//中国考古学研究——夏鼐先生考古五十年纪念论文集.北京:文物出版社,1986.

第十二章

考古发现与中医

中国古代医学是我国先民在长期实践中发展总结出的医学理论,在我国历史上具有重要作用。中医的概念:指中国传统医学,是我国古代先民朴素的唯物论和自发的辩证法思想指导下,通过长期医疗实践逐步形成并发展为独特的医学理论体系,考古学中对于古代医学的研究称为医学考古。本章将简要介绍医学考古领域相关研究内容以及医学考古研究简史,并以马王堆汉墓、王丹虎墓和洛阳汉墓作为典型案例,介绍医学考古研究特点。

第一节 研究内容与研究简史

一、研究内容

医学考古学,是以医学为主要目的或主要内容的考古活动,从目前情况看,此类发掘工作尚未进行,医学界也不可能开展此类工作,其学科体系、学科范围、研究对象、研究方法等内容也有待进一步充实和完善,因此医学考古学的提法很难得到认同,学者认为现阶段将其概念称之为医学考古,较为符合目前涉及医学内容考古研究的实际情况。就迄今已开展的涉及医学内容的考古活动分析,主要包括体质人类学、出土古尸研究、古代医药遗迹考察、医学文物研究等。

考古学与医学联系较多的是体质人类学的研究,它在考古工作中已卓有成效地开展多年。大量古代墓葬中发现的古人类骨骼,是判断死者年龄、性别的重要资料,对认识古代丧葬习俗、婚姻制度和社会组织形态及劳动分工等具有重要意义,也为人种学的研究提供帮助。

在墓葬发掘中,偶尔可见保存完好的古尸,对出土古尸进行病理解剖和医学等多学科的研究,能获取多方面的古代医学资料。近半个世纪以来,各地先后出土古尸上百具。其中干尸主要见于新疆,这和当地独特的自然条件有关。湿尸主要出土于江南各地,通过对马王堆一号汉墓女尸、江陵凤凰山汉墓男尸等多例古尸的病理学解剖研究,为我们了解古代疾病史、寄生虫史、肿瘤史等提供了重要线索。

在考古发掘涉及医学内容的文物资料中,以各种医学器物和出土医学文献较为重要。前者涉及各种医用、药用、卫生类文物,品类繁多,数量较大;后者以汉代以前的早期医学文献为主。近年研究工作较为深入,有多本研究专著问世。研究人员中,既有考古界人士,也有医史文献、中医文化研究的专业人员和爱好者。

出土医药文献在医学文物中意义重大,是揭示早期医药内容的重要资料,填补了医学起源和早期发展的不少空白,是学者关注的焦点。长沙马王堆三号汉墓出土帛书五卷,据考其写作年代均早于《内经》,《五十二病方》是迄今所知最早方书,两部灸经是《灵枢·经脉》的祖本,该墓出土 200 余根简牍,经整理为《十问》等四部医书,填补了古代养生保健的空白。

医用文物主要指直接用于医治的器具及与古代医家有关的物品,它在医学文物中医学价值较大,一些重要者多为罕见孤品,如西汉人体经脉漆雕、南朝洗眼杯等。医疗器械可分为早期医疗工具、手术器械、手术辅助器械、上药器等四类,如砭石、九针、各种外科刀剪钩镊等。名医遗物涉及名医造像、画像、石刻像、墓碑墓志、手稿、书法、行医对联、印章、脉案、砚桌及其他行医用具。

药用文物包括出土药物,中药加工、服用、贮藏、炼丹等有关物品。它实用性强,品种较多,数量也大。近年出土药物不但发现多种香药和金石矿物药,更有成品药和丹药面世。

古代人类的多种清洁卫生活动,诸如饮水、洗脸、洗手、刷牙、漱口、吐痰、便溲、洗澡、洗衣、杀虫消毒等,直接反映了古人的卫生要求。其他如古代食品的冷藏、污水的排放、丧葬中火葬、婚龄的规定以及对生活环境的卫生措施方面,也相应涉及一些清洁卫生类文物。如图为匜和盘(见图 12-1),是古代人洗手时倒水和接水的器皿,通过匜和盘的组合可以了解古代人的卫生习惯。

图 12-1　青铜匜和青铜盘

二、研究简史

医学考古研究的发展历程,学者将其分为四个阶段,分别是第一阶段的萌芽期、第二阶段的初兴期、第三阶段的渐进期和第四阶段的发展期。下文将分别介绍这几个阶段医学考古研究的内容和特点。

(一)萌芽期

19世纪末20世纪初至1928年,可以看作医学考古发展的萌芽期,总体而言,这一时期的医学考古尚处于材料积累阶段,部分学者的研究中偶有涉及,但还缺乏全面、深入的专门研究。

殷墟甲骨文是学术史上非常重大的发现,其中有一些关于疾病的记载,是目前已知年代最早的医学文献。敦煌莫高窟藏经洞发现3万多卷文书,其中包括方剂学、本草学、针灸学、脉学、佛道医学类著作80余种,较著名的有《神农本草经集注》《新修本草》《食疗本草》《明堂五脏论》《张仲景五脏论》《伤寒论·辨脉法》《新集备急灸经》《灸经铜人图》等,具有十分珍贵的文献价值。此外,敦煌洞窟中一些壁画也反映了当时医学的发展状况,如"得医图""胡医图""诊疗图""兽医治疗图"等,也是十分重要的医学资料。

西北地区还陆续发现和出土了一些涉及古代医学的简牍及文书写本等。例如,甘肃疏勒河流域及新疆蒲昌海地区发掘出土的汉简中有关于疾病死伤及疗疾的相关记载,包括驻军官兵的疾病、死伤、治病的药方。甘肃黑城出土了三种医药方书残片。吐谷浑出土《亡命氏灸法》残卷和《亡名氏本草目录》。于阗出土《亡名氏孔穴主治》残件。

敦煌以北地区出土《折伤薄》与《显明队药函》,蒲昌海地区出土的三件残存的医方纸片上记有疾病的名称以及服药的方法。新疆吐鲁番出土有医方《本草经集注》《耆婆五脏论》《诸医方髓》残卷。阿斯塔纳—哈拉和卓古墓群出土有《针灸专抄》《熏牛鼻药方》和《葳蕤丸服药法》等文书残片,以及葳蕤丸实物。

1914 年,罗振玉与王国维先生基于中国西北地区出土的简牍材料,撰著《流沙坠简》,对兽医方的药剂计量单位加以考订,揭示了汉代医学发展的状况,对后来的研究具有非常重要的启发意义。1919 年,陈邦贤先生撰成中国第一部编年体医学通史《中国医学史》,引入相关文物考古资料和研究成果,系统介绍历代医政、名医、名著及新形成之新学说、新成就。

(二)初兴期

1929 年至 1972 年,可视为医学考古发展的初兴期。随着考古学逐步发展,与医学相关的考古资料开始集中大量地出土,学者也对这类资料投入了更多的关注。

1928 年至 1937 年,历史语言研究所在殷墟的 15 次大规模科学发掘,出土了大量甲骨文资料,其中有关生育与疾病的卜辞极大地丰富和完善了殷商时期医学的内容。胡厚宣先生的《殷人疾病考》,专文探讨殷商时期医学的发展状况。严一萍先生的《殷契征医》,收集整理了 400 余版与疾病有关的卜辞,并且进行了系统的考释与研究,从而使殷商时期的医学发展状况得以为世人所知道。

西北地区与医学相关的文书仍陆续有所发现,如甘肃居延海地区出土的汉简中有临床医方、疾病死伤、医疗器物等医学资料。罗福颐先生在《祖国最古的医方》中,将居延汉简中的"伤寒四物"医方与传世文献进行了对比研究。自 20 世纪 20 年代开始,王吉民与悟连德等医史学家有目的、有计划地广泛征集、收藏和研究我国医史文献及文物。

1970 年,陕西西安何家村窖藏出玉土杵、玛瑙臼、单流金锅、单流折柄银铛、银锅、银制石榴罐等数十件医药器具,据形状和题记可分为制药炼丹、温煮和盛贮等不同用途。同时还出土了丹砂、石钟乳、白石英、紫石英、珊瑚、金屑和金箔、密陀僧、琥珀等多种贵重药材,说明在唐代炼丹服石的风气仍然十分兴盛,且这一技术相继外传至阿拉伯与欧洲,一定程度上促进了近代化学的诞生。

(三)渐进期

1973 年至 1997 年,为医学考古发展的渐进期。进入 20 世纪 70 年代之后,各地考古工作如火如荼地展开,对一些考古遗址进行了大规模的重点发掘,医学考古材料也随之大批出土,考古学界与医学机构开始通力合作,从而将医学考古的研究推向深入。

西北地区简牍和文书仍然有所发现。甘肃武威旱滩坡东汉早期墓发现《治百病方》简牍,涉及内科、外科、妇科、五官科,治疗方法包括汤剂、丸剂、散剂、膏剂、酒剂、栓剂等多种剂型,方剂中所用药物可辨识者约百种,同时还记载了针灸穴位、刺疗禁忌等,提供了汉代医学发展状况的翔实资料。居延和敦煌出土的简牍中都有关于古代医药方面的内容。

湖北江陵望山楚简记载了为墓主卜筮祭祷的完整内容。荆门包山楚简更为完整地记录了墓主卜问病情的占卜程序。湖北云梦睡虎地秦墓出土千余枚竹简,其中《封诊式》、《法律答问》和《秦律十八种》记载有死亡检验、疾病检验和兽医检验三类内容,有关麻风病症状的记述比《内经》更加详细。江苏连云港花果山下云台砖厂附近出土汉简中有两枚与法医有关。湖南张家界大庸地区发现一块木牍医方"赤谷方"。

湖南长沙马王堆一号汉墓墓室中的熏囊、绢袋、绣枕和熏炉内发现辛夷、桂、茅香、佩兰、高良姜、杜衡和花椒等中草药。马王堆二、三号汉墓出土大批帛书和少量竹木简牍,其中《足臂十一脉灸经》和《阴阳十一脉灸经》成书年代早于传世本《灵枢经》。《五十二病方》是最早的临床医学和方剂学著作,记述破伤风、疝气、泌尿系结石、痈疽、麻风病等30余种病症。《天下至道谈》澄清了争议已久的"七损""八益"的问题。《导引图》为一幅帛画,画中人物单个排列,或静坐,或两臂前后伸展,有的人物旁边注有"引痹痛""引膝痛""引温病"等文字。此外,《脉法》(甲本)、《阴阳脉死候》(甲本)、《却谷食气》、《养生方》、《杂疗方》、《十问》、《合阴阳》、《杂禁方》等都是极为重要的医学文献。

湖北江陵张家山 M247 为西汉前期墓葬,发现竹简千余枚。其中,《引书》用文字详细描述了导引的各种单个动作,以及治疗诸疾病的导引方法,详尽地诠释了马王堆帛书《导引图》。安徽阜阳双谷堆发现西汉第二代汝阴夏侯灶之墓,出土一批竹木简古籍,其中《万物》和《行气》与医学相关,述及药物 70 种和疾病 30 余类。

(四)发展期

1998 年至今,为医学考古的发展期。学术界对于医学相关的考古资料日益重视,考古学、中医学等更多领域的学者参与到医学考古的研究中,并取得了丰硕的成果,大量著述相继发表,"医学考古学"的概念也被提出和讨论。

贾兰坡先生倡导要将古人类学研究与病理学和研究相结合,从而推动学科研究的深入与发展。谭红兵先生主张要充分运用考古学的研究理论和技术方法进行医史文物的研究。

在学者们的努力下,陆续编撰和出版了一些医学文物图集。《浙江医药文物及遗址图谱》全面系统地调查和研究了浙江省内具有医药卫生意义和功能的古代文物与遗迹,以探究省内古代医药学的发展及现状。《杭州医药文化图谱》收集整理了 25 类杭州市的医药文物。《岭南医学史·图谱册》收集医疗工具、药品、生活器皿、碑刻、建筑、人物图像和各种艺术品及书画等,全面记述了岭南地区医学的起源、形成、发展过程、发展规律和历史成就。《中国医学通史·文物图谱卷》是一部全面系统的医史文物图谱,填补了我国长期缺少彩色医史文物图谱的空白。《中华医学文物图集》系统记载了我国中医院校医史博物馆中的藏品以及各地区考古发掘的重要医学文物,初步确定了医学文物的概念和范围,对促进中国医学史研究起到重要作用。

综上,中国医学考古的研究已经取得了非常卓著的成果。但是就目前而言,这一领域的研究仍然方兴未艾。"医学考古学"学科正式创立,尚需假以时日。展望未来,还有许多课题需要深入研究,医学考古的体系也需要进一步加以完善,医学考古将在未来的发展中大有可为。

第二节　医学考古典型案例——马王堆汉墓

英国考古学家柴尔德曾说过:如同望远镜扩大了天文学的视野一样,考古学扩大了历史的空间范围;也像显微镜为生物学发现的,巨大有机体外表隐藏着最微小的细胞生命一样,考古学改变了历史科学的研究范围和内容。在考古学的帮助下,众多和医学有关的考古出土资料引起了中国传统医学研究的热潮。这里我们主要结合马王堆汉墓的考古发现,介绍医学考古的相关研究成果。

湖南长沙市东郊五里碑附近有一处土丘,据地方志记载,它是五代时期楚王马殷的家族墓地,被称为"马王堆"。20世纪70年代初,湖南省军区366医院决定在马王堆建造地下医院,由于施工中经常遇到塌方,施工人员对地下打孔探测时,突然从钻洞里冒出一股呛人的并且可燃的气体。考古学家敏锐地意识到,这是一个"火洞子",即一座保存完好的古墓。为了配合基建,考古工作者决定抢救性发掘,自此,马王堆汉墓隐藏的巨大宝藏才得以重见天日。

经过考古发掘,墓葬南北长20米,东西长17米,属于大型古代墓葬。墓穴中央是巨大的棺椁,四边的边箱里有包括丝织物、服饰、漆器、乐器、简册、帛册、帛画等珍贵文物在内的数千件珍宝。业界一直流传着"北有兵马俑,南有马王堆"的说法,可见马王堆汉墓的地位。提起马王堆,最为知名的是世界上首次发现的保存年代最久远、保存最好的女尸辛追,或是这件保存完好、薄如蝉翼的素纱禅衣。事实上,从医学角度来看,马王堆汉墓中出土的医学文献,因其年代久远、内容丰富,也具有相当大的学术价值。

提到马王堆,就不得不说其中发现的女尸辛追。辛追尸体出土时,其葬式为仰身直肢葬。脸型呈方圆状,颧骨较高,五官清楚。口内尚有19颗牙齿,右拇指和左小指尚保存有指甲。头部保存有黑色真发,真发下半部缀连假发。尸体的皮肤呈淡黄色、润泽、肌肉柔软而富于弹性,用手指按下去,再放开,它又会慢慢地起来,恢复原状。辛追的四肢关节还可自动弯曲,皮肤有些地方的汗毛孔清晰可见,甚至眼睫毛、鼻毛也保存下来,左耳里薄薄的鼓膜仍然完好,脚趾纹清晰可见。这样一具保存完好的女尸让所有在场的人都目瞪口呆,人们总会有两个疑问,历经千年,辛追的尸体为何没有腐烂?她的死因究竟是什么?

经过 7 个半月的防腐处理后,专家们对尸体进行了病理解剖,结果发现辛追的内脏保存良好,特别是在电子显微镜下,各种组织的切片中胶原纤维保存最好,几乎和新鲜尸体没有什么区别。根据湖南的地理环境,地下 8 米以下的土壤有恒温恒压恒湿的特质,墓葬用木炭、白膏泥、夯土和封土作为密封材料,而尸体用四座棺椁呈阶梯式摆放,这些措施有效地起到隔菌、隔氧的作用。因此,尸体只出现了早期腐败的症状,也就是说,当尸体暂时地被细菌侵蚀后,便成功地阻止了大自然的进攻,时间就此停止了。当然,墓葬没有被盗扰,也是其保存完好的重要原因。

辛追到底是怎么离开人世的呢?专家发现,尸体的胃部尚留有未消化的甜瓜子138 粒半,这表明辛追是在吃了甜瓜之后,还未将瓜子从肠胃内排泄出去就死亡了,病理学家据此推断辛追很可能是猝死。解剖显示,她生前患有相当严重的冠状动脉粥样硬化症,70%的主动脉堵塞,同时还有胆结石,一块石头就堵在十二指肠口。辛追由于食用了太多甜瓜从而引起了胆绞痛,她应该死于胆绞痛诱发的冠心病。这一点也可以在随葬的药物中得到验证。

马王堆汉墓出土了很多的中药。这一部分中草药放在一号墓西边箱内的一个竹筒里,其中盛有整理成一束一束的茅香根茎。在这个边箱的另一个竹筒内,装有六个小型绢袋,其中都装着草药。除此之外,女尸左右手上还各握有一个小绢袋,其中也有草药。竹筒内的草药已高度碳化,而手握的草药都保存完好。经鉴定,药物有茅香、桂皮花椒、辛夷、藁本、姜、高良姜杜衡、佩衡等,另外还有药用矿物标本朱砂。在国内来说,这是我国发现的最早的植物药物标本。医药学专家对这些汉代药物进行研究后,认为它属味辛温,能除风湿寒痹,是主治心绞痛的中药。这与古尸解剖得出的,死者生前曾患有胆管结石症和冠心病的结论一致。这就说明在 2000 多年前,医师们对疾病已诊断得相当准确,并能对症下药,这令我们不得不惊叹中国古人医术的高明。

在我们今天的生活中,药枕十分流行,通过在枕芯中填充中药,以达到保健或治疗疾病的目的。经考证,已知最早的药枕就是我国西汉马王堆一号墓出土的这件"香枕"(见图 12-2)。

图 12-2 马王堆汉墓《腰枕》

此外，马王堆汉墓还出土了众多的古医书。其中，帛书有《足臂十一脉灸经》《阴阳十一脉灸经》《脉法》《阴阳脉死候》《五十二病方》《杂疗方》《胎产书》《养生方》《却谷食气》《导引图》等。竹简有《十问》《合阴阳》《杂禁方》《天下至道谈》。内容涉及方剂学、诊断学、治疗学、脉学、养生学、导引气功、经络学、妇产科学等多门学科的知识，是研究汉代以前医药学发展的第一手重要资料。

帛书《五十二病方》是目前我国已发现的最古老的医方。因为原有目录中共有 52 个以病名为中心的小标题，学者们便将其定名为《五十二病方》。原书应有处方 300 首左右，现共存医方总数 283 首，收录药物 247 种，其中有将近半数是东汉时期《神农本草经》中没有记载的。就其内容来看，医方的产生年代应该早于《黄帝内经》时代，具有极其重要的研究价值。

《五十二病方》卷前还有佚书 4 篇，根据内容分别定名为：《足臂十一脉灸经》《阴阳十一脉灸经》甲本，《足臂十一脉灸经》乙本，《脉法》和《阴阳脉死候》。这些内容的字体介于篆隶之间，共存 462 行，均论述了人体内十一条经脉的循行、主病和灸法，经络和穴位是针灸、按摩术等中医医疗方法的理论基础。这些材料无疑是研究中医经络学说形成过程的珍贵资料。

帛书《导引图》是气功养生学的渊源。马王堆汉墓出土的彩色帛画导引图，全长1.4 米，原无篇题，后编者根据内容而定名。其中图像用朱、褐、蓝、黑 4 色单线平涂，分成 4 排，每排 11 人，共有禽戏类、除病类等 44 种不同的运动姿态，旁边还有墨书的术式名称，包括病名、动物形象和器械运动等（见图 12-3）。

马王堆医书的出土填补了我国汉代以前医学资料研究的空白，展现了西汉早期医学的发展水平，也使我们对西汉时期的药用品种、药物应用、社会风尚以及古代的疾病史有了一定的认识。对《导引图》的复原，为我们研究古人如何通过导引来进行健体养生提供了很大的帮助。相信在未来，越来越多的考古材料的出现，将不断丰富我们对中国古代中医发展过程的认识。

图 12-3　马王堆汉墓《导引图》

第三节　医学考古典型案例——王丹虎墓和洛阳汉墓

一、炼丹简史

中国炼丹术源远流长，劳动人民在冶炼金属的过程中，创造了很多冶炼方法，同时孕育了炼丹术，一些方士为了迎合统治阶级长生不死的欲望，开始炼制矿物药物，从此炼丹术逐渐脱离冶金术的范畴，成为一门独立的学问，它丰富了古代自然科学的内容，推动了古代化学和冶金术的发展。

先秦是中国炼丹术的萌芽阶段，在原始社会中，因生产力水平低下，人们产生了万物有灵的观念。《庄子》中有"藐姑射之山，有神人居焉"。战国时期，神仙方士宣传不死药可以长生，迎合了上层贵族要求长期享乐的欲望，得到了他们的支持，寻求仙药活动开始兴起。最早寻求不死之药的，据战国文献记载，是燕王和楚王，《战国策》中已有炼丹方士向荆王献不死之药的记载，齐威王、齐宣王、燕昭王都醉心方术，曾派人入海寻求不死仙药。

秦始皇统一中国后更迫不及待地追求神仙不死药。公元 219 年，他听信方士徐福的建言，驱使童男女各 500 人漂洋过海，为他寻求长生不死药。方士们还提倡服用丹药，所谓"炼丹"，最初的含义和内容就是升炼丹砂，我国古代的炼丹术就是以道家方式对炼丹砂的研究为起点发展起来的。

两汉是炼丹术的奠基时期，汉初，点化黄金正是炼丹术的主要活动之一。汉武帝刘彻，晚年也十分怕死。据《史记》记载，方士李少君对武帝说："要得成仙，第一是要祭灶神；第二是拿丹砂炼成黄金，黄金做成饮食器则益寿，从而海中蓬莱仙者始可见，见之封禅则不死。"武帝发诏书到民间,搜寻"长生不死药",招纳方士筑炉炼丹,民间炼丹之风大盛。

东汉魏伯阳,继承了前代阴阳五行家和神仙家的方术,于公元142年撰成了《周易参同契》,是我国第一部系统论述炼丹的著作,被誉为中国炼丹术的"丹经王"。魏伯阳曾说:"金胜不败朽,故为万物宝。"古人朴素地认为:如果昌盛就要服用"不败朽的黄金",于是用人工方法炼制药用金属的活动开展起来。出现《太清丹经》《五灵丹经》《岷山丹法》等200多种炼丹法。

晋代葛洪是有名的炼丹家,也是渊博的道教学者。晚年隐居广东罗浮山中"炼丹"。根据史料记载,葛洪已有还原硫化砷而得砷的记录。他撰写了炼丹专著《抱朴子·内篇》,对炼丹术的指导思想、理论基础和当时所得到的成果,做了全面系统的阐述,有深远的学术影响。葛洪从炼制金丹的实验中,观察到的化学变化,有"丹砂烧之成水银,积之又变成丹砂"(《金丹篇》);还说"铅性白也,而赤之以为丹、丹性赤也,而白之以为铅"(《黄白篇》)。这是对铅的化学变化,做了一系列实验后得出的结论。葛洪之后,陶弘景在炼丹术上造诣颇深,在其多年的炉火丹鼎生涯中,发展了炼丹术,著成《合丹法式》炼丹专著,已经有了一套近乎完整的炼丹技术和理论。

唐玄宗好神仙,即位初就为《一切经义》写序,开元二十一年(733)玄宗亲注《道德经》颁示天下,道教在唐代发展到了鼎盛时期。用药品种大为发展,实验技术更为纯熟,仪器(丹鼎)臻善,理论近乎完整。唐代大医学家孙思邈(581—682)是这一时期炼丹家的代表。他崇尚炼丹,反对服食,亲自进行药物的修合炼制,在炼丹中总结了前人的炼丹方剂与常规常法,提出了"伏火法"。经过若干组合配置,反复试验,从无数血的教训中总结出硝石、硫磺、木炭混在一起,极易起火爆炸,这就是中国四大发明之一火药的雏形。唐代服食丹药大盛,但为丹药所误者也不在少数,唐宪宗、唐穆宗、唐敬宗、唐武宗以及一批重臣名士,都想长生不死,但都误食丹药而早死。

宋徽宗赵佶是北宋继真宗之后又一个著名的崇奉道教的皇帝,他宠信茅山第二十五代宗师刘混康,多次向其索取"灵丹""仙饵"等。宋代《本草衍义》的撰写者寇宗奭(shì)对服食金屑、水银、丹砂提出严重警告:"丹砂但宜生服,若炼服,少有不作废者";"水银入药虽各有法,极须审谨,有毒故也"。这时,服食丹药之风逐渐衰落。

明代,诸帝以嘉靖重道最甚,他长年潜居深宫炼丹服食,炼丹术一度盛行。明末大医学家李时珍,一方面竭力反对服"不死药",另一方面对古人遗留下来的炼丹知识,认真进行了分析研究,正确予以总结。自《本草纲目》问世以后,寻求和服食"不死药"的陋俗才有所收敛。

清代,丹药名录繁多,用于各种疑难杂症,用药得当,遂可迎刃而解,可见炼丹术对中医外科治疗学的发展起了一定推动作用,与原先炼制丹药以求"长生不死"的目的迥异了。

丹药虽不能长生,但对治疗某些外科疾病和皮肤病确有良效,在客观上推动了古代医药学的发展,给现代化学奠定了一定的基础。

二、王丹虎墓

1965—1970年,在南京象山上先后发掘出七座墓葬,经墓志记载,该墓群是琅琊王氏的族葬地,除二号墓为南朝墓以外,其余皆为东晋墓。墓志显示三号墓为东晋尚书、左仆射王彬的长女王丹虎之墓。墓为一平面长方形的券顶砖室墓,随葬有青瓷器、铁器、铜器和金银器共计70余件等(见图12-4)。

图12-4　王丹虎墓墓志

引人注目的是,在王丹虎棺内前部出土有200余粒丹药。丹药原置于圆形漆盒内,部分已成粉末。呈颗粒丸状,圆形,朱红色,直径重量不一(见图12-5)。

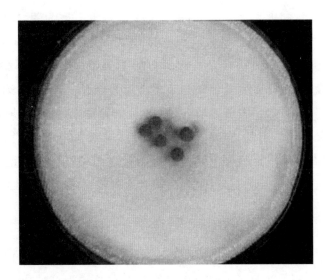

图 12-5　王丹虎墓出土"丹药"

经南京药学院取三粒丹丸样品化验,定性分析发现有二价汞的特性反映,主要成分可能为硫化汞;定量分析后发现硫占 13%,汞占 60.9%,尚有 26.1% 成分尚待研究。后又做了原子量分析,得出硫化汞中硫与汞的比是 1∶6.25,即 1 份硫要有 6.25 倍的汞,可是依化验结果,硫与汞的比是 1∶4.69,即 1 份硫,只有 4.69 倍的汞,相比之下,硫多了,汞少了。说明这个丸剂中有多余的硫。

科学研究显示王丹虎墓葬出土的丹药很可能为当时士大夫阶层服用的"丹砂朱砂一类的丸剂"。

天然的硫化汞因色红又叫丹砂或朱砂。在古代方士眼中金石矿物是百炼不消的,人服食了它们,吸收它们的精华,就会拥有它们不腐的特性,以达长生不老的目的。金石矿物中黄金是天下第一的瑰宝,而丹砂加热产生水银,水银又能溶解金银。因此丹砂、水银也就成了方士心中的灵丹妙药,他们认为,长久服用,能比照金石而得长生。

丹砂在我国药用历史颇悠久,列《神农本草经》上品的第一位,"……主身体五藏百病养精神安魂魄……久服通神明不老……",晋代葛洪也认为"仙药之上者丹砂……","五芝及饵丹砂、玉札、曾青、雄黄、雌黄、云母、太乙禹余粮皆可单服之,皆令人飞行长生"。

王丹虎卒于东晋升平三年(359),正是服石之风盛行之时。葛洪是这一时期重要的医学家和炼丹士,是我国炼丹史上一位承先启后的人物。其炼出的大量汞制剂丹药均被记录在了他的著作《抱朴子》中。

在魏晋南北朝这充斥着动荡和流离失所的 300 多年间,人们表现出强烈的逃避现实的愿望,渴望超脱世俗,从而出现了"玄学"的哲学思潮。玄学家多为逸士名人,他们以出身门第、容貌举止和虚无玄远的"清谈"相标榜，以五石散为荣，放荡不羁。

曹魏时期，魏尚书何晏就倡导服丹药："何平叔云：服五石散，非唯治病，亦觉神明开朗。"因此，世家豪族无不效仿。王丹虎所在的王氏家族中也有不少人信奉此道，比如著名书法家王羲之"雅好服食养性。与道士许迈共修服食，采药不远千里"。

但是硫化汞实为剧毒之物，服之后药性发作，全身发痒，身热心烦，坐卧不宁，使人性格暴躁，须"寒衣、寒饮、寒食、寒卧、极寒益善"或"宽衣大相，四处游逛"。因此魏晋学者的放荡不羁、宽衣博带一定程度上是由于服石过度而中毒。历史记载当时不少人甚至包括晋哀帝司马丕均死于服石，可见当时服食金丹泛滥之广，流毒之深。

三、洛阳汉墓

2018 年，洛阳发现一座距今约 2000 年的西汉空心砖大墓，在出土的青铜器中，有一件青铜壶内还保存有近 3.5 升液体，倒出的液体上层清澈，下层为沉淀物。最初，考古工作者猜测这些液体可能为西汉时的美酒。为了确定该青铜壶内液体是"酒"或是其他物质，分别对该铜壶中的上层清液和下层沉淀取样，进行科学检测分析。

从超景深三维视频显微镜照片中，可以看出上层清液呈疑似非针状透明晶体，表明青铜壶内的液体中可能含有晶体物质，下部沉淀则为一类均匀的类似黏土类物质，质地较松散，部分区域夹杂有一些绿色颗粒清晰可见，应该是青铜壶中的铜锈。

运用傅里叶红外光谱（FTIR）、气相色谱—质谱（GC-MS）以及热裂解—气相色谱—质谱（Py-GC-MS）对上层清液中的有机成分进行不同角度的分析，可以为判断其组成提供一定的参考。

红外光谱主要用于结构分析，可以判断出被测物质中含有的有机物的结构，从而鉴定有机物的种类。从红外光谱图的特征峰中，可以显示样品中含有硝酸盐，可能含有硫酸盐及有机物。

气相色谱—质谱、热裂解—气相色谱—质谱均是成分分析，可以对被测有机物中的各组分及其含量做出准确测量。两项实验分析结果均表明样品中含有少量的脂肪酸。

对样品有机成分的分析均没有发现与酒相关的特征化合物乙醇，由此可以基本排除是酒的可能性。

为进一步判断这些液体到底是什么，研究又对其无机成分进行了检测分析。

离子色谱主要用于对可溶性无机离子定性、定量分析，具有快速、方便、灵敏度高、检测时间短等优点，能够准确测定该青铜壶内液体中所含阴阳离子的种类及含量。

通过实验数据可知，所取样品中所含阴离子主要有硝酸根、硫酸根，少量的氯离子和磷酸根，阳离子主要是钾离子，少量的钠离子、镁离子和钙离子等，由此推测该溶液中主要含有硝酸盐、硫酸盐。

扫描电镜(SEM-EDS)能够在分析样品结构变化的同时,揭示不同取样点元素的变化规律。通过扫描电镜分析,发现上层清液样品分析点 1 的主要元素有硫和钾,分析点 2 的主要元素有氮和钾,分析点 3、4 主要的元素有钾和钙,所有区域都检出了钾元素。下层沉淀样品 CD 主要元素有镁、铝、硅、磷、钾、钙、铁、铜等。

为了进一步确定样品的矿物成分,对上层清液样品进行拉曼光谱和 X 射线衍射的检测分析。通过标准谱图和硝酸钾及硫酸钙标准拉曼特征峰值对比,峰值非常吻合,再结合该样品的扫描电镜分析结果,可以进一步确定该青铜壶内上清液中应含有硝酸钾与硫酸钙。

X 射线衍射可以对矿物的晶体结构进行分析,从而确定矿物的化学组成。对上层清液的 X 射线衍射结果可以看出主要有两种成分:氧化硅和上清液在蒸发浓缩过程中结晶出的一种硫酸钾与硫酸钙的复盐。结合扫描电镜及衍射分析结果可以推算这一过程中涉及的化学反应,从而确定该青铜壶内液体应该含有明矾。

综合分析以上检测结果,结合文献记载,可以推断该铜壶内的液体和道家文献《三十六水法》中记载的"矾石水"相似,该溶液中的主要成分有硝石、明矾,为古人所用的一种仙药。

我国古代炼丹术包括火炼法和水炼法,主要以火炼法为主,但也不能忽视水法炼丹。《三十六水法》是我国现存年代最早的水法专著,也被称为水法炼丹的先声之作。《三十六水法》又有古本和今本之分。古本经考证应成书于西汉,今本被收录在明代《道藏》一书中。

对比今本和古本中矾石水的配方,成分差异主要是古本中有丹砂,今本中却没有,而通过科技分析,该青铜壶的液体中并没有发现丹砂成分。

今本和古本中均提到了"纳华池中",其中的华池应该指的是醋酸水溶液。但科学分析也并未检测到与醋酸相关的物质。

这项工作首次利用考古出土文物样品,通过科学分析的方法确定了汉代液体仙药的主要成分,为古炼丹术研究提供了宝贵的实物证据。但与此同时也引出了更多的问题,比如为什么没有发现醋酸和丹砂,《三十六水法》真正的成书年代,古人是否在炼丹过程中完全按照古籍操作,等等。这些问题的解决还有待进一步的深入研究。

当然,不管是丹药还是金液,最终并没有让服食者获得长生,反而是年纪轻轻就服药而病、服药而亡,可见这种做法是不可取的。当然,从炼丹中所体现出的我国古人对早期化学、医学知识与技能的掌握,却对世界产生了重要的影响。

思考题：

1.医学考古应该研究哪些内容？

2.你认可医学考古学的提法吗？为什么？

3.从医学角度来看，马王堆汉墓的价值体现在哪些方面？

4.你还知道哪些推动了我国传统医学研究的考古发掘？

5.中国古代炼丹术的发展过程是怎么样的？

6.你是如何评价中国古代炼丹术的？它对古代医学和化学的发展有什么影响？

参考文献：

［1］傅芳.考古发掘中出土的医学文物［J］.中国科技史料，1990(4)：67-73.

［2］和中浚.医学考古与医文物研究［J］.医古文知识，1999(4)：27-29.

［3］蒋建荣，潘付生，薛方，等.洛阳汉墓出土仙药的科技研究［J］.中国科技史杂志，
2019(2)：127-136.

［4］张海燕.中国医学考古研究述要［J］.考古，2018(4)：111-120.

［5］张觉人.中国炼丹术与丹药［M］.北京：学苑出版社，2009.

［6］张军.中国炼丹术简史［J］.中医药研究，1988(4)：35-36.

［7］甄雪燕，梁永宣.马王堆汉墓中的医学资料［J］.中国卫生人才，2012(12)：86-87.

后　记

以史为鉴,可知兴衰更替。中国自古以来就有"好古"传统,金石学在春秋、战国时期就已萌芽,其核心就是以古论今、托物言志。以"证经补史"为目的的考古学,一经诞生即广受学界关注与期许,王国维的"二重证据法"、傅斯年的"上穷碧落下黄泉,动手动脚找东西",都是"好古"传统在考古学范式下的最新体现,对殷墟的发掘也是为了实证商朝的存在。

新中国成立后,党和国家高度重视考古工作。自党的十八大以来,以习近平同志为核心的党中央高度重视文化建设。2020年9月28日,习近平同志在中央政治局第二十三次集体学习会上强调"要高度重视考古工作,努力建设中国特色、中国风格、中国气派的考古学"。

正是在党和国家强有力的领导与支持下,我国的考古学发展迅猛,重要发现层出不穷;进入21世纪以来,多学科汇聚的交叉研究、多种科学技术的综合运用,使得考古学越来越呈现出文理交叉、学科综合的新趋势,不断推动考古研究走向更高的阶段。这些重要的考古发现与研究成果,也屡屡成为国际国内社会关注的焦点与热点,引发热议。而在国际国内局势纷繁复杂的背景下,要实现中华民族的伟大复兴,如何正确理解考古研究揭示的"我国在悠久历史进程中为人类文明进步做出的突出贡献,中华民族以和为贵的和平性格、海纳百川的包容特质、天下一家的大国气度",始终是摆在考古学面前的迫切需要回答的题目。

以天下为己任、以真理为依归的浙江大学,很早就开始考虑这一问题。在1949年之前,原国立浙江大学就建有考古学专业,归入人类学系,拥有夏鼐、沙孟海、吴定良、向达、钟敬文等名师,开设《考古学概论》等课程,培养出石兴邦、王仲殊、黄盛璋、毛昭晰等一批著名考古学家和博物馆学专家。1978年,在夏鼐先生支持下,学校率先向教育部申请创办文物与博物馆学本科专业计划,1981年开始招生。2008年,组建文物与博物馆学系;2019年,成立艺术与考古学院,下设考古与文博系,大力推动有浙江大学特色的、多学科汇聚综合研究的考古学。

本课程教学团队植根于浙江大学悠久的考古学历史、在多年的教学科研基础上,也不揣浅陋尝试对这一问题进行回答。课程组从2015年开始,面向全校开设通识课,试图以全国历年的重要考古发现为依托,从人文与科技两个角度对已有的研究成果进行讲解，一开始目的很单纯，就是把考古推广至全校，让全校的非考古专业本科生，都有机会了解考古的成果。没想到，这一尝试，效果很好，不仅选课人数爆满，而且课程评价也很好，课程顺利入选 2016 年的浙江大学线上线下混合式教学模式改革项目，于 2020 年拍摄成 MOOC 课程，在网易爱课程、智慧树等线上平台上线。

在教学的过程中，课程组发现如能有一本与课程相配套的教材，则会使教学效果如虎添翼。考察已出版的同类教材，发现面向非专业的很少，而且也很难兼顾考古的专业性和多学科交叉研究的特色，于是课程组组织了一批年轻骨干力量在 MOOC 教案的基础上编写了本教材。重点突出考古发现意义的介绍，以及通过科技方法进行研究的途径与思路，凸显当下考古学研究多学科交叉的特点。新教材立足中国文化，兼顾考古与科技两个方面，涵盖线上、线下资源，满足学生听、说、读、写、答疑、测评多方需求，试图用通俗的语言，将考古研究所得结果全方位地展现在读者面前。

本教材的编写具体安排如下：郭怡负责整书统编、体例安排和第一章的撰写；谢诗雨负责第二章；郭贵诚、缪致衍负责第三章；蒋璐负责第四章、第五章；吴添慧、余梓微负责第六章；陈虹负责第七章；沃浩伟负责第八章；施崇阳负责第九章；许家宁负责第十章；雷帅、严如玉负责第十一章；耿恒猛、张珍负责第十二章。浙江大学刘斌、岳晓峰、刁常宇等老师对本书提出了宝贵的修改意见与建议。封面图片由秦始皇帝陵博物院张尚欣老师提供。书稿在浙江大学出版社陈佩钰编辑的大力帮助下，得以顺利出版。本教材由浙江大学本科生院、浙江大学董氏文史哲研究奖励基金共同资助。

虽然本教材开设了十二个章节，分别对农业、陶瓷、玉器、造船等多个方面进行了介绍，从考古发现讲到多学科综合研究的成果，以期达到"展人文与科技之双翼、考古今文化之变迁、显中华文明之特色"的目的，但是，相对于我国璀璨的古代文化、浩瀚的考古发现而言，仅仅只是沧海之一粟，所讲内容也只是浮光掠影、蜻蜓点水。不过，课程组真诚地希望，本教材能够激发起学生对中国文化、对中国考古学的一点好奇与兴趣，了解一点基本的研究方法，知道一些研究的进展；在未来的学习与生活中，对中国乃至世界的文化遗产，能以全面、客观、公正地态度去认识和对待，对我们的古人和前辈、对我们自己、对我们的后人，以历史的、唯物的、辩证的态度去评价和考量。

当我们理解了我国祖辈先民在面对不同的环境、文化条件下筚路蓝缕、不断进取、开拓创新的艰辛过程，了解了不同文化、不同历史阶段的兴衰更迭之后，我们是不是应该更加珍惜眼前人、眼前事，以更加积极的态度，去创造更美好的未来呢？

郭　怡、蒋　璐、陈　虹、沃浩伟
2021 年 3 月 6 日于浙江大学西溪校区